教师教育类专业"求是"系列

岗课赛证·融合媒体·课程思政·新形态创新教材

学前教育概论

An Introduction to Preschool Education

主　编　庄　可　赵倩倩　忽江华
副主编　陈一诺　黄　肖　刘宗晨　孙贞贞
参　编　李帅英

ZHEJIANG UNIVERSITY PRESS
浙江大学出版社
·杭州·

图书在版编目（CIP）数据

学前教育概论 / 庄可，赵倩倩，忽江华主编. —
杭州 ：浙江大学出版社，2023.10
ISBN 978-7-308-23783-3

Ⅰ．①学… Ⅱ．①庄… ②赵… ③忽… Ⅲ．①
学前教育－概论 Ⅳ．①G610

中国国家版本馆CIP数据核字(2023)第085063号

学前教育概论
XUEQIAN JIAOYU GAILUN

庄 可 赵倩倩 忽江华 主 编

策划编辑　李　晨
责任编辑　陈丽勋
责任校对　诸寅啸
封面设计　春天书装
出版发行　浙江大学出版社
　　　　　（杭州市天目山路148号　 邮政编码　310007）
　　　　　（网址：http://www.zjupress.com）
排　　版　杭州林智广告有限公司
印　　刷　杭州钱江彩色印务有限公司
开　　本　787mm×1092mm　1/16
印　　张　14
字　　数　298千
版 印 次　2023年10月第1版　2023年10月第1次印刷
书　　号　ISBN 978-7-308-23783-3
定　　价　49.80元

浙江大学出版社市场运营中心联系方式：0571－88925591；http://zjdxcbs.tmall.com

幼儿教师是履行幼儿园教育工作职责的专业人员，需要经过严格的培养与培训，具有良好的职业道德，具备系统的专业知识和专业能力。为促进幼儿教师专业发展，建设高素质幼儿教师队伍，教育部制定了《幼儿园教师专业标准（试行）》（以下简称《专业标准》）。《专业标准》是国家对合格幼儿园教师专业素质的基本要求，是幼儿园教师实施保教行为的基本规范，是引领幼儿园教师专业发展的基本准则，是幼儿园教师培养、准入、培训、考核等工作的重要依据。在"实施建议"方面，《专业标准》指出，开展幼儿园教师教育的院校要将《专业标准》作为幼儿园教师培养培训的主要依据。因此，科学设置幼儿园教师教育课程，就成为实施《专业标准》的首要任务。

"学前教育概论"课程是《专业标准》"专业知识"维度的"幼儿保育和教育知识"领域内容的相关课程。《专业标准》提出，幼儿园教师要熟悉"幼儿园教育的目标、任务、内容、要求和基本原则"，掌握"幼儿园环境创设、一日生活安排、游戏与教育活动、保育和班级管理的知识与方法"，了解"幼小衔接的有关知识与基本方法"。

学前教育原理是《中小学和幼儿园教师资格考试标准（试行）》（以下简称《资格考试标准》）中幼儿教师考试的重要内容。其中的相关要求如下：掌握教育的基本理论，并能据此分析教育现象与问题；掌握学前教育的基本理论，并能据此分析学前教育中的现象与问题；了解学前教育发展简史和著名教育家的儿童教育思想，并能结合学前教育的现实问题进行分析；掌握学前教育的基本原则和不同于中小学教育的基本特点，并能据此评析学前教育实践中的问题；理解幼儿游戏的意义与作用；理解幼儿园环境创设、班级管理的目的和意义；熟悉《幼儿园教育指导纲要（试行）》，了解学前教育改革动态。

结合上述及教学实际，本书将学前教育概论相关内容整合为十章的内容。

其中，第一章为"教育及学前教育概述"；第二章为"学前教育与社会发展"；第三章为"儿童观与儿童发展"；第四章为"幼儿教师"；第五章为"幼儿园教育"；第六章为"幼儿园教育活动"；第七章为"幼儿园环境及其创设"；第八章为"幼儿园班级管理"；第九章为"幼儿园与家庭、社区的合作及幼小衔接"；第十章为"幼儿园教育评价"。

整体来讲，本书具有如下特色。

1. 内容设置科学，落实政策要求

本书内容设置全面贯彻《专业标准》精神，对应《专业标准》要求，科学设置主要内容，力求与《专业标准》一致，知识内容全面系统，能力范围符合幼儿园教师专业素质要求。

2. 融入思政元素，力求立德树人

本书充分响应贯彻党的二十大精神，以国家重要教育政策与法律法规的重要论述为指导，继承传统的教育思想精髓，讲述了国内学前教育的历史发展，并融入现代的教育政策与法律法规，力求通过内容讲解培养学生的良好品德，使学生成为符合社会发展的有用人才。

3. 涵盖教资题型，实现课证融通

本书设置的内容与《资格考试标准》相吻合，有助于学生达到《资格考试标准》的要求。课中设置的"真题再现"为近年幼儿园教师资格考试的真题精选，有助于学生在学中练，使知识得到及时巩固；课后的"复习强化"结合教师资格考试的常见题型设置，并尽可能关注重要的知识点，便于学生复习巩固，为未来教师资格考试提早做好准备。

目前，我国开展幼儿园教师教育的院校主要分为本科院校和高职高专院校两个层次。按照《专业标准》和《资格考试标准》，不论是本科教育还是高职高专教育，其毕业生都必须符合《专业标准》才可"准入"幼儿教师岗位。因此，本书既可作为本科院校和高职高专院校学前教育专业教材，也可作为非学前教育专业学生考取幼儿园教师资格证的学习用书。

本书在编写过程中参考和引录了诸多专家、学者的优秀成果，在此一并表示感谢！由于编者水平所限，不妥之处在所难免，敬请各位批评指正！

编　者

2023 年 5 月

CONTENTS 目录

CONTENTS

第一章
教育及学前教育概述

> 人生百年，立于幼学。
>
> ——〔清〕梁启超《变法通议·论幼学》

学习目标

本章导入

▶ 知识目标

1. 理解教育的概念、基本要素和属性。
2. 理解教育目的的概念、价值取向、制定依据和作用。
3. 理解教育的个体发展功能和社会发展功能。
4. 理解学前教育的含义、基本性质、基本原则、任务和意义。

▶ 能力目标

1. 能结合实际分析教育目的制定的依据。
2. 能结合实际分析学前教育的基本原则。

▶ 素质目标

通过知识学习及情境问题的分析，提升理论运用于实践的能力。

1

知识导图

教育及学前教育概述
- 教育概述
  - 教育
    - 教育的概念
    - 教育的基本要素
    - 教育的属性
  - 教育目的
    - 教育目的的概念
    - 教育目的的价值取向
    - 教育目的的制定依据
    - 教育目的的作用
  - 教育功能
    - 教育的个体发展功能
    - 教育的社会发展功能
- 学前教育概述
  - 学前教育的概念
  - 学前教育的基本性质
    - 基础性
    - 启蒙性
    - 公益性
  - 学前教育的基本原则
    - 普惠性原则
    - 全面性原则
    - 保教结合原则
    - 以游戏为主要途径的原则
  - 学前教育的任务
    - 对幼儿实施全面发展的教育，促进其身心和谐发展
    - 为家长参加工作、学习提供便利条件
  - 学前教育的意义
    - 学前教育对幼儿个体发展的意义
    - 学前教育对社会发展的意义

第一节 教育概述

情境导入

我国的教育目的

党的二十大报告强调，培养什么人、怎样培养人、为谁培养人是教育的根本问题。《中华人民共和国教育法》规定，教育"必须为社会主义现代化建设服务、为人民服务，必须与生产劳动和社会实践相结合，培养德智体美劳全面发展的社会主义建设者和接班人"，教育"是社会主义现代化建设的基础，对提高人民综合素质、促进人的全面发展、增强中华民族创新创造活力、实现中华民族伟大复兴具有决定性意义"。

思考：什么是教育？什么是教育目的？教育有哪些功能？

知识梳理

一、教育

（一）教育的概念

从词源学的角度看，"教育"最早是与育儿联系在一起的。在我国，早在商代的甲骨文中就有"教"和"育"的象形文字。"教"在甲骨文中像有人在旁执鞭演卜，训导小孩学习的形象。"育"在甲骨文中像妇女育子之形。在先秦古籍中，大都用一个"教"字来论述教育。据现有史料记载，最早将"教""育"二字用在一起的是孟子，他说："得天下英才而教育之，三乐也。"《荀子·修身》认为："以善先人者，谓之教。"《学记》中说："教之者，长善而救其失者也。"东汉许慎在《说文解字》中提出："教，上所施，下所效也。""育，养子使作善也。"从总体上看，在近代以前的文献中，"教"和"育"两个字很少合用。思想家和普通百姓在论及教育问题时，更多使用"教"与"学"两个词。两者之中，又以"学"为多。

当前，我国教育学界普遍从广义和狭义两个层面来理解"教育"。广义的教育指所有能增进人的知识和技能、发展人的智力和体力、影响人的思想观念的活动。它可能是无组织的、自发的、零散的，也可能是有组织的、自觉的、系统的，包括学校教育、家庭教育和社会教育。狭义的教育一般指学校教育，即教育者根据一定社会的要求和受教育者身心发展的规律，对受教育者进行的一种有目的、有计划、有组织地传授知识和技能、培养思想品德、发展智力和体力，把受教育者培养成为一定社会所需要的人的活动。

（二）教育的基本要素

教育的基本要素是指构成教育活动必不可少的最基本的因素。它包括受教育者、教育者和教育影响三个方面。

受教育者即教育对象，指在各种教育活动中从事学习的人，既包括幼儿园的幼儿，也包括各类学校的学生，还包括各种形式的成人教育中的学习者。从教育活动发生过程中"学"的层面来讲，受教育者不仅仅是被改造、被发展的对象，更有个体主体性的特点，处于教育的中心地位，受教育者自主学习的主体性不容忽视。因此，现代教育观认为，受教育者接受教育的过程是一个自主生成、自主建构的过程。

教育者指在知识、技能、思想、品德等方面对受教育者起到教育影响作用的人，如家庭教育中的长辈、学校教育中的专职教师和教育管理人员，以及社会中给予其教育的人等。自学校教育产生以后，教育者主要指学校中的教师和其他教育工作人员。教育者具有主体性、活动的目的性和社会性等基本特征。这些特征体现了教育者在教育过程中的地位和作用，以及与其他教育要素之间的关系。

教育影响是联结教育者与受教育者的中介和桥梁，是教育领域内教育者和受教育者之外的其他一切因素的总和。有的教材将教育影响称为"教育措施""教育中介""教育媒介"等。它包括作用于受教育者的影响物，以及运用这些影响物的活动方式和方法，如教育内容、教育媒体、教育方法、教育活动的场所与设备等都属于教育影响。

拓展资料

教育的起源

关于教育的起源，学术界有多种不同的观点，可谓众说纷纭。以下介绍四种比较有代表性的观点。

一、生物起源论

在动物中是否存在着与人类一样的教育，人们对此有不同的看法。西方有学者认为，动物中存在着与人类相同的教育，因而探讨教育的起源问题应该着眼于动物界而非局限于人类自身。这方面的突出代表是法国的勒图尔诺和英国的沛西·能。

勒图尔诺和沛西·能的观点被归纳为"生物起源论"。他们认为教育是超出人类社会范围的一种现象，在人类出现之前就已经产生，人只是继承了动物早已有的这种本能并在逐步形成的人类社会中不断加以改进，使"教育"这种本能获得了一些新的特性而已。

二、心理起源论

教育的心理起源论的代表人物是美国教育家孟禄。20世纪初，孟禄在《原始部落及其最简单形式的教育》一文中谈到了教育的起源问题。他认为教育起源于原始公社中幼儿对成人的无意识模仿。原始社会并没有独立的教育活动，原始的教育是一种"无意识的模仿"。他对教育的起源是从人的心理发展方面来进行分析的，因此他的理论也被称为"心理起源论"。

孟禄的心理起源学说的建构源自对勒图尔诺观点的批判。他指出了勒图尔诺观点的实质性错误，认为自己的观点揭示了人与动物心理的本质区别。从这个意义上讲，孟禄的观点具有积极意义。但将教育活动归为无意识的活动，其实也就否定了教育活动的目的性和计划性，教育也就失去了区别于学习等其他活动的本质特征。

三、劳动起源论

教育的劳动起源论也被称为教育的社会起源论，是在批判教育的生物起源论和心理起源论的基础上，在马克思主义理论指导下形成的。20世纪30年代，苏联教育理论界从恩格斯的"劳动创造了人本身"这一论断出发，批判了教育的生物起源论和心理起源论，并在此基础上提出了教育的劳动起源论。他们认为，人类劳动的产生为教育的发展提供了可能条件和必要条件，因此教育起源于人类的社会生产劳动。

四、交往起源论

叶澜认为，教育起源于人类的交往活动。交往总是由双方组成，而且交往总包含着中介或媒体，这些元素都是教育活动的核心元素。因此，即使是在原始社会人与人之间的交往也已具备了教育所必需的基本要素。当然，交往本身并不等同于教育，但它蕴含着产生教育的要素。当交往的双方相对特殊化并形成一种以传递经验、影响人的身心为直接目的的活动时，交往就转化为教育。从这个意义上说，教育是人类的一种特殊的交往，"交往"与"教育"之间是一般与特殊的关系。

资料来源：任仕君，等.教育学基础[M]. 北京：北京师范大学出版社，2013：34-35.（引用时有修改）

（三）教育的属性

1. 教育的本质属性

从本质上说，教育是根据一定社会的需要培养人的活动，这是教育区别于其他一切事物的最本质的属性。这一属性包含下列几种含义：

（1）教育是培养社会人的活动，是把自然人转化为社会人的过程。

（2）教育培养人是有意识、有目的、自觉地进行的。

（3）教育是以人的培养为直接目标的社会实践活动。

（4）在教育这种培养人的过程中，存在着三种基本要素之间的矛盾运动，这种运动的结果是受教育者根据社会要求的方向发生预期的变化，成为社会所要求的人。

2. 教育的社会属性

（1）教育具有永恒性。人类社会要延续，必须通过各种形式的教育传递其发展的经验，只要人类社会存在就必定有教育。教育是一种永恒的社会现象，具有永恒性。

（2）教育具有历史性和阶级性。教育随着人类社会的产生而产生，随着人类社会的发展而发展。在不同社会或在同一社会的不同发展阶段，教育的性质、目的、内容和具体表现形态等都是不尽相同的。因此，教育又是一种历史现象，具有历史性。在阶级社会里，教育要反映一定阶级的利益、意志、愿望和要求，要为统治阶级服务，因而又具有阶级性。

（3）教育与生产力和社会政治经济发展存在不平衡性。教育与生产力和政治经济制度的发展并非完全同步。就教育与生产力的关系看，教育事业发展受生产力水平的制约，教育的发展在一定程度上应优先于生产力水平的发展。就教育与政治经济制度的关系来看，教育往往落后于政治经济制度的发展，即当旧的政治经济制度消亡之后，与之相适应的教育并不立刻消失，还会残存一定时期。另外，由于人们认识到了社会发展规律，预见到了教育发展的方向，在旧的政治经济制度下，也可能出现新的教育思想。

（4）教育具有自身的继承性。教育不可能凭空产生，任何阶段的教育，都与之前的教育相关联，是从以往教育发展而来的，都是之前教育改革和发展的结果。

二、教育目的

（一）教育目的的概念

一般来说，教育目的有广义和狭义之分。广义的教育目的是指人们对受教育者的期望，即人们希望受教育者通过教育在身心诸方面产生预期的变化或结果。在一定社会中，凡是参与或关心教育活动的，如国家和社会的教育机构、教师、家长、政治家、科学家、艺术家等，对受教育者都会有各自的期望，也就是说都会有各自主张的教育目的，这些都可以理解为广义的教育目的。

狭义的教育目的是国家对学校培养什么样的人才的总要求，也就是社会对教育所要造就的社会个体的质量规格总的设想或规定，它所回答的是教育培养什么样的人这一根本问题。狭义的教育目的是由国家或政府提出的，反映社会发展的根本需求，明确而稳定，对个人的教育目的起着指导、调节、统摄作用，对各级各类学校的教育工作，以及人的成长和人才的培养具有重要的指导与规范意义。因此，狭义的教育目的对所有的学校都具有指导意义。狭义的教育目的也可称为学校教育目的。

本章所述主要为狭义的教育目的。

（二）教育目的的价值取向

教育目标体系和教育方针

教育目的的价值取向，是指教育目的的提出者或从事教育活动的主体依据自身的需要对教育价值做出选择时所持的一种倾向。影响最大、争论最多、最具根本性的问题，是教育活动究竟应该注重满足人的个性发展需要，还是应该注重满足社会的发展需要，由此构成了个人本位论和社会本位论两种典型的价值取向。

1.个人本位论

个人本位论认为，教育目的应该从受教育者自身出发，根据个人的身心发展需要来确定，主张教育的根本目的是人的本性和本能的高度发展。18—19世纪上半叶是这一理论的全盛时期，其主要代表人物是法国的卢梭、瑞士的裴斯泰洛齐、德国的康德、美国的马斯洛、法国的萨特等。

（1）以卢梭为代表的自然主义。他们认为人性具有内在的、自我实现的趋向，反对把幼儿训练成违背其自然生长秩序的公民，倡导"天赋人权""天赋民权"的思想，认为个人自由、幸福是人与生俱来的"权利"。教育目的就在于帮助人们充分地实现他们的自然潜能，在此基础上建立理想的社会和国家。把培养具有独立人格和尊严的"自然人"，促进人的自然发展作为确立教育目的的基本依据。

（2）以裴斯泰洛齐和康德为代表的人文主义。其宗旨是善良意志、理性、自由及人的潜在能力诸因素的和谐发展。他们认为教育目的就在于全面和谐地发展人的一切天赋力量和才能，使人的各项能力得到自然进步和均衡发展。

（3）以马斯洛和萨特为代表的人本主义。其重视维护人的生命价值和尊严，倡导人的主体精神和各项需要的满足，主张教育以人为本，把培养人的独立自主性、个性的自由发展、满足人的发展需要作为教育的根本。

个人本位论把个人作为教育目的的根本，在人类历史和教育的发展史上具有进步意义，但也有其明显的局限性。激进的、对立的个人本位离开社会来思考人的发展，在提出教育目的的时候，无视人发展的社会要求和社会需要，甚至把满足人的需要和满足社会的需要对立起来，这种倾向极易导致个性、自由和个人主义的绝对化。

2.社会本位论

社会本位论者主张教育目的由社会需要来确定，个人只是被教育加工的原料，个人发展必须服从社会需要。他们认为教育的目的在于把受教育者培养成符合社会准则的公民，使受教育者社会化，保证社会生活的稳定与延续。他们认为社会价值高于个人价值，个人的存在和发展依赖并从属于社会，评价教育的价值只能以其对社会的效益来衡量。社会本位论主要代表人物有中国古代的孔子，德国的纳托普、凯兴斯坦纳，法国的孔德和涂尔干等。

笔记栏

笔记栏

社会本位论的价值取向重视教育的社会价值，强调教育目的要从社会出发，满足社会的需要，具有一定的合理性。但它过分强调人对社会的依赖，把教育的社会目的绝对化、唯一化，甚至认为"个人不可能成为教育的目的"。这种极端的主张，完全割裂了人与社会的关系，极易导致教育对人的培养只见社会不见人，单纯把人当作社会工具，而不是把人作为社会主体来培养，造成对人本性发展的严重束缚。

（三）教育目的的制定依据

1. 历史依据

（1）不同社会发展阶段有不同的教育目的。教育目的具有历史性、时代性、社会性，在阶级社会还具有鲜明的阶级性。教育目的随时代的变迁及社会条件的变化而变化，没有亘古不变的教育目的。

（2）教育目的具有历史继承性。前一阶段的教育目的是后一阶段教育目的制定的基础，符合现阶段时代发展需求的教育目的予以保留，根据教育实践检验不适应现阶段发展的教育目的会得到改进，教育目的的确立还要面对新的历史时期出现的人才发展的新需要、新问题。

（3）教育目的的确立受到传统文化的影响。西方社会对于民主、自由等理念的重视使得教育目的在价值取向上更多偏重个体，中国古代形成的"齐家、治国、平天下"的文化传统，以及中国现代社会对集体主义和集体意识的强调，都使得教育目的更偏重群体和社会的立场。

2. 现实依据

教育目的的制定受制于特定的社会政治经济发展水平。

（1）不同的社会制度有不同的教育目的。教育目的属于社会意识形态范畴，是国家意志在教育问题上的重要体现。

（2）社会经济发展对各级各类人才的需求成为教育目的制定的经济基础，体现了教育服务经济发展功能，并为实现教育目的提供了经济支持。

（3）教育目的要符合人的身心发展需要和规律。只强调国家需要和社会需求，不考虑个人发展需要的教育目的，会变成空洞的说教。教育的目的不是制约人的发展，而是引导人的发展，是社会需要和人的身心发展需要的统一。

（4）人们的教育理想。教育目的是存在于人的头脑中的一种观念性的东西，它反映的是教育者在观念上预先建立起来的关于未来人才的主观想象，因此，教育目的是一种理想。这种理想同政治理想、社会理想等紧密结合在一起。从不同的哲学观点出发就有不同的教育目的，如实用主义教育目的、要素主义教育目的、永恒主义教育目的、存在主义教育目的等。

3. 理论依据——马克思主义关于人的全面发展学说

马克思主义关于人的全面发展学说是建立在辩证唯物主义和历史唯物主义的基本原理上提出来的，它是我国制定教育目的的理论基础。

马克思主义关于人的全面发展的内涵，是指人的体力与智力的尽可能多方面的、充分的、自由的发展，并在此基础上实现脑力劳动与体力劳动相结合的充分发展。这一观点指出了人的全面发展最主要、最核心的部分，但不能认为这是马克思主义关于人的全面发展的全部内涵。人的全面发展除体力与智力的发展，还包括思想道德、审美情趣、情感意志、个性才能等多方面的充分发展。

实现人的全面发展必须依靠教育，通过教育能够培养出全面发展的人，教育与生产劳动相结合是实现人的全面发展的唯一方法。在现代社会，教育已经成为全民族、全人类的事业，教育与生产劳动相结合是社会主义社会各级各类学校教育的重要原则，是培养人的全面发展的基本途径。

（四）教育目的的作用

1. 导向作用

教育目的规定了一定社会培养人才的质量规格或标准，实际上就是规定了教育活动的最大方向。教育目的不仅为受教育者指明方向、预定发展结果，还为教育工作者指明工作方向和奋斗目标。教育目的无论是对受教育者还是对教育者都具有引领和目标导向作用。

2. 调控作用

教育目的提供了明确的发展方向和质量要求，教育者在按照一定的教育目的对受教育者进行教育时，就能更好地控制教育对象的发展，改变人的自然的、盲目状态的发展过程，或摆脱各种不利于教育目的的实现的外部干预，按照教育目的的要求来培养受教育者，把他们培养成合格的社会成员。

3. 评价作用

教育目的是教育实践活动的出发点，也是教育活动要达到的结果。教育目的是衡量、评价教育实施效果的根本依据和标准。评价教育过程是否有效、教师工作成绩的高低，以及在教育活动中学生的成长状况如何，虽然可以有也必须有非常细致的具体评价标准，但是所有细化的评价标准的最高价值预设都来源于教育目的。教育目的是评估教育质量的最高准则。

4. 激励作用

教育目的是对受教育者未来发展情况的一种设想，具有理想性的特点。教育目的被人们认可和接纳后，就会转化为人的内驱力，促使人们主动地按教育目的所规定的方向努力。所以，教育目的一旦确定，就会促使教育者和受教育者增强责任感和使命感，为达到目的而积极努力，它必然就有了激励教育行为的作用。

三、教育功能

教育功能是指教育对个体发展和社会发展所发挥的作用。个体发展功能又称教育的本体功能，社会发展功能又称教育的派生功能。

（一）教育的个体发展功能

1.教育促进个体社会化

个体社会化是指个体由"自然人"转化为"社会人"的过程。学校教育具有明确的目的性，有指定的教育内容与活动计划，有系统的组织和相对完善的教育条件，学校中的个体活动有教师的指导，活动的结果需要接受评价，这种特殊性使得学校在影响人的发展方面具有独特性。

（1）教育促进个体思想观念的社会化。人的思想观念是人对周围世界的看法和在社会生活中所形成的思想。教育根据一定的社会要求，由教育者主要传播社会主流文化和价值观念，培养受教育者形成与社会主流文化和价值观念相一致的思想观念，形成符合这一社会规范和要求的思想意识，从而使其认可和自觉维护现存的社会关系。教育对人的思想观念的社会化起着引导作用，人的思想观念的形成离不开教育。

（2）教育促进个体智力和能力的社会化。个体要从"自然人"发展成为"社会人"，必须具备一定的知识、技能，这样才能积极参与社会活动，才能生存和发展，从而适应社会。人的各种能力和智力就是在遗传素质的基础上，通过后天的教育、生活和社会实践逐渐形成和发展起来的。教育以其专门的培养目标、内容和特有的方式，起着指导或规范个体智力和能力的社会化发展的作用，同时促进个体在较短时间内掌握人类历史经验的精华，大大提高个体认知的起点，有力地加速和推动个体智力、能力的社会化。

（3）教育促进个体职业和身份的社会化。人在社会中要扮演一定的社会角色，主要是通过个体从事某一职业或处于社会结构中的某个等级来体现。在现代社会中，人要在社会中生存需要从事一定的职业，这就使个体为了就业和生活而接受教育，从而促进个体的职业化。社会身份是人通过教育而不断社会化的结果和反映，不同的社会地位也隐含着不同的教育需求。个体受教育的程度和水平往往会对其社会地位产生明显影响，教育对促进个体身份的社会化起着重要作用。

2.教育促进个体个性化

个体个性化是指个体在社会实践活动中形成自主性、独特性和创造性的过程。人的个性化的形成和实现与其所受的教育息息相关。

（1）教育能唤起人的主体意识，促进主体能力的发展。人的主体性是个体面对客观世界的主观能动性。无论是主体意识的形成还是主体能力的获得都是教育的结果。教育通过对人的道德、智力、能力的培养而唤起人将自己视为自然界主体的意识，提高人对自我的认知，形成道德观念，增长知识，发展能力，从而达到能动地适应且不断变革客观世界的目的。同时，教育是一个不断提升自我、完善自我的过程，是激发和形成个体主体性的过程，可使个体素质不断得到提高，自我能力不断增强。

（2）教育能根据个体差异促进个体充分发展，形成人的独特性。个体的独特性是人的个性心理的表现，包括兴趣、爱好、理想、信念、世界观等个性倾向和能力、气质、性格等个性心理特征。人的遗传素质具有差异性，这是造成个性心理差异的生理基础。个体的遗传素质不同，后天的生活环境、教育影响不同，生活的经历不同，会使个体形成不同的发展结果。教育作为有目的的活动，可以因人而异，帮助不同的受教育者充分开发其内在潜力，促进个体的充分发展，形成个体的优势和特长。

（3）教育能够开发人的创造性，促进个体价值的实现。个体价值的大小，是通过其在社会生活中发挥作用的大小来衡量的。教育使个体意识到生命价值的存在，使其产生创造生命价值的信心与力量，并努力追求生命的价值与意义。教育可以唤醒个体的创造意识，使其掌握创造的方法和技巧，可以培养个体的创造精神和创造能力，并促进个体发挥创造性从而更好地服务社会，实现个体的生命价值和社会价值。

（二）教育的社会发展功能

1. 教育的政治功能

（1）教育通过培养合格公民和各种政治人才为政治服务。这主要表现在两方面：一是培养合格公民，通过传播社会主流意识形态，向受教育者灌输一定的政治、哲学、道德等方面的思想，进行思想教育，促进人们接受主流社会的价值观，并形成一定的政治生活方式、养成政治习惯；二是培养各种政治人才，以补充政治管理层的人才需求，使其成为统治阶级的利益代表者和接班人。

（2）教育通过传播思想、形成舆论作用于一定的社会政治制度。学校是宣传和传播思想、文化的阵地。学校还是制造和形成社会舆论的场所，是各种社会思潮及新思想、新舆论的策源地，对社会政治稳定具有重要影响。

（3）教育能够促进社会政治变革。教育的普及和公平，使广大群众的受教育水平和文化水平不断提高，是民主政治建设的重要条件。学校通过在教育中开展民主教育，启迪受教育者的公民意识、民主意识，不仅能提高受教育者的政治参与意识和能力，也能激发他们积极参与政治和社会民主进程的热情，把民主、自由、进步、科学的观念深深地扎根于他们的心灵，使他们成为具有强烈的社会责任感和政治变革意识的民主政治参与者，成为推动社会政治变革的生力军。

2. 教育的经济功能

（1）教育是实现劳动力再生产、提高劳动者生产能力的主要手段。人是经济活动中最重要的因素，而人要成为生产的要素，参加生产劳动，成为真正的劳动力，必须具有一定的文化知识、经验和劳动技能。但人不可能生下来就具有劳动能力，生产经验和知识的获得、生产技能的掌握，需要通过教育来实现。劳动力的数量和质量是经济发展的重要条件，教育承担了劳动力再生产、提高劳动者生产能力

▶ 笔记栏

的重任。

（2）教育是科学知识再生产的手段。教育通过传递和积累科学文化知识，从而发挥科学知识再生产的功能。教育把已有的科学知识不断地传授给受教育者，使一代又一代人掌握并继承下去，并为新认识的发展做好知识上的储备。教育正是以此实现科学知识的再生产。

（3）教育是发展、创造新的科学技术知识的重要手段。教育在传授科学知识，进行科学知识再生产的同时，也创造新的科学知识。学校的科研人员相对集中，学科领域较为齐全，科研设备比较完备，科研力量比较充足，有利于开展综合性的课题和边缘学科研究。因此，学校也是新的科学知识的生产基地，担负着通过科学研究创造新的科学知识的任务。

（4）教育是提高生产管理水平的重要手段。生产经营单位的兴衰，与生产管理是否成功关系密切。制约管理质量和水平提高的首要因素是人的素质，也就是说，为了促进现代化生产的顺利、高效进行，必须通过教育培养高素质的管理人才队伍；通过教育培养被管理者的职业精神、团体意识、纪律观念、敬业态度，挖掘发展潜力，发挥劳动积极性、主动性和创造性，使管理工作产生最佳效果。

3. 教育的文化功能

（1）教育具有文化传承功能。相比其他的文化传承方式，教育传承的文化是人类文化中最基本、最精华的部分。社会通过教育将人类的文化遗产一代一代地传下去，文化借助于教育得以延续与发展。

（2）教育具有文化选择功能。教育的文化选择形式，总体上有吸收和排斥两种。教育对文化的传承在很大程度上与文化的选择相联系，并非全盘吸收，而是按照是否有价值、是否符合社会需要、是否遵循受教育者的特点和教育规律来进行有选择的传承。

（3）教育具有文化创新功能。教育的文化创新主要有三条途径：一是基于对既定社会文化的批判和选择，取其精华，弃其糟粕；二是通过科学研究，从事文化创新，产生新的思想、观念和科学文化成果，这是文化创新的一个直接途径；三是借助学校教育培养具有创新精神的人才，通过这些人才再去创新文化，从而使学校逐渐成为文化的创新地。

（4）教育具有文化融合功能。现代教育在民族文化交融中扮演着重要的角色。一是通过教育的交流活动等途径，促进不同文化间的相互理解和吸收，求同存异；二是通过对不同的文化、思想和观点的学习，对异域文化进行选择、判断，对已有的文化进行反思、变革和整合，融合成新的文化。

4. 教育的生态功能

（1）教育培养生态保护的意识。这首先表现为将人与自然的关系作为教育的重要内容纳入学校课程之中。这就意味着环境对人类的意义、人类对环境的影响、现存的诸多环境问题等内容都正式成为学校教育不可分割的一部分。特别是在对环境问题的学习和探究过程中，学生可以将人与环境和谐相处的生态意识内化为自己的价值准则。与此同时，这一过程也可以使学生更好地反思人类中心主义价值取向对于人类自身的发展所造成的危害，从而从另一个侧面渗透生态环保意识的重要性。绿色学校建设是培养生态保护意识的另一重要举措。绿色学校建设本身就是一堂生动的生态保护教育课程。节能设施的使用、校园绿化的改善、管理模式的转变等措施，使得生态保护的意识成为学校建设和发展的核心理念，进而影响学校中每一位学生和教师的环境意识。

（2）教育推动生态保护运动的开展。教育的生态功能并不局限于学校之内，通过理念的宣传，推动社会生态环保运动的开展，也是教育生态功能的重要表现。教育对于推动生态保护运动有着"得天独厚"的优势。一方面，教育的核心使命在于培养人，因此，通过培养具有环保意识的人才使其直接参与社会的生态保护运动，可以有效地推动环保运动的开展；另一方面，也可以通过绿色学校建设等手段直接推动社会环保运动的开展。

（3）教育促进社会的和谐发展。教育的生态功能的实现不仅具有改善环境的重要意义，对于整个社会的发展都具有重要价值。教育的生态功能，并不限于人与自然的环境，更指向人与环境的和谐共生、协同发展。因此，将可持续发展的理念从环境问题领域延伸至整个社会的发展正是教育生态功能的指归。从这个意义上讲，可持续发展并不仅限于环境保护，而是整个社会的和谐发展。而教育正是促进社会整体和谐发展的有机组成部分。

情境回顾

第二节 学前教育概述

▶ 情境导入

有质量的学前教育

关于"儿童与教育"，《中国儿童发展纲要（2021—2030年）》指出"适龄儿童普遍接受有质量的学前教育，学前教育毛入园率达到并保持在90%以上"，"逐步推进学前教育全面普及。继续实施学前教育行动计划，重点补齐人口集中流入地、农村地区、欠发达地区、民族地区以及城市薄弱地区的普惠性资源短板"，"全面提升保教质量"。

> 思考：什么是学前教育？学前教育的普惠性原则是什么？学前教育的保教结合原则是什么？

知识梳理

一、学前教育的概念

学前教育有广义和狭义之分。广义的学前教育是指对从出生到6周岁的儿童实施的保育和教育，狭义的学前教育是指对3～6周岁的幼儿身心所施加的有目的、有计划的影响。我国颁布的《幼儿园工作规程》（以下简称《规程》）明确指出："幼儿园是对3周岁以上学龄前幼儿实施保育和教育的机构。幼儿园教育是基础教育的重要组成部分，是学校教育制度的基础阶段。"本书所指的学前教育指狭义的学前教育。

二、学前教育的基本性质

（一）基础性

学前教育的基础性指的是学前教育所具有的区别于其他教育活动的奠基性特质。总体来讲，教育承担着育人的任务，是人类社会发展的基石，因而，基础性也是教育的特性之一。但在各种类型的教育活动中，学前教育的基础性更加突出，在实践中也更易被人忽视。

一方面，学前教育是个人发展的基础。从个人发展来看，学前期是个人成长的必经阶段，任何人都不能超越；而幼儿要生长发育，要增长知识和经验，就离不开适宜的保育和教育。因此，如果说教育是个人发展的基础，那么，学前教育就是个人健康成长的基础之基础。

另一方面，学前教育是整个教育体系的基础。教育为人的发展服务，形成了一个完整的终身教育体系。在这个体系中，学前教育位于教育链条的起点，是整个教育体系的基础。家庭、社会尤其是政府部门，只有充分认识学前教育的基础地位，真正把学前教育当作基础来建设，发挥其奠基性作用，才能为全社会的教育大厦打下坚实的基础，最终为社会的发展植入稳固的深层基石。

（二）启蒙性

学前教育的启蒙性指的是学前教育对于幼儿具有启蒙作用的特性。

首先，学前教育的作用是启蒙性的。学前教育的主要功用是开启个人发展之门，而非将幼儿培养成神童或某种专才。学前教育要做的就是为幼儿在身体、习惯、经验等方面的发展打造良好的开端，但不能超过启蒙的限度。其次，学前教育的内容是启蒙性的。不论是身体锻炼，还是经验濡染、知识教学、习惯养成，或者美术、音乐等艺术教育，首要的是注重幼儿各方面兴趣的培养、初步经验的增长，而非严格的知识和技能的教授与训练。即使要教给幼儿粗浅的知识和技能，也应是那些与他们生活紧密相关的内容，这是由幼儿的心理发展特点所决定的。最后，学前教育的方法是启蒙性的。学前教育应主要通过日常生活和游戏来实施，类似于课堂集体教学的做法要尽量减少。

启蒙着眼于长远发展，而不是只顾眼前的利益。在实践中，学前教育领域出现的"小学化""成人化"倾向，产生的"大"上学、"狠"上学现象，说到底就是缺乏对学前教育启蒙性的充分认识。

（三）公益性

学前教育的公益性是指学前教育能造福公众、让社会获益的特性。首先，学前教育的效用直接为每位接受学前教育服务的孩子及其家庭所享有，这一点确定无疑。而身心得到健康发展的幼儿，会通过后续教育走向社会、服务社会，最终使社会享受到良好学前教育的效益。其次，学前教育服务的供给具有公益性。从理论上来讲，社会学前教育机构是面向所有幼儿的，没有正当理由，不能拒绝某位幼儿进入该机构接受学前教育。学前教育也不宜像其他消费品那样，通过市场竞争的方式选择消费者。因此，从专门化的社会学前教育机构的供给来看，它是一种公共物品而非私人物品，公共物品一般具有公益性。

三、学前教育的基本原则

（一）普惠性原则

学前教育的普惠性原则是指学前教育必须面向所有幼儿，确保所有幼儿都能从中获益，而不能仅仅满足少数特殊群体的学前教育需要。学前教育普惠性原则的提出源于两点考虑：一是幼儿的受教育权利是平等的；二是学前教育具有公益性。

贯彻普惠性原则必须做到以下两点：一是要确保接受学前教育的机会均等。当前妨碍每位幼儿有均等的机会接受学前教育的主要因素，一方面是专门化的学前教育机构数量不够，特别是在农村、偏远山村等欠发达地区，另一方面是有身心障碍或残疾的具有特殊需要的幼儿的教育机会没有保障。为此，要通过扩大学前教育机构的规模，创办学前特殊教育机构，以保障处境不利幼儿接受学前教育。二是要扩大优质学前教育资源的覆盖范围。学前教育的普惠性原则不仅仅意味着每位幼儿都有机会接受学前教育，而且要求每位幼儿都接受有质量的学前教育。为此，必须逐步扩大优质学前教育资源的覆盖率，实现优质学前教育资源惠及每位幼儿的目标。

（二）全面性原则

学前教育的全面性原则是指学前教育应注重家庭和社会各个方面的作用，促进幼儿身心全面、和谐发展。学前教育全面性原则有两个表现：一是学前教育包括家庭学前教育和社会学前教育等多种形式，是一个整体；二是幼儿的发展包括身心各个方面，是全面的，不能割裂，更不能零碎化。

笔记栏

在实践中，学前教育常常被简单地等同于幼儿园教育，等同于促进幼儿智力发展的教育，或者等同于教幼儿识字、练钢琴等，这些片面的做法不仅误解了学前教育，而且会对幼儿的发展带来伤害。

贯彻全面性原则必须做到以下两点：一是整合并发挥各种类型学前教育的作用。家庭学前教育挟血缘亲情的力量，对幼儿的影响广泛、持久、细密；专门化的社会学前教育机构拥有专业性优势，对幼儿的影响科学合理、全面而高效；而大众媒介等社会组织和机构的社会学前教育，也因其灵活的活动方式，带给幼儿有益、有效的影响。二是要以幼儿身心全面、和谐发展为目标。从个人发展的角度看，幼儿身心各方面是相互联系的有机、和谐的整体，不可机械割裂、片面发展。

真题再现

【单项选择题】关于学前教育任务最准确的表述是（　　　）。（2018年上半年国家教师资格考试"保教知识与能力"真题）

A.促进幼儿智力发展　　　　　B.促进幼儿身心快速发展

C.促进幼儿社会性发展　　　　D.促进幼儿身心全面、和谐发展

参考答案：D　学前教育的全面性原则是指学前教育应注重家庭和社会各个方面的作用，促进幼儿身心全面、和谐发展。

（三）保教结合原则

学前教育的保教结合原则是指学前教育必须将对幼儿的保育和教育两项工作相结合，保教并重。保教结合原则是由幼儿发展的特点决定的。一是幼儿处于身体发展的关键时期，缺乏生活自理能力，成人适当的保育就成为幼儿健康发展的前提。二是幼儿的全面发展不会自然完成，只有对他们实施初步的德智体美劳的教育，才能实现全面、和谐发展的目标。

在日常工作中，不少学前教育工作者容易出现重教轻保的倾向。他们乐于教育幼儿而不重视甚至忽视保育工作，误以为教育工作是自己的本业，而保育工作只是保育员的事。这种倾向是不对的。

坚持保教结合原则必须做到以下两点：一是保育和教育并重。学前教育必须首先承担对幼儿日常生活的看护与照料工作，确保他们生活安全、身体健康、习惯良好，为他们的健康成长提供良好的前提条件。在此基础上，再给予启蒙性的经验、初步知识与能力的教育。二是保育和教育结合。保育工作不仅是幼儿日常生活的需要，也是实施教育活动的有效途径，要寓教育于保育中。同时，对幼儿的初步知识、经验与能力的教育，也能提升保育工作质量。

（四）以游戏为主要途径的原则

学前教育以游戏为主要途径的原则是指学前教育必须以幼儿的游戏活动为最重

要的实施途径与方法。游戏是幼儿对社会生活的模仿和想象，往往伴有愉悦的情绪体验。游戏能让幼儿模仿成年人的世界，满足他们的探究心、好奇心，因此，游戏活动可以成为幼儿最喜欢的活动方式。

贯彻这一原则必须做到以下两点：一是以游戏为实施学前教育的主要方式。是否以游戏为主要方式，要看幼儿在一日生活中，是否有足够的游戏机会和时间，是否有足够的游戏空间，是否有足够的开展游戏的资源，能否积极参与游戏。二是将游戏和其他方式相结合。游戏是学前教育的主要途径和方式，但不是学前教育的唯一途径。生活活动、课堂集体教学活动等，也是实施学前教育的方式。在实践中，应将游戏与其他途径和方式相结合，如在精心设计与组织的课堂集体教学中，将教学和游戏相结合，能提高幼儿参与集体教学活动的兴趣，增强教学的效果。

四、学前教育的任务

（一）对幼儿实施全面发展的教育，促进其身心和谐发展

学前教育的首要任务是实施全面发展的教育，促进幼儿身心的和谐发展。首先，做好对幼儿的保育工作。根据保教结合的原则，将对幼儿身体健康的保护、日常生活的照料放在重要位置。其次，对幼儿开展初步的教育。幼儿的发展包括身体发展、品德培养、知识和智力增进等，各方面和谐发展才是健康的标志。从学前教育的基础性和启蒙性来看，对幼儿所实施的教育只能是初步的、启蒙式的，目的是为幼儿今后更好地发展奠定基础。

（二）为家长参加工作、学习提供便利条件

学前教育还承担着服务于家庭，为家长参加工作、学习提供便利条件的任务。首先，家长作为学前教育活动的深入参与方，也是学前教育的服务对象。其次，学前教育通过提供保教服务，分担家长的责任，为家长的工作、学习提供方便。养育子女、从事生产劳动可以说是家庭的两个基本职能，但这两个职能之间往往会有冲突。在幼儿进入社会学前教育机构以后，家庭对幼儿的保育、教育的部分责任转移到托幼机构，家长至少能够在白天从看护幼儿的负担中解放出来，有了从事工作和学习的时间及精力。

五、学前教育的意义

（一）学前教育对幼儿个体发展的意义

1. 对幼儿的个性、社会性发展的价值

学前期是人的行为习惯、情感、态度、性格、品行等形成的基础时期，这一时期幼儿的发展会影响并决定幼儿社会性、人格的发展方向、性质和水平。幼儿在这一时期形成的良好的社会性、人格品质有助于其积极地适应社会这个大环境。同时，这一时期幼儿形成的个性、社会性会延续到将来的成人阶段，具有奠基作用。

◆ 笔记栏

2.对幼儿认知发展的价值

认知能力对人的一生具有重要的奠基性作用。幼儿期是人的认知发展最为迅速、最重要的时期。处于幼儿期的幼儿虽然发展变化迅速，具有巨大的学习潜力，但这种发展特点只说明了幼儿具有很大的发展可能性。要将这种发展的可能性变为现实，需要成人提供适宜于幼儿发展的良好环境和掌握合适的方式方法。适合的学前教育直接关系到幼儿能否形成正确的学习态度、良好的学习习惯和强烈的学习动机，从而对个体的认知发展和终身学习产生重大影响。

（二）学前教育对社会发展的意义

1.学前教育通过服务于家长从而间接影响社会的发展

（1）学前教育可以使家长有更多的时间和精力参加社会工作，帮助家长从繁重的幼儿保育和教育工作中解脱出来，为社会提供更多的潜在劳动力。从理论上说，更多的劳动力必然会带来社会生产的发展和社会财富的增加。这对当今面临老龄化压力且劳动力不足的国家而言显得尤其重要。

（2）学前教育可以使家长有更多时间和精力投入个人发展中。学前教育减轻了年轻父母的负担，使他们有更多的时间和精力去学习提高、休闲社交，使家庭因此减缓紧张、提升品质、增强稳定与和谐，使社会也从中获益。

2.学前教育通过直接影响幼儿的发展从而间接影响社会的发展

（1）学前教育通过影响幼儿的发展从而对社会经济的发展具有间接影响。接受过良好教育的幼儿，会带着健康的身体、和谐的身心、基础的知识与经验、良好的行为习惯，步入小学、中学，乃至大学，这对他们将来进一步成长具有促进作用和基础性价值。

（2）学前教育通过影响幼儿的发展从而对未来社会政治的发展产生间接影响。教育对政治的影响，一般可以通过培养合格公民和培养政治人才两个途径来实现。学前教育通过对幼儿行为习惯、思想意识的初步熏染，为未来公民和政治人才的培养奠定基础，从而间接地影响社会政治的发展。

（3）学前教育通过影响幼儿的发展从而对社会文化的传承产生间接影响。教育通过传播、继承和创新文化，最终影响文化的发展。学前教育引领幼儿初步体验、认识风俗民情，通过儿歌、童话、古诗、故事初步认识历史上的英雄人物，掌握简单的科学知识，学说本民族语言等，这实际上是在做文化传承的工作。

总之，学前教育通过直接服务于家长和影响幼儿的发展，从而间接影响社会经济、政治和文化的发展，这就是学前教育对社会发展的意义。

情境回顾

复习强化

一、单项选择题

1.凡是有目的地增进人的知识和技能，发展人的智力和体力，影响人的思想观念的活动都是（   ）。

A.教育　　　　　　B.教学　　　　　　C.讲解　　　　　　D.传递

2.教育最本质的属性是（   ）。

A.传授知识　　　　B.传授技能　　　　C.培养人　　　　　D.传承文化

3.下列不属于教育基本要素的是（   ）。

A.教育者　　　　　B.受教育者　　　　C.教育影响　　　　D.教育目的

4."任何阶段的教育都是之前教育的改革和发展"说明教育具有（   ）。

A.永恒性

B.历史性和阶级性

C.与生产力和社会政治经济发展的不平衡性

D.自身的继承性

5.国家把受教育者培养成什么样人才的总要求就是（   ）。

A.教学目的　　　B.教育目的　　　　C.培养目标　　　D.教学目标

6.在教育目的的价值取向上，争论最多、影响最大、最具根本性的两种典型的价值取向是（   ）。

A.知识本位论和能力本位论　　　　B.教育本位论和社会本位论

C.经济本位论和政治本位论　　　　D.个人本位论和社会本位论

7.我国教育目的制定的理论基础是（   ）。

A.教育的生物起源说　　　　　　　B.马克思主义关于人的全面发展学说

C.教育的心理起源说　　　　　　　D.教育的社会本位说

8.下列不属于教育目的制定的依据的是（   ）。

A.现有的教师数量和教育规模　　　B.一定的社会生产力发展水平

C.一定的社会经济和政治制度　　　D.儿童身心发展的规律

9."教育促进个体思想观念的社会化"属于（   ）。

A.教育的个体发展功能　　　　　　B.教育的经济功能

C.教育的政治功能　　　　　　　　D.教育的文化功能

10."教育是实现劳动力再生产、提高劳动者生产能力的主要手段"属于（   ）。

A.教育的个体发展功能　　　　　　B.教育的经济功能

C.教育的政治功能　　　　　　　　D.教育的文化功能

11.狭义的学前教育是针对（   ）年龄段的幼儿所实施的教育。

A. 0～3 岁　　　B. 0～6 岁　　　C. 1～6 岁　　　D. 3～6 岁

笔记栏

12.下列不属于学前教育的基本性质的是（　　）。

A.基础性　　　　　B.公益性　　　　　C.启蒙性　　　　　D.义务性

二、简答题

1.教育的本质是什么？

2.什么是教育目的？

3.教育的政治功能有哪些？

4.学前教育的基本原则有哪些？

三、论述题

1.分析教育目的制定的依据有哪些。

2.论述学前教育对幼儿个体和社会发展的意义。

参考答案

第二章
学前教育与社会发展

教育者，非为已往，非为现在，而专为将来。

——蔡元培《教育理念之革新》

本章导入

🎯 学习目标

▶ **知识目标**

1. 了解不同时期世界学前教育的发展。
2. 了解我国学前教育的发展。
3. 熟悉国内外著名教育家的儿童教育思想。
4. 理解经济、政治、文化等因素对学前教育发展的影响。

▶ **能力目标**

1. 能用国内外著名教育家的儿童教育思想分析学前教育的现实问题。
2. 能分析社会发展对学前教育发展的影响。

▶ **素质目标**

1. 通过对学前教育发展过程的学习，逐步形成基本的儿童教育思想，提升人文素养。
2. 通过对学前教育发展简史及社会发展对学前教育发展的影响的学习，增强对人类社会发展规律的认识，理解事物间的联系性，以及事物发展是前进性和曲折性的统一的过程，热爱教育理论研究，具备关注国家学前教育事业发展的意识。

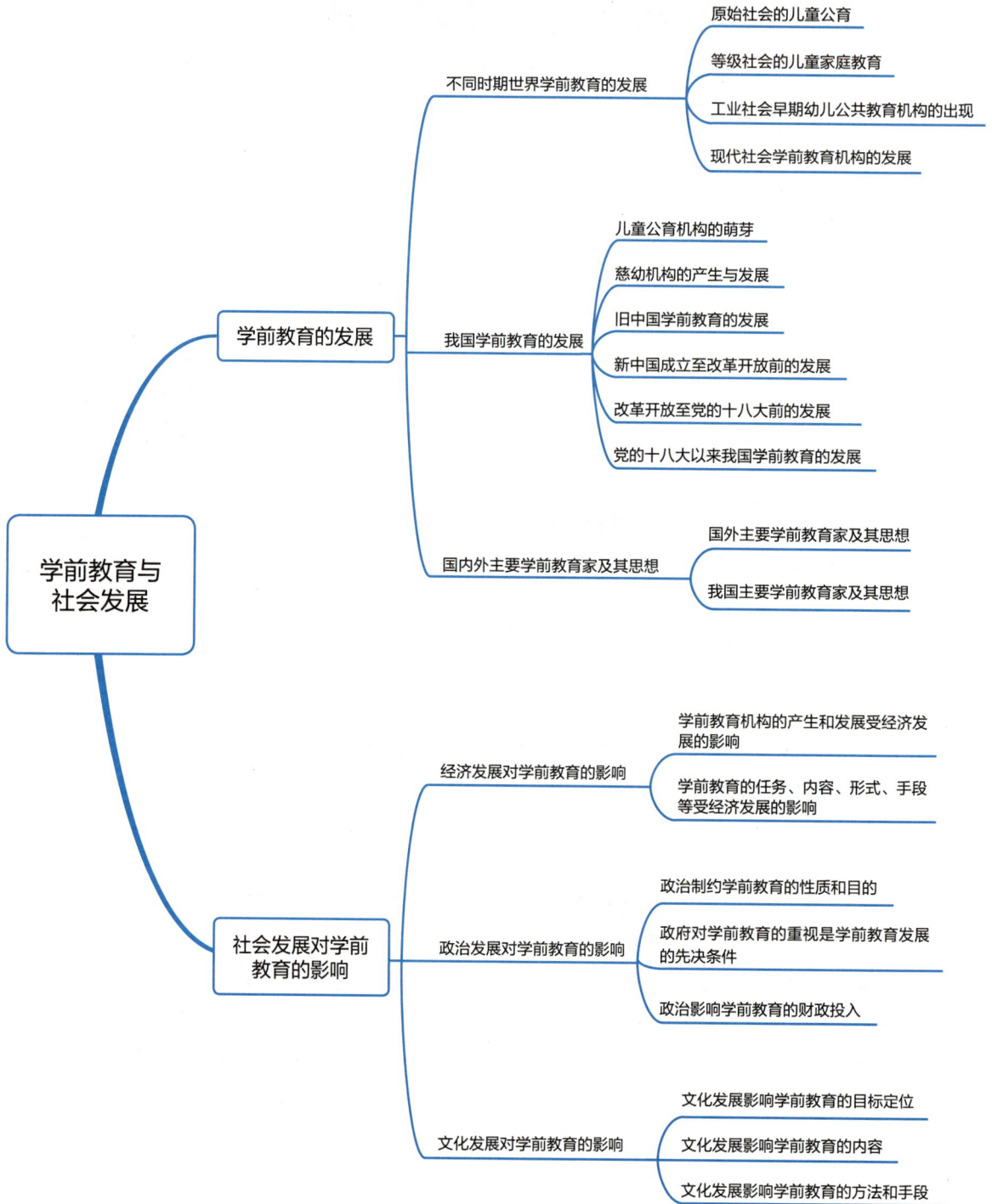

知识导图

- 学前教育与社会发展
  - 学前教育的发展
    - 不同时期世界学前教育的发展
      - 原始社会的儿童公育
      - 等级社会的儿童家庭教育
      - 工业社会早期幼儿公共教育机构的出现
      - 现代社会学前教育机构的发展
    - 我国学前教育的发展
      - 儿童公育机构的萌芽
      - 慈幼机构的产生与发展
      - 旧中国学前教育的发展
      - 新中国成立至改革开放前的发展
      - 改革开放至党的十八大前的发展
      - 党的十八大以来我国学前教育的发展
    - 国内外主要学前教育家及其思想
      - 国外主要学前教育家及其思想
      - 我国主要学前教育家及其思想
  - 社会发展对学前教育的影响
    - 经济发展对学前教育的影响
      - 学前教育机构的产生和发展受经济发展的影响
      - 学前教育的任务、内容、形式、手段等受经济发展的影响
    - 政治发展对学前教育的影响
      - 政治制约学前教育的性质和目的
      - 政府对学前教育的重视是学前教育发展的先决条件
      - 政治影响学前教育的财政投入
    - 文化发展对学前教育的影响
      - 文化发展影响学前教育的目标定位
      - 文化发展影响学前教育的内容
      - 文化发展影响学前教育的方法和手段

第一节 学前教育的发展

情境导入

中国西周时期的保傅之教

西周继承了殷商的传统，也建立了保傅教育制度。据《尚书·君奭》记载，西周初期，曾以"召公为保，周公为傅，相成王为左右"。《大戴礼记·保傅》中也说："昔者周成王幼在襁褓之中，召公为太保，周公为太傅，太公为太师。"太保、太傅、太师全称"三公"，"三公"对太子实施教育时有着明确的分工，其中，"保，保其身体；傅，傅之德义；师，道之教训"。保其身体，即负责身体的保育；傅之德义，即负责培养道德；道之教训，即进行文化知识及统治经验的传授。可见，保傅之教的内容是较全面的，包括德、智、体三方面的内容。西周除设"三公"外，还设置有副职"三少"，即少师、少傅、少保，他们时常相伴太子左右，以影响和指导太子。

资料来源：郑三元，张建国. 学前教育学[M]. 长沙：湖南大学出版社，2015：11.

思考：学前教育作为一种社会现象，伴随着人类社会的产生而产生，那么学前教育经历了哪些发展阶段？我国《"十四五"学前教育发展提升行动计划》提出的重点任务有哪些？

知识梳理

一、不同时期世界学前教育的发展

（一）原始社会的儿童公育

原始社会的生产力发展水平非常低，人们必须结成群体，集体进行生产劳动才能得以生存，因此教育也是群体性的。他们教幼儿制造石器和使用火的方法，教幼儿团结互助，告诉幼儿要勇敢地同各种灾害作斗争，这样才能生存下来。这便是原始社会状态的儿童公育。到了母系氏族公社时期，人们以母系血缘为纽带，组成社会生产和生活单位，生产资料共有，人们共同劳动、共同消费，过着平等的生活。当时社会生产有了很大进步，已有了农业劳动，年长者把种植、收割等经验教给幼儿，还教他们制造骨器、木器、弓箭和陶瓷，以及风俗习惯、宗教仪式、生活经验等。这个时期儿童公育的主要内容包括生存教育、做人教育、宗教和艺术教育、体格和军事教育等。

由于生产力低下，生产资料公有，社会还没有划分阶级，因此，原始社会儿童公育的主要特征有三个。

（1）教育没有阶级性。每个幼儿都会受到平等的教育。

（2）没有专门的教育机构和场所，没有专职教育人员，教育以生活经验为内容，与生产劳动紧密结合，是在生产劳动过程中进行的，是随机的、分散的。

（3）教育的手段限于言传身教，主要形式是口耳相传。在氏族公社的解体过程中，由于开始出现少数特权人物和财富及知识被特权人物所独占的现象，就出现了阶级教育的萌芽。

（二）等级社会的儿童家庭教育

随着生产力的逐步提高，私有财产得以实现，人类进入了有阶级的社会——奴隶社会、封建社会，教育也就出现了新变化。伴随着原始社会氏族制大家庭的解体，私有制家庭逐渐取代了原先的氏族制大家庭，而成为相对独立的生产和生活单位，原始公有制下的儿童公育失去其社会基础而不复存在，养育、教育幼儿的责任自然向家庭转移。统治阶级为了维护自己的统治，利用手中的权力让自己的子女接受专人教育，以便把自己的子女培养成未来的统治者。同时他们毫不留情地剥夺平民子女受教育的权利，使他们只能跟随父母学习各种劳动知识和技能。由此出现了教育的阶级性、等级性。为了适应社会生产力发展的需要，培育一批具有初步读、写、算能力，为统治阶级服务的人，开始出现了专门学校，并由此而出现了学前教育与学校教育的分期。入学前的幼儿教育仍在家庭中分散进行，这和封建社会一家一户的小农经济形态是相适应的。当时也有人提出了学前公共教育和保育的思想，如古希腊的哲学家柏拉图就提出并主张3～6岁幼儿集中管教，但这种理想在当时是很难实现的，因为社会既没有足够的创办学前教育机构的物质基础，也没有相应的社会需求。

（三）工业社会早期幼儿公共教育机构的出现

18世纪末19世纪初，随着近代工业革命的到来，大工业机器生产在欧洲得到迅速发展，大量小农、小手工业者被迫进入大工厂做工，妇女也被迫走出家庭进入工厂，很多家庭出现幼儿无人看管的现实问题，由此带来严重的社会问题。创办学前教育机构以收容、教养工人幼儿的现实需求被提了出来。大工业生产提升了比小农经济高得多的劳动生产率，使社会有了创办学前教育机构所必需的物质基础。因此，生产的社会化带来了学前教育的社会化，幼儿教育机构就诞生了。值得一提的是，英国空想社会主义者欧文于1816年在新兰纳克纺织厂创办了一所幼儿学校（后改名为"性格形成学院"），他把1～6岁的幼儿组织起来，进行集体保育，在当时社会引起了巨大反响，受到过恩格斯的赞扬。这个时期出现的学前教育机构多是由一些慈善家、企业家举办的，实质上是慈善性质的社会福利机构。

🐦 **真题再现**

【单项选择题】欧文创办的幼儿学校是世界上最早（　　　）。（2020年下半年国家教师资格考试"保教知识与能力"真题）

A.使用恩物开展教学的学前教育机构

B.为工人子弟开办的学前教育机构

C.为贵族子弟开办的学前教育机构

D.为儿童提供"有准备的环境"的学前教育机构

参考答案：B　欧文于1816年在新兰纳克纺织厂开办了一所幼儿学校——工人子弟学校。

（四）现代社会学前教育机构的发展

19世纪末到20世纪40年代，是世界学前教育的"发展期"。这一时期，在儿童研究运动和儿童中心主义教育改革运动的推动下，幼儿的教育价值和社会价值得到社会的普遍认可，尊重和保护幼儿权益的意识开始觉醒。不少国家开始通过教育立法的形式，把学前教育纳入国民教育体系，使之成为学制的组成部分。各国的重视和直接介入给世界学前教育事业发展带来机遇，使得之前以私人慈善事业为主的学前教育成为一项国家制度和公共事业。

第二次世界大战结束至今，是世界学前教育的"普及与提高期"。学前教育不仅普遍获得世界各国的认可和支持，而且朝着民主化、普及化方向发展。学前教育在教育体系中的地位进一步提高，学前教育机构类型日趋多样化，学前教育的质量也得到了保障。

二、我国学前教育的发展

（一）儿童公育机构的萌芽

我国最早的学校叫"庠"，它出现在原始社会后期的虞舜时期。据史书记载，"庠"是老人们聚集的地方，是氏族敬老养老行礼的场所。氏族将有经验的老人在"庠"这个地方集中起来，集体敬老，这些老人便承担起了将自己丰富的生产经验和生活经验传达给新生一代的责任。这个养老的"庠"，便是学校的萌芽，是我国原始社会末期出现的对幼儿进行社会公育的机构。

拓展资料

关于庠的解释与记载

首先，从文字结构看，"庠"从广羊声，"广"是房舍的意思，可见"庠"的原意就是养羊的地方。另据《礼记·明堂位》记载："米廪，有虞氏之庠也。"这里的"庠"又由家畜饲养场所变成了粮食仓库。然而，不论是储藏粮食的仓库还是畜养牲畜的场所，在当时都要由经验丰富、劳动力较弱、难以再去狩猎的老年人看管，于是"庠"又具有了养老的功能，故《孟子》中说："庠者，养也。"《说文解字》中也说："庠，礼官养老。"《礼记·王制》中也有记载："有虞氏养国老于上庠，养庶老于下庠。"在原始社会，教养新生一代的任务通常主要由老年人承担，因此，"庠"后来又具有对儿童实行保育和教养的功能。

资料来源：郑三元，张建国. 学前教育学[M]. 长沙：湖南大学出版社，2015：10.

（二）慈幼机构的产生与发展

在古代中国，没有产生过现代意义上的社会化的学前教育机构，只是在一定的时期、一定的场合，曾出现过一些慈幼机构。

1. 宫廷慈幼机构

中国最早的专门的慈幼机构出现在西周，当时西周王宫内和各诸侯的宫廷内都设有婴幼儿养育机构——"孺子室"，是专为周王的太子、诸王子、各诸侯的子孙们设立的。孺子室的保育人员分为教幼儿为善的慈师、了解幼儿个性好恶而加以引导的慈母、管理幼儿饮食起居的保姆和奶妈，分工明确，职责清晰，有一定的组织形式。中国第一个具有教育性质的慈幼机构出现在东汉。据《后汉书·邓皇后纪》记载，东汉安帝元初六年（119），和帝之妻邓太后在宫廷开设邸舍。严格地说，邸舍不是专门的学前教育机构，它包含了较大年龄儿童的读经教育，但其中也有对幼小儿童教育的部分，而且这一部分是特别对待的。因此，历史上的邸舍作为慈幼机构就有一定的教育价值，但其教养对象也只限于皇亲国戚，还远谈不上慈幼机构的制度化、社会化。

2. 社会慈幼机构

我国从北宋起出现了由中央和地方政府办的社会性质的慈幼机构。北宋的苏轼在密州任内，曾出公粮收养女婴，这便是社会慈幼机构的雏形。宋以后各代，或由朝廷诏令设置，或由地方官员自行设置，各地慈幼机构不断出现。但是，这些慈幼机构仅具有慈善性质，而不具备教育意义，与中国近代尤其是进入20世纪以来在学制上得到承认的蒙养院、幼稚园的性质不同。在这些慈幼机构存在的同时，学前教育仍是由家庭承担的。

（三）旧中国学前教育的发展

1. 蒙养院制度的建立

1901年，清政府宣布实施"新政"，把教育改革作为"新政"的重要内容之一。清末"洋务运动"后期，两广总督张之洞宣扬"中学为体，西学为用"，倡导并举办新式教育。湖北巡抚端方于1903年9月在武昌创办湖北幼稚园，标志着我国第一所学前教育机构正式诞生。湖北幼稚园后改称为武昌蒙养院。1904年，由张之洞、张百熙、容庆共同拟定的《奏定学堂章程》经法令正式公布并在全国施行，亦称"癸卯学制"，是我国颁行的第一个学制，其中就包括蒙养院制度。根据癸卯学制对蒙养院总的要求，清政府还颁布了《奏定蒙养院章程及家庭教育法章程》，第一次用国家学制的形式把学前教育机构的名称确定下来，把社会学前教育机构的地位固定下来，使蒙养院成为我国最早的学前教育机构。癸卯学制及《奏定蒙养院章程及家庭教育法章程》的诞生，意味着我国公共学前教育的制度和体系正式诞生。

2. 幼稚园制度的建立

五四运动以后，特别是新学制颁布以后，随着幼稚园制度的确立，我国的学前教育事业比初创时期又有了新的发展，一大批不同类型的幼稚园先后创建。但由于内外战争，政治动乱，经济停滞，政府无暇顾及幼儿教育，因此幼儿教育发展极为缓慢。此时期的公立幼稚园以附设于其他学校者为最多。在公立幼稚园中，由大学和各省立女子师范或师范学校附设的幼稚园占有重要的地位。

当时私人开办的幼稚园较多，数量和规模均超过公办园。另外，有一批具有爱国思想和民主思想的幼儿教育家，批判封建主义的幼儿教育，反对幼儿教育的奴化和贵族化，积极提倡变革并躬行实践，创办了为平民子女服务的幼儿园，在国内产生了较大的影响，如陈鹤琴创办的南京鼓楼幼稚园，陈嘉庚创办的厦门集美幼稚园，熊希龄主办的北京香山慈幼院，陶行知创办的南京燕子矶幼稚园，张雪门在浙江宁波创办的星荫幼稚园，此外还有上海大同幼稚园、上海劳工幼儿团等。当时流行于世界的主要教育学说几乎都被译介过来，这对中国教育的近代化和现代化进程是有极大推动作用的。

3. 托儿、保育相关制度的建立

1934年2月，苏区中央内务人民委员部颁布了《托儿所组织条例》来推动学前教育的发展。这是红色政权颁布的第一部关于学前教育的文件，具有指导性、纲领性作用。该条例对组织托儿所的目的、儿童入托的条件、托儿所的上级领导机构、托儿所的班额、保教人员的编制及标准、环境、设备、经费、托儿所的管理、保教人员的职责、托儿所的作息时间等都做了详细的规定。

1941年1月，陕甘宁边区政府在工作报告中将儿童保育作为中心工作，同年又颁布了《陕甘宁边区政府关于保育儿童的决定》。该文件是继《托儿所组织条例》之后革命根据地的又一重要学前教育法规文件，它对抗战时期和解放战争时期的学

前教育具有极大的推动作用。

（四）新中国成立至改革开放前的发展

中华人民共和国成立后，中国共产党获得了领导人民改造全国学前教育的政治任务。《中国人民政治协商会议共同纲领》明确规定了新中国教育的性质和任务，国家对幼教机构的服务方向、教育内容方面进行了初步改革，改进旧的幼稚园，让其转向为工农子女开放，为国家建设服务。1951年颁布的《关于改革学制的决定》，规定实施幼儿教育的组织为"幼儿园"，确立了幼儿园教育制度。幼儿教育成为社会主义教育事业的重要组成部分。

新中国成立以来，我国学前教育的发展大致经历了如下几个阶段。

1. 稳步发展时期（1949—1957）

我国借鉴苏联的学前教育理论和实践经验，在接管、改造新中国成立前的旧的学前教育，发展新的学前教育的同时，制定了一系列有关学前教育的法规，初步确定了新中国学前教育的发展方针、性质、目标，以及具体的教学方法和管理体制，从而建立起了以马克思主义思想为指导的学前教育理论和社会主义性质的学前教育体系。1953年，我国进入社会主义建设阶段，当时的幼儿教育方针是：根据各个地区的不同情况、城乡差异，有计划、有步骤地在整顿中提高，在巩固的基础上适当地发展，发展的重点应该首先放在工业地区、企业部门，其次是机关、学校及郊区农村，并鼓励私人办园。这一时期，在各方办园的形势下，幼儿教育事业逐步发展。据统计，1957年，全国有幼儿园1.64万所，入园幼儿108.8万人。

2. 盲目发展与调整巩固时期（1958—1965）

1958年开始，为适应当时的经济建设和大量妇女参加生产与工作的需要，广大幼教工作者努力创造条件，发展幼儿园，但由于当时"左"的错误，幼儿教育事业盲目发展，短时间内各地幼儿园特别是农村幼儿园急剧增加，有些地方还将小园合并为几百人的大园。1958年，幼儿园的数量竟然由1957年的1.64万所猛增至69.53万所，不久这些幼儿园便因缺乏社会需要和基础而纷纷解散，造成较大损失。这一时期的幼儿教育理论和实践的发展极度混乱，幼儿教育质量显著下降。针对"大跃进"时的非理智性冲动，1961年，国民经济发展实行"调整、巩固、充实、提高"的方针，幼儿教育也不例外。经过整顿，幼儿教育回到了稳步发展的轨道上。1962年幼儿园数量稳定在1.76万所左右，1965年逐渐发展到1.92万所，入园幼儿171.3万人。

3. 遭到全面破坏时期（1966—1976）

1966年开始的十年"文化大革命"，使刚刚走向正常的幼儿教育事业遭到严重破坏，幼儿教育到了崩溃的边缘。1976年10月，党中央一举粉碎了"四人帮"，掀开了新中国历史的新篇章。我国幼儿教育在经过了这一严峻的考验之后，也以更成熟、更坚定的步伐，进入新的发展历程。

（五）改革开放至党的十八大前的发展

笔记栏

1978 年，党的十一届三中全会召开，我国进入了新的发展时期。随着经济的持续发展和改革开放，幼儿教育的发展也出现了重大变化。

1. 多渠道、多形式发展幼教机构

党的十一届三中全会以后，党和政府把发展幼儿教育的重要性提到一个新的高度。1979 年，中共中央、国务院转发的《全国托幼工作会议纪要》的"通知"指出：坚持"两条腿走路"的方针，即国家办园和社会力量办园相结合，恢复、发展、整顿、提高各类托幼组织。幼儿教育事业在积极恢复、整顿和发展幼儿教育的指导思想下，得到恢复和发展。1987 年，国务院办公厅转发的《关于明确幼儿教育事业领导管理职责分工请示》调动了各级政府和各有关部门管理幼儿教育工作的积极性，形成了国家、集体、个人办园的新格局。

2. 学前教育走上了规范化、法治化轨道

1989 年 6 月，国家教委颁布了《幼儿园工作规程》（以下简称《规程》，1996年 6 月正式施行）。《规程》不仅明确规定了幼儿园的保教目标、任务，而且用专门的章节对幼儿园教育从原则到活动的组织、教育的形式及方法等做出规定。1989 年8 月又颁布了《幼儿园管理条例》，从宏观上调控了幼儿园的管理与发展。2001 年7 月，教育部颁布了《幼儿园教育指导纲要（试行）》，它就《规程》中有关"幼儿园教育"这部分内容做出了更为具体的规定。2003 年，国家颁布了《关于幼儿教育改革与发展的指导意见》，就幼儿教育改革与发展的目标、幼儿教育管理体制机制，以及幼儿教师师资队伍建设等方面提出了指导性意见。2010 年 7 月，教育部颁布的《国家中长期教育改革和发展规划纲要（2010—2020）》（以下简称《教育规划纲要》），将学前教育真正纳入国民教育体系，学前教育获得了体制内的合法身份与保障。《教育规划纲要》绘制了 2010—2020 年的十年内我国学前教育发展的宏伟蓝图，标志着我国学前教育事业进入了一个崭新的历史阶段，沿着现代化、科学化、社会化的轨道全面迈进。为贯彻落实《教育规划纲要》，2010 年 11 月国务院颁布《关于当前发展学前教育的若干意见》（简称"学前教育'国十条'"），有力地促进了我国学前教育的发展和《教育规划纲要》的实施。

（六）党的十八大以来我国学前教育的发展

党的十八大以来，我国学前教育有了突飞猛进的发展。2012 年教育部发布《幼儿园教师专业标准（试行）》和《3～6 岁儿童学习与发展指南》，2016 年教育部颁布新修订的《规程》，2018 年中共中央、国务院印发《关于学前教育深化改革规范发展的若干意见》，2019 年中共中央、国务院印发《中国教育现代化 2035》，2021年国务院印发《中国儿童发展纲要（2021—2030 年）》，2021 年教育部等九部门印发《"十四五"学前教育发展提升行动计划》，2022 年教育部印发《幼儿园保育教育质量评估指南》……这些政策法规为新时代学前教育健康快速发展提供了有力保

障。各地结合学前教育行动计划的实施，积极扩大普惠性资源，不断健全保障机制，着力提高保教质量，围绕小区配套园专项治理、幼儿园"小学化"专项治理等，打响了一场场学前教育攻坚战。这些战役瞄准的目标，离不开"普及""普惠""优质"这些重点。

《"十四五"学前教育发展提升行动计划》制定的主要目标为：进一步提高学前教育普及普惠水平，到2025年，全国学前三年毛入园率达到90%以上，普惠性幼儿园覆盖率达到85%以上，公办园在园幼儿占比达到50%以上；覆盖城乡、布局合理、公益普惠的学前教育公共服务体系进一步健全，普惠性学前教育保障机制进一步完善，幼儿园保教质量全面提高，幼儿园与小学科学衔接机制基本形成。重点任务：一是补齐普惠资源短板；二是完善普惠保障机制；三是全面提升保教质量。党的二十大报告在关于教育方面，提出继续"坚持教育优先发展"的策略，强调要"办好人民满意的教育""强化学前教育、特殊教育普惠发展"，为学前教育的进一步发展指明了方向。

三、国内外主要学前教育家及其思想

（一）国外主要学前教育家及其思想

1. 柏拉图

古希腊时期哲学家柏拉图（前427—前347）在他的著作《理想国》中论述建立贵族共和国理想的同时，提到了学前教育的重要性："凡事之开始，为最重要之点。而教育柔嫩之儿童，则更宜注意。盖其将来人格之如何，全在此时也。"并第一次提出了学前社会教育的主张：儿童出生后交给国家特设的养育所，由专门的保姆抚养，由母亲亲自哺乳。3～6岁儿童集中到附设于神庙的儿童场院，国家委派优秀的女公民教育他们。柏拉图还是历史上最早论述优生优育问题的思想家，他强调胎教对儿童发展的价值。

2. 亚里士多德

古希腊哲学家亚里士多德（前384—前322）在《政治学》中阐述了他的胎教思想，主张婴儿出生后用母乳喂养，从小要多运动并习惯于寒冷。他认为在5岁前不应要求儿童学习课业，以免妨碍其发育，还主张儿童应学习唱歌和演奏。他还第一个做出年龄分期的尝试，将人出生后每七年划为一个阶段，到21岁为止。

3. 夸美纽斯

夸美纽斯（1592—1670）是捷克著名的教育家，是研究学前教育最早的理论家之一，主要著作有《母育学校》《大教学论》《语言和科学入门》《世界图解》等。其中，《大教学论》是近代教育学理论的奠基之作。

夸美纽斯相信教育可以使种族更新，因此，他认为儿童不论贫富贵贱、不论男女都应受到教育。教育必须从幼年开始，而且应当适应自然。为了达到此目的，他

提出了一个理想的学制，这个学制涉及从出生的婴儿到 24 岁的青年，共分为四级，每级六年。

夸美纽斯的《母育学校》，全面阐述了学前家庭教育的体系，是世界上第一部论述学前教育的专著，集中体现了夸美纽斯的学前教育思想。夸美纽斯认为，学前教育应当在家庭中进行，家庭就是母育学校，母亲就是母育学校的教师。母育学校为儿童以后的学习奠定了基础，这一时期的儿童所接受的应当是简易的实物课程。夸美纽斯还为母育学校制订了一套教育计划，编写了儿童教材《世界图解》。《世界图解》是世界上第一本配有插图的教科书，旨在让儿童了解世界。全书共有插图 187 幅，以其方法上的直观性和所阐发的教育新观念、新思维、新概念，预示了教育发展的新方向，也确立了夸美纽斯在世界学前教育史上的显赫地位。夸美纽斯总结了古希腊、古罗马和文艺复兴时期的幼儿教育经验，第一次以家庭为背景，较为系统地探讨了儿童教育的规律，为世界学前教育理论的形成奠定了基础。

4. 洛克

洛克（1632—1704）是英国著名的哲学家和启蒙思想家，实科教育和绅士教育的倡导者，也是第一个提出并详细论述儿童体育问题的教育家。著作主要有《教育漫话》《工作学校计划》《理解能力指导散论》《人类理解论》等。他的教育思想主要体现在《教育漫话》一书中。

洛克从唯物主义的立场出发，提出"白板说"，认为人心如白板，全部观念都来自后天的"经验"。根据这种观点，洛克认为，人的一切知识都是后天得来的，都建立在经验的基础上。人的发展是由后天教育决定的，而不是由先天的遗传决定的。

洛克认为，教育的目的就是培养有德行、有智慧、有学问、有能力、有礼貌的绅士。为了实现绅士教育的目的，洛克设计了一整套具体的实施办法，为儿童安排了包括德育、智育、体育在内的教育内容，并且详细提出了各项教育的要求和方法。

5. 卢梭

卢梭（1712—1778）是法国著名的启蒙思想家、哲学家、教育家、文学家，是 18 世纪法国大革命的思想先驱，启蒙运动的卓越代表之一。他的主要著作有《论人类不平等的起源和基础》《社会契约论》《爱弥儿》等。卢梭的教育思想集中体现在《爱弥儿》一书中。

卢梭对儿童教育的贡献首先是"儿童的发现"。他认为，儿童不是小大人，儿童有他自己独特的生活；儿童期的存在是一种自然规律，并非单纯地为成年生活做准备，它具有独立存在的价值。

卢梭在教育理论上以"归于自然"为依据，提出"自然主义"教育的观点。他强调教育应当尊重自然，反对揠苗助长。他认为，教育的首要目的就是保护儿童善良的本性，主张教育要与儿童天性的自然发展相一致，教育要培养"自然人"。卢

笔记栏

梭所憧憬的"自然人"具有四个特征：一是不受传统的束缚，按本性发展；二是不依附于他人，能够自食其力，具有独立性；三是具有社会适应性，能够承担社会责任；四是体脑发达，身心健康，具有独立思考的能力。

卢梭根据儿童的发展将教育分为四个阶段：第一阶段（0～2岁），以身体养护为主；第二阶段（2～12岁），注重体育、经验、感官的教育；第三阶段（12～15岁），注重知识的教育；第四阶段（15岁至成年），注重道德、宗教及情感的教育。

6. 裴斯泰洛齐

裴斯泰洛齐（1746—1827）是瑞士著名的民主主义教育家，也是世界上享有盛誉的教育改革家，他是世界上第一个明确提出"教育心理学化"口号的教育家，并且是西方教育史上第一位将教育与生产劳动相结合的思想付诸实践的教育家。代表作有《幼儿教育书信》《母亲读物》《隐士的黄昏》《林哈德和葛笃德》《我对人类发展中自然进程的追踪考察》等。其中，《幼儿教育书信》归纳了他的幼儿教育原理和方法。他强调教育必须考虑儿童的心理特点，并最早提出了"儿童年龄越小越需要心理学知识的指导"的见解，为幼儿教育理论步入科学化铺平了道路。

裴斯泰洛齐是提倡"爱的教育"和实施"爱的教育"的典范。他认为儿童对母亲的爱，是道德教育最基本的要素。这种爱的情感发自亲子之间的自然关系。儿童上学以后，社会交往和人际关系日益扩大，他逐渐意识到自己是人类社会中的一员，因而又把爱逐步扩大到爱所有的人、爱全人类。无论是在家庭或者在幼儿园，家长或教师都要以母亲的精神去感化儿童，给予儿童充分的爱心，以激起儿童的道德情感。但是，他同时指出爱不是万能的，也不是无限度的，爱如果变成溺爱、纵容、放任，则是教育中的极大祸害。所以他又主张爱要与威严结合。

裴斯泰洛齐提倡要素教育。他认为教学应从教学的基本要素开始，使教学过程心理化。他把数目、形状和语言确定为教学基本要素。儿童正是通过计算来掌握数目，通过测量来认识形状，通过言语来掌握语言，并同时培养和发展自己的计算、测量和言语的能力。

7. 赫尔巴特

赫尔巴特（1776—1841）是德国著名的教育家、心理学家和哲学家。主要著作有《普通教育学》《教育学讲授纲要》《裴斯泰洛齐的直观教学ABC》《裴斯泰洛齐教学方法批判》等。其中，《普通教育学》是赫尔巴特的教育代表作，它是西方最早以"教育学"来命名的教育专著，这本书对幼儿教育学的建立和发展有很大的影响，也奠定了赫尔巴特在教育史上的重要地位。在西方教育史上，赫尔巴特被誉为"科学教育学的奠基人"。赫尔巴特在其著作《教育学讲授纲要》中曾专门论述了0～8岁婴幼儿的教育问题。他把婴幼儿教育分成两个阶段：0～3岁和4～8岁。0～3岁教育的主要任务是照料儿童的身体，因为这一时期的儿童生命很脆弱，必须精心照顾。成人应为儿童提供安全的活动场所，以利儿童充分的四肢活动，并使他们通过自己的尝试促进对事物的观察。对于 4 ~ 8 岁阶段的儿童，赫尔巴特主要强调德育和智育两个方面。

他对 0 ~ 8 岁儿童教育的主张有一定的合理性，但过于强调对儿童采取严酷的管理，过于强调教师的作用以至于忽视儿童的主动性，这些都存在明显的局限。

8. 福禄培尔

福禄培尔（1782—1852）是德国著名的教育家，幼儿园运动发起人，现代学前教育理论的创始人。他把毕生精力都献给了儿童教育事业，建立了较为完整的儿童教育体系，创办了世界上第一所幼儿园，并创立了一整套儿童教育理论和与之相适应的教育方法、教材、玩具等，因此被誉为"幼儿园之父"。

受夸美纽斯和裴斯泰洛齐的影响，福禄培尔认为家庭和母亲在早期教育中占有重要地位。但他又指出，许多母亲没有充分的时间教育自己的子女，而且也没有受过相关的教育训练，不能胜任其子女的教育任务。因此，有必要建立公共的儿童教育机构来弥补家庭教育的缺陷。受此思想的影响，福禄培尔于 1837 年在德国的布兰肯堡建立了一所教育机构，专收 3 ~ 7 岁的儿童。1840 年该机构正式命名为"幼儿园"，成为世界上第一所幼儿园。福禄培尔强调，他创建的幼儿园与以前存在的幼儿教育机构是不同的，"它并不是一所学校，在其中的儿童不是受教育者，而是发展者"。他把幼儿的学校称为"幼儿的花园"（幼儿园），把幼儿看作正在生长发芽的种子，把教师看作细心且有知识的园丁。

福禄培尔指出，幼儿园的任务是通过直观的教学方法来培养幼儿，使他们参加各种必要的活动，发展他们的体格，锻炼他们的外部感官；使他们正确地认识人和自然；使他们在游戏、娱乐和充满童趣的活动中增长知识，做好升入小学的准备。

福禄培尔认为，教师只为儿童提供条件，不进行干预，必要时才要儿童服从一定的要求。教育者的任务是帮助儿童除去阻碍生命发展的障碍，让儿童的自我得到发展。

为了更好地引导幼儿认识自然、扩大知识和发展能力，福禄培尔在幼儿园教育实践中创制了一套供儿童使用的活动玩具——恩物。福禄培尔创制的这套"恩物"的基本形状是圆球、立方体和圆柱体。该套"恩物"仿照大自然事物的性质、形状和法则，体现了从简单到复杂、从统一到多样的原则，作为儿童了解自然和人类的玩具，客观上有助于扩大儿童的知识，发展他们的创造力和想象力。"恩物"作为儿童认识万物的初步手段，适合儿童教育的要求，与儿童天性的发展相适应，从而在欧洲乃至世界各国广泛流行。

福禄培尔指出，人不是单独存在的个体，他是家族的一员、社会的一员、民族的一员，是宇宙中的一分子。因此，教育者应该让幼儿和周围的环境、社会、自然相结合，协调一致。

福禄培尔认为，要让幼儿在爱中成长，首先必须教育母亲。因此，他创立了世

▶ 笔记栏

界上第一个为母亲们开办的"讲习会"。

福禄培尔指出,作业活动是儿童的体力、智力和道德和谐发展的一个主要方法。通过作业活动,可以对儿童进行初步的教育。由此,他制定了一套详细的幼儿园作业大纲,要求儿童的作业活动严格遵循从简单到复杂的原则。他指出,在作业活动中,教师应当及时地对儿童进行指导和帮助,培养儿童集中注意力和认真做作业的习惯,促进其表现力和创造力的发展。

福禄培尔是教育史上第一个承认游戏的教育价值并把游戏列入课程之中的教育家。在福禄培尔看来,全神贯注地沉醉于游戏,是儿童生活最美好的表现。从某种意义上说,幼儿园应当是儿童游戏的乐园。同时,福禄培尔指出,游戏应当适应于儿童的体力和智力,并使它们帮助儿童认识周围的自然界和社会生活。

9. 杜威

约翰·杜威(1859—1952)是美国著名的哲学家、教育家,是20世纪影响最大的教育家之一。他的著作主要有《我的教育信条》《儿童与课程》《学校与社会》等。杜威于1896年创立了一所实验中学作为他教育理论的实验基地,并任该校校长。他反对传统的灌输和机械训练的教育方法,主张从实践中学习,提出"教育即生活"和"学校即社会"的口号,以及"从做中学"的教育观念。

杜威认为,传统教育的最大弊病就是把学科作为教育的中心,把外在的教材强加给儿童。在教育上,他倡导"儿童中心论",宣扬以"儿童中心"取代"教师中心"和"教材中心",认为教师应该是儿童生活、生长和经验改造的启发者和诱导者,应彻底改变当时压制儿童自由和阻碍儿童发展的传统教育。

杜威认为,教育即生长,教育即生活,教育即经验的改造三者相互联系、密不可分。杜威认为儿童是具有独特生理和心理结构的人,儿童的能力、兴趣和习惯都建立在他原始本能的基础上,儿童的心理活动就是他的本能发展的过程。他认为,教育应该以儿童的本能、能力为起点,应当让儿童充分地表现自己的生命力;儿童的本能、能力的生长是通过其经验的不断重组和改造实现的;儿童来自本能的生长、发展及经验的改造过程表现为社会性的活动就是生活。

杜威认为,在儿童自身的经验中,包含着可以组织到系统化的课程中去的事实和真理等因素,而编排得当的教材在介绍人类系统的经验、真理和事实时,必定也会联系到儿童已有的经验,并且与儿童的学习动机、兴趣相吻合。教师在指导教学时,要使教材合理化,使教材成为儿童经验的一部分,同时通过对儿童现有经验的不断改造,最终使儿童掌握有组织体系的真理。在此基础上,杜威建立了以问题为中心的课程体系,并试图以"作业"为媒介,把儿童引入正式的课程中。而所谓的"作业",就是从做事情和活动中获得各种知识和技能,即所谓"从做中学"。

真题再现

【单项选择题】对杜威"教育即生长"的正确理解是（　　）。（2017年上半年国家教师资格考试"保教知识与能力"真题）

A.教育以儿童的本能和能力为依据

B.儿童的生长以教育目标为依据

C.教育以促进教师的专业成长为基础

D.教育应促进儿童的身体发育

参考答案：A　杜威反对把儿童看作无知无能的人，认为儿童身上蕴藏着学习和成长的力量和能力，并从积极的角度解释"未成熟状态"，突出了儿童在教育过程中的重要地位，坚持从相信儿童和尊重儿童的立场出发，让儿童成为教育的主体和中心，让儿童积极主动地自我发展。

10. 蒙台梭利

蒙台梭利（1870—1952）被誉为20世纪初的"幼儿园改革家"。她原是意大利一名精神病学医生，在从事智力缺陷儿童的工作后，学习和研究教育。她相信把自己的方法和经验用于正常儿童的教育同样有效，于是就转向了正常儿童的教育，并于1907年在罗马贫民区建立了一个学前教育机构——儿童之家，用生理学和心理学的知识及系统观察法和实验法等科学研究方法，进行教育实验，提出了自己的学前教育理论，推进了学前教育学的发展。她在1909年写成《蒙台梭利方法》，此外还著有《蒙台梭利手册》《童年的秘密》《新世界的教育》《有吸收力的心灵》《教育中的自发活动》等书。蒙台梭利的教育思想是以她的儿童观为依据的。

在蒙台梭利教育中，一个有准备的环境是关键。蒙台梭利认为，儿童的发展离不开适宜的环境，儿童的发展是个体与环境交互作用的结果，儿童必须依赖与周围环境的交流，才能了解自己、了解环境，才能发展出完整的人格。教师的任务在于为儿童提供一个好的学习环境。合适的环境要具备以下要素：自由的气氛，结构和秩序，和谐和美感，拥有符合儿童身心发展需要、体现对儿童的教育要求、包含有丰富教育内容的教具材料等。

蒙台梭利认为儿童正处于发展各种感觉的敏感期，他们通过与外部世界的直接接触，发展敏锐的感觉和观察力，进行多方面的系统的感官训练，为高级的智力活动和思维发展奠定基础。她设计和发展的一套感官教材、教具包括：帮助儿童辨别物体的光滑和粗糙、冷和热、轻重和大小、厚和薄、长和短以及形体的触觉练习教具与活动；鉴别物体的形状、颜色、大小、长短及形体的视觉练习教具与活动；使儿童习惯于辨别和比较声音的差别，培养他们初步的审美和鉴赏能力的听觉训练教具与活动；提高儿童嗅觉和味觉灵敏度的嗅觉、味觉训练教具与活动。

蒙台梭利认为，每个儿童都是一个遵循自身内部法则的生物体，都有各自不同的需要和发展进程表。她在教育过程中发现，儿童有强烈的探索环境和周围一切的本能，这种生命的冲动促使儿童从生活中学习并发展自我。她认为感觉教育应遵循自我教育的原则，提倡儿童能根据自己的能力和需要去自由选择教具，独立操作、自我矫正。她的教育原理是以儿童生命为出发点的。

在蒙台梭利教育中，教师不是传统的灌输知识的机器，而是一个环境的创设者、观察者、指导者。教师为儿童精心设计环境和学习材料，提供必要的发展手段，保证儿童能展开自由的学习。教师通过"全神贯注的观察"去发现儿童巨大的个别差异，对儿童的不同需要做出恰当的反应，提供必要的帮助。蒙台梭利明确指出，儿童自由学习的质量是由教师的质量决定的，教师使儿童的自由得以实现。

🕊 真题再现

【单项选择题】下列选项中不符合蒙台梭利教育观念的是（　　　）。（2022年上半年国家教师资格考试"保教知识与能力"真题）

A.儿童存在着与生俱来的"内在生命力"

B.教育应让儿童获得自然的和自由的发展

C.幼儿教师是揭示儿童内心世界的观察者

D.自由游戏是儿童学习的主要方式

参考答案：D　蒙台梭利提出儿童的发展依靠生命力的冲动，儿童存在着与生俱来的"内在生命力"；提出儿童自我发展的原理，认为教育应让儿童获得自然的和自由的发展；还提出教师的作用，认为教师是儿童学习环境的创设者、观察者和指导者，同时也是儿童内心世界的观察者。故正确答案为D。

11. 皮亚杰

皮亚杰（1896—1980）是瑞士心理学家、日内瓦学派的创始人。主要著作有《儿童的语言与思维》《儿童智慧的起源》《儿童心理学》《结构主义》《发生认识论原理》等。

皮亚杰的主要教育思想有：智力是一种适应形式，具有动力性的特点，随着环境和有机体自身的变化，智力的结构和功能必然不断变化，以适应变化的条件；强调活动的重要性，动作是主客体的桥梁，知识来源于动作；根据思维能力的差异，对儿童发展进行阶段性的划分，包括感知运动阶段（0～2岁）、前运算阶段（2～7岁）、具体运算阶段（7～12岁）和形式运算阶段（12～15岁）；制约儿童心理发展的因素主要有成熟、物体经验、社会经验和平衡化；知识的获得是儿童主动探索和操纵环境的结果，学习是儿童进行发明与发现的过程，教育的真正目的并非增加儿童的知识，而是设置充满智慧、刺激的环境，让儿童自行探索，主动学习知识；儿童认识发展的过程和结构，涉及图式、同化、顺应、平衡四个基本概念。

12. 维果茨基

维果茨基（1896—1934）是苏联著名的心理学家，文化历史学派的创始人之一。他的主要思想如下：高级心理机能是社会历史发展的产物，反对将复杂的高级心理机能分解成简单的成分；语言是人类为了组织思维而创造的一种最关键的工具，儿童可以凭借语言与他人相互作用，进行文化与思想的交流；提出"最近发展区"概念，最近发展区是指实际的发展水平与潜在的发展水平之间的差距，前者由儿童独立解决问题的能力而定，后者则是指在成年人的指导下或是与能力较强的同伴合作时儿童解决问题的能力；教学促进发展，教学应该走在发展的前面。最近发展区理论对正确理解教育与发展之间的关系具有重要价值，为改变传统的教学观提供了心理学基础。同时，维果茨基提出了"学习的最佳期限"的概念。他认为，儿童掌握某种技能都有一个最佳的期限，虽然教学必须以儿童的发展与成熟为前提，但是，对于最近发展理论而言，更重要的是教育工作者要能识别出儿童某项技能的最佳学习期限，让教学走在发展的前列，而不能错过了最佳学习期限，这样一来，良好的教学效果就能达到了。

真题再现

【单项选择题】提出"最近发展区"这一概念的心理学家是（　　）。（2021年下半年国家教师资格考试"保教知识与能力"真题）

A.弗洛伊德　　　B.马斯洛　　　C.皮亚杰　　　D.维果茨基

参考答案：D。

13. 班杜拉

班杜拉（1925—2021）是新行为主义的主要代表人物之一，社会学习理论的创始人，美国当代著名心理学家。其社会学习理论的主要思想如下。

（1）交互决定观。环境决定论认为行为是由作用于有机体的环境刺激决定的；个人决定论认为环境取决于个体如何对其发生作用；班杜拉则认为个体、环境和行为是相互影响、彼此联系的，三者影响力的大小取决于当时的环境和行为性质。

（2）观察学习。这是班杜拉社会学习理论的核心。观察学习是指人通过观察他人（榜样）的行为及其结果而习得新行为的过程。观察学习的对象称为榜样或示范者。班杜拉将观察学习分为直接的观察学习、抽象性观察学习和创造性观察学习，并将观察学习的过程分为四个具体过程：注意过程、保持过程、复制过程、动机过程。

（3）自我调节理论。班杜拉认为，自我调节是个人的内在强化过程，是个体通过将自己对行为的计划和预期与行为的现实成果加以对比和评价，来调节自己行为的过程。自我调节由自我观察、自我判断和自我反应三个过程组成，经过这三个过程，个体完成内在因素对行为的调节。

（4）自我效能理论。自我效能感是指个体对自己是否有能力完成某行为所进行的推测与判断。班杜拉指出自我效能感的影响因素主要包括个体自身行为的成败经验、替代性经验、言语劝说、情绪唤醒及情境条件。

14. 瑞吉欧学前教育体系

瑞吉欧学前教育体系是 20 世纪 60 年代，在意大利北部由马拉古齐（1902—1994）发起和领导，在政府、社区民众的大力支持下，经过专业人员多年的艰苦努力推出的一个颇具特色并具有世界影响力的学前教育体系。

（1）设计理念：一是摒弃绝对的以儿童为中心，忽视教师作用的放任式教育，构建师生共生的教育模式；二是创造一种儿童文化，为幼儿提供自主、自由的氛围，这种氛围是结合他们的主观经验，同时依据客观环境而形成的时空环境，让幼儿可以在相互合作的社会化氛围中获得各种主客观经验；三是倡导他们运用多种语言进行认知、表达和沟通，从而获得更加完整的感觉经验。

（2）实施特点：一是弹性计划，依据幼儿的经验随时调整教学目标；二是合作教学，强调师生合作对某一问题的研究；三是档案支持，对教育过程及师生共同工作结果进行记录存档，不仅有文字的记载，还有图片、录像等记录方式的使用；四是小组工作，该体系的项目活动一般采取小组工作的方式，但要求小组成员的发展水平既有所不同，又不能差距过大；五是深入研究，项目活动不是匆匆地走个过场，而是深入且富有时效性的学习；六是图像语言，鼓励幼儿运用他们的自然语言和表达风格自由地表达和交流，其中符号性的视觉表征活动在该项目中被称为图像语言。

15. 多元智能理论

霍华德·加德纳（1943—）是哈佛大学心理学教授，被誉为"多元智能理论"之父。他在 1983 年提出该理论，在美国教育教学改革中产生了深远的影响。

按加德纳的观点，智能有八种类型：一是言语—语言智力；二是音乐—节奏智力；三是逻辑—数理智力；四是视觉—空间智力；五是身体—动觉智力；六是自知—自省智力；七是交往—交流智力；八是自然观察智力。

加德纳认为，每一个体的智能各具特点；个体智能的发展方向和程度受环境与教育的影响、制约；智能强调的是个体解决实际问题的能力及创造出社会需要的有效产品的能力；多元智能理论重视的是多维看待智能问题的视角。

（二）我国主要学前教育家及其思想

1. 颜之推

南北朝颜之推（531—约 590 后）的《颜氏家训》是学前教育思想的代表著作之一，他在《教子篇》中对学前儿童的家庭教育进行了详细的论述，他认为学前教育应注意胎教，所谓"古者，圣王有'胎教'之法"，如"怀子三月，出居别宫，目不邪视，耳不妄听，音声滋味，以礼节之"；待出生之后，就应从小对儿童进行教育，要求教授以"孝仁礼义"，并要求父母作为教育者"威严而有慈"，从而使幼儿能因"畏慎而生孝"。

2. 朱熹

南宋朱熹（1130—1200）极其重视胎教对儿童发展的影响，他在《童蒙须知》和《小学集注·立教第一》中指出，孕妇应注意自己的言行举止，以使其一寝一坐、一立一食、一视一听都能使胎儿健康地发育和成长；在幼儿出生后，"乳母"的作用就显得尤为重要，所谓"乳母之教，所系尤切"，他认为乳母应"宽裕、慈惠、温良、恭敬"，主张利用实际发生在儿童生活中的事情对其进行教育，使之从小便养成德行。

3. 陶行知

陶行知（1891—1946）是我国人民教育家，毕生从事旧教育改革，推行生活教育、大众教育，创立了生活教育理论，积极开展农村幼儿教育事业。在他的领导下，以张宗麟、徐世碧、王荆璞为骨干，于1927年11月在南京郊区创办了我国第一所乡村幼稚园——燕子矶幼稚园。

陶行知高度重视幼儿教育的社会价值，向社会宣传幼儿教育的重要性。他认为"幼儿教育实为人生之基础"，是"根本之根本"。他在《创设乡村幼稚园宣言书》中指出："六岁以前是人格陶冶最重要的时期。这个时期培养得好，以后只须顺着他继长增高的培养上去，自然成为社会优良的分子；倘使培养得不好，那末，习惯成了不易改，倾向定了不易移，态度决了不易变。"

陶行知猛烈地批判旧中国幼儿教育的弊端，针对当时国内学前教育的三大病——外国病、花钱病、富贵病，提出要把外国的幼稚园改成中国的幼稚园，把费钱的幼稚园改成省钱的幼稚园，把富贵的幼稚园改成平民的幼稚园。他还创建了乡村学前师范教育、农村幼教研究会等，并提出通过"艺友制"，解决幼教师资的培养问题。他提出了生活教育的三大主张："生活即教育""社会即学校""教学做合一"。

陶行知认为，生活即教育，游戏即工作，提出以幼稚园周围的社会生活、自然现象、家乡生产、风土人情等为内容组织和编写教材，以儿童的生活场所为教室，以儿童所能接触到的事物为主要内容，参加种植、饲养等劳动，让儿童从做中学习，自己解决问题，自己组织游戏。他在《社会即学校》一文中说，"教育的材料，教育的方法，教育的工具，教育的环境，都可以大大增加"。这对我们解决当前学前教育存在的相关问题仍很有启发。"教学做合一"是陶行知生活教育理论的教学方法论，是对杜威"从做中学"理论的继承和发展。他反对只管教，不管学。在《教学做合一》一文中，他说："教学做是一件事，不是三件事。我们要在做上教，在做上学。"陶行知的"教学做合一"是针对旧教育注入式的"教授法"而提出的教学方法论的改革。陶行知的教学实践就是从以"教"为中心过渡到以"学"为中心；是从以"教学合一"到"教学做合一",是从以"学"为中心再到以"做"为中心,从而形成了他生活教育理论的教学方法论。这是对中国传统教育的重大变革,是对中国现代教育的一大贡献。

陶行知认为,教育要启发、解放儿童的创造力,为他们提供手脑并用的条件和机会。具体包括:一要解放儿童的双眼,让他们自己去观察;二要解放儿童的头脑,把他们的头脑从迷信、成见、曲解和幻想中解放出来;三要解放儿童的双手,给儿童动手的机会;四要解放儿童的嘴巴,给儿童说话的自由,尤其是要允许他们发问;五要解放儿童的空间,让他们接触大自然、大社会;六要解放儿童的时间,给他们自己学习、活动的时间,给他们一些空闲时间消化所学知识,学一点他们自己渴望学的学问,做一点他们自己高兴做的事。

🐦 真题再现

【单项选择题】陶行知创立的培养幼教师资的方法是（   ）。（2018年上半年国家教师资格考试"保教知识与能力"真题）

A.讲授制   B.五指活动   C.感官教育   D.艺友制

参考答案:D 艺友制是陶行知创立的培养幼教师资的方法。艺友制是指学生与有经验的教师交朋友,在实践中学习如何做教师,边做边学,积累教学经验,进而成为一名合格的幼儿教师。另外,讲授制可以理解为用讲授法实施教学,是教师运用口头语言系统连贯地向学生传授科学文化知识;五指活动是由陈鹤琴提出的幼儿园课程结构,即健康、社会、科学、艺术和语文活动要统整安排,促进幼儿整体有机的发展;感官教育是蒙台梭利教育体系中的一大特色,包括视觉、听觉、嗅觉、味觉及触觉训练,以触觉训练为主。

4. 张雪门

张雪门（1891—1973）是我国著名的幼儿教育家,行为课程理论的代表人。早在20世纪30年代,他就与陈鹤琴先生有"南陈北张"之称。1918年,张雪门在宁波市创办了当地第一所由中国人自办的幼稚园——星荫幼稚园,并担任园长。后在北京主办了香山慈幼院的幼稚师范学校和幼稚园。抗战胜利后,他受聘到台湾,主持台北育幼院。

张雪门根据对幼稚园课程的多年研究,提出了"行为课程"的理论体系。

张雪门在《幼稚园的研究》上发表的心得中提出:"课程是什么?课程是经验,是人类的经验。用最经济的手段,按有组织的调制,用各种的方法,以引起孩子的反应和活动。"同时明确指出幼稚园的课程"是给三足岁到六足岁的孩子所能够做而且欢喜做的经验的预备"。他在《幼稚园教育概论》一书中指出,不应当把课程仅视为"知识的积体",而应当把"技能、知识、兴趣、道德、体力、风俗、礼节种种的经验,都包括在课程里"。教师一定要注意儿童的实际行为,要"常常运用自然和社会的环境，以唤起其生活的需要，扩充其生活的经验，培养其生活的能力"。他认为，"若教师真能做到这样，这便是行为课程了"。他在《增订幼稚园行为课程》一书中明确提出行为课程的观点："从行为中所得的知识，才是真实的知识；从行动中所发生的困难，才是真实的问题；从行动中所获得的胜利，才是真实的制驭环境的能力。"

张雪门认为，根据幼稚园课程的自身特点，应注意以下三点：一是"幼稚生对于自然界和人事界没有分明的界限，他看宇宙间一切的一切，都是整个儿的"。所以，编制课程时如果分得太清楚、太有系统了，反不能引起儿童的反应。二是"幼稚生时期，满足个体的需要，实甚于社会的希求"。所以，编制课程时应兼顾社会和个体两方面的需求。三是"幼稚园的课程，须根据于儿童自己直接的经验"。虽然这种经验不如传授式的经济和整齐，但对于幼儿来说，意义重大。

张雪门指出，行为课程的要旨是以行为为中心，以设计为过程。在活动进行中，教师应在各科教材中选择与学习单元有关的材料，加以运用，适当配合幼儿实际行为的发展，使各领域教材自然地融合在幼儿生活中，力求做到从生活中来，从生活中发展，也从生活中结束。不像一般完全限于教材的活动，采用行为课程教学法时，教师在课程进行前要准备教材、布置环境、详拟计划；在课程进行中要随时巡视指导，不偏重讲解，而着重指导幼儿行为的实践，使幼儿在活动中养成负责守法、友爱互助等基本习惯；在教学结束后，评量与检讨也是重要的一环，教师可以借此了解幼儿的知识、思考、习惯、技能、态度、理想、兴趣等方面的情况，作为改进教学的参考。至于单元的选择，则须配合教育宗旨、教育政策、社会需要及幼儿的能力。

5. 陈鹤琴

陈鹤琴（1892—1982）是我国现代著名的学前教育家，我国儿童教育和儿童心理研究的开拓者与奠基人，为促使家庭教育科学化、幼儿师范教育系列化，为中国学前教育事业走向现代化做出了不懈的努力。他从理论创立和实践躬行两方面，对儿童的成长与发展进行了长期的观察实验和探索研究。1923 年，他创办了我国最早的幼儿教育实验中心——南京鼓楼幼稚园，自 1940 年在江西省立实验幼稚师范学校提出"活教育"思想开始，经过几年的教育实验，直到 1947 年在上海逐步整理出"活教育"的理论体系。他一生致力于探索中国化、平民化、科学化的幼儿教育道路，因此被称为"中国的幼儿教育之父"。

陈鹤琴反对半殖民地半封建社会的幼儿教育，提倡适合国情的中国化幼儿教育。他主张"处处以适应本国国情为主体，那些具有世界性的教材教法也可以采用，总以不违反国情为唯一的条件"。同时，他积极地推进为中国平民服务的、培养民族新一代的幼儿教育，呼吁"幼稚园不是专为贵妇们设立的，还要普及工农幼稚园"，指出这是中国求进步，摆脱半殖民地半封建处境的合理的社会需要。

陈鹤琴创立"活教育"理论。他反对埋没人性的、读死书的死教育，提出了一套完整的活教育理论体系，对中国学前教育的各方面都产生了重大的影响。

（1）教育观。要遵照"活教育"的精神办幼儿园，必须"以主动代替被动"，必须是幼儿"主动的学习、自发的学习"，自己去动手用脑获得知识，教师必须尊重幼儿的自主性。

（2）教育目标。幼儿园的教育目标应当是育人，培养国家民族所需要的新一代，培养身体健康、能建设、能创造、能合作、能服务的"现代中国人"，提出"活教育"的三大目标是做人、做中国人、做现代中国人。

（3）教育方法。实现"活教育"目标的教育方法是做中教、做中学、做中求进步。

（4）教育内容。以大社会、大自然为活教材，与实际紧密地结合。同时，"活教育"中"做"的过程本身也就是幼儿园最好的教育内容。

（5）教育原则。"活教育"的17条原则，体现了尊重幼儿的主体性，重视幼儿动手动脑，重视直接经验的价值等思想，奠定了幼儿园教育原则的基础。

关于幼儿园课程，陈鹤琴主张把儿童的环境作为幼儿园课程系统的中心，让幼儿充分与物、人接触，获得感性经验。课程的结构是"五指教学法"，这五指是健康、社会、科学、艺术和语文，五种活动是一个整体，也称为"整个教学法"或"五指活动"。他认为"应当把幼稚园的课程打成一片，成为有系统的组织"。课程的实施以儿童经验、身心发展特点和社会发展需要为选择教材的标准，反对实行分科教学，提倡以社会自然为中心的综合的单元教学，主张游戏式的教学。

陈鹤琴重视家庭对幼儿的影响，积极主张幼儿园与家庭合作的儿童教育，认为只有双方配合，才会有更大的效果。

陈鹤琴的儿童教育思想和实践经验是我国儿童教育的宝贵财富。在我国学前教育深入改革的今天，学习和研究他的思想和教育理论，继承和发扬他为幼儿教育事业奋斗的精神，对建设新时代中国特色的学前教育理论体系具有重大的意义。

真题再现

【单项选择题】"做人、做中国人、做现代中国人"这一教育目的提出者是（　　）。（2021年上半年国家教师资格考试"保教知识与能力"真题）

A.张雪门　　　B.陶行知　　　C.陈鹤琴　　　D.张宗麟

参考答案：C　陈鹤琴先生是我国著名的幼儿教育家，他反对埋没人性的、读死书的死教育。在抗战时代，他抱着实验新教育的使命，创建了"活教育"理论。该理论的教育目标是：做人、做中国人、做现代中国人。

6. 张宗麟

张宗麟（1899—1976）是我国第一位男性幼稚园教师，他的学前教育理论构建与陈鹤琴的"活教育"、陶行知的生活教育紧密相联，颇具特色的是他的"学前社会教育"思想。张宗麟于1931年出版《幼稚园的社会》，阐述了他关于幼稚园社会教育的主张。他认为，"我们需要的孩子，决不是只会吃，只会个人享受的孩子。我们需要的是能为孩子们谋共同享受，能注意他的四周事物的孩子"。他认为幼稚园的课程应该是儿童的一切活动，课程的主要内容包括七类活动：关于生活卫生、家庭邻里、商店邮局，以及其他公共设施和名胜古迹等方面；日常礼仪的学习和演习；节日和纪念日活动；关于身体的认识活动和基本卫生活动；健康和清洁活动；认识党旗、国旗和总理形象的活动；各种集会和社团活动。

情境回顾

第二节　社会发展对学前教育的影响

情境导入

幼儿园托班

随着城市进程加快，婴幼儿托育逐渐成为中国家庭的刚需。再加上自2021年三孩政策的开放，幼儿园里办托育的模式，越来越被大家需要。2022年北京市出台《关于优化生育政策促进人口长期均衡发展的实施方案》，要求推进托幼一体化发展，支持有条件的幼儿园在满足适龄幼儿入园需求的前提下，充分利用现有资源开设托幼班，招收3岁以下的婴幼儿；新建幼儿园应同步规划建设一定比例的托育服务设施；实施幼儿园改扩建时，有条件的应新增建设一定比例的托育服务设施。

思考：学前教育是在特定的社会环境中产生和运作的，那么社会发展是从哪些方面影响学前教育发展的呢？

知识梳理

一、经济发展对学前教育的影响

经济是人类社会的物质基础，是构建人类社会并维系人类社会运行的必要条件。学前教育受经济发展的影响主要表现在以下两个方面。

（一）学前教育机构的产生和发展受经济发展的影响

1.经济发展促进社会学前教育机构的产生

原始社会生产力低下，幼儿很早就要参加成人的活动，他们在劳动和日常生活中接受教育，因而不需要专门的学前教育机构。随着社会的发展，劳动日益复杂化，幼小的儿童无法直接参加劳动，而必须先接受一定的培训。在奴隶社会和封建社会，社会生产方式主要是小农经济和小手工业经济，以畜力操作和手工操作为主，年轻一代不需要特殊的技术上的准备就可以参加社会劳动。因此，没有社会化学前教育发展的经济动因，社会的学前教育一直处于家庭学前教育的状态。

15世纪英国的圈地运动使得大批农民聚集于城市，这些贫民子女的保育问题被提上日程，出现了一些贫民幼儿保护和养育设施，这是近代欧洲学前教育设施的胚胎和根源。随着18世纪60年代第一次工业革命的到来，一方面生产力提高，社会物质财富增加，为专门的社会学前教育机构的产生提供了物质基础；另一方面女工数量急剧增加，幼儿无人照料，学前教育机构应运而生。

2.经济发展促进学前教育机构的发展

学前教育机构的设置和发展，需要一定的人力、物力和财力，这与经济发展的水平直接相关。经济发展水平影响社会对学前教育的需要，一般而言，经济水平较高的国家和地区，幼儿入园率较高。例如，20世纪上半期，我国经济发展缓慢，幼儿园建立比较晚，先是在沿海经济发达地区建立，发展也较慢。新中国成立后，随着经济的不断发展，幼儿园数量、幼儿入园率和幼儿教师数量有了大幅提高。截至2020年底，我国学前教育毛入园率从2010年的56.6%上升到85.2%。

（二）学前教育的任务、内容、形式、手段等受经济发展的影响

不同形态的社会，经济发展水平不同，对未来劳动者的素质要求也不同。这便导致学前教育的任务、内容、形式、手段不尽相同。

原始社会生产力低下，没有出现家庭，幼儿是属于整个氏族的，因而也就没有家庭教育。幼儿四五岁就参加生产劳动，学前教育的内容为与生产和生活密切相关的知识，没有专门的教育机构，主要是在生产劳动中，通过亲身示范和口耳相传的形式进行。

随着生产力的发展和私有制的产生，家庭逐渐出现。此时，幼儿不再是集体公育，学前教育的形式由公育转变为家庭教育。在教育内容上，除了身体养护和生活照顾，成年人还比较注重幼儿品德和行为习惯的养成。

工业革命以后，随着工厂的日益增多，妇女开始大规模进入工厂，出现幼儿无人照料的情况，再加上在西方社会，儿童成人后都是与老人分开住的，因此，建立社会学前教育机构的需要非常迫切。由此，公共社会学前教育机构首先在西方出现，其大致经过三个阶段：第一个阶段是18世纪下半叶到19世纪上半叶的初创时期，社会学前教育机构为在工厂工作的母亲照管幼儿，主要承担起幼儿生活与安全

方面的照顾。第二个阶段是 19 世纪下半叶至 20 世纪上半叶，社会学前教育机构已经不限于看护幼儿，开始对幼儿实施促进其身心发展的教育。第三个阶段是 20 世纪六七十年代至今，社会学前教育机构开始开展以发展幼儿智力为中心的学前教育。

20 世纪 80 年代以后世界教育改革的浪潮直接影响了学前教育的发展，以培养个体身体、情感、智力、社会性全面发展的学前教育理念被广泛传播和接受。

经济的发展能够创造更多的物质财富，为丰富教育内容、更新教育手段提供了条件。自福禄培尔 1840 年创办幼儿园，制定幼儿园教育内容、设计"恩物"以来，在经济发展的影响下，学前教育的内容和手段有了很大的变革：在教育内容方面，扩大了认识社会环境和自然环境的内容和要求，注重对幼儿想象力、创造力的培养，进行幼儿学习音乐、绘画、阅读和外语的实验；在教育手段方面，寓教育于一日生活中，丰富了幼儿的游戏种类和内容，运用了录音、幻灯、计算机等现代化手段。

🐦 真题再现

【简答题】简述经济发展与学前教育的关系。（2019 年下半年国家教师资格考试"保教知识与能力"真题）

二、政治发展对学前教育的影响

政治发展对学前教育及其发展产生不同程度的影响与制约，具体体现在如下几个方面。

（一）政治制约学前教育的性质和目的

学前教育为社会培养什么人，对哪个阶级和阶层的子女进行教育，进行什么样的教育，要把他们培养成什么样的人，这些攸关学前教育的领导权、政策法规、学前教育制度等一系列的问题，主要是由政治来决定的。

在原始社会，人们共同占有生产资料，没有阶级的划分，因而，学前教育是没有阶级性的。自奴隶社会起，人类即开始进入阶级社会，教育便自然有了阶级性。例如，奴隶主家庭子女的教育由专人负责，教育的目标就是把这些幼儿培养成统治者。到了封建社会，地主阶级的子女从小即被灌输读书做官、光宗耀祖的思想，而下层穷苦劳动阶级的子女却只能在劳动和生活中获得生存的技能。在半封建半殖民地的旧中国，学前教育也是半封建半殖民的性质。清政府所办的蒙养院带有浓厚的封建性。在国民党统治时期，幼儿园极少，只有少数富裕阶层的子女有机会上幼儿园。新中国成立后，进行了教育改革，制定并明确了幼儿园的教育任务和教育内容，学前教育具有了社会主义的性质。改革开放以来，我国的学前教育事业取得了一定的成效，一系列法规、文件的出台推动了学前教育质量的提高和学前事业的发展。

历史表明，学前教育改革发展的每一步都与当时当地的社会历史环境，尤其与政治背景息息相关。学前教育既要为社会政治服务，又不可避免地受到政治的制约和影响。

（二）政府对学前教育的重视是学前教育发展的先决条件

纵观各国学前教育的发展，我们可以看到一个国家学前教育的发展状况与政府权力机关和职能部门的重视与否息息相关。法国的学前教育一直处于世界领先地位，究其原因，很重要的一点是政府历来重视学前教育，实行免费教育，并制定了一系列行之有效的规章制度，使学前教育的各项工作有章可循。再比如，美国20世纪60年代开始的"开端计划"，为贫困家庭的幼儿提供了免费教育，受益幼儿累计数千万。

新中国成立后，党和政府十分关心学前教育的发展，积极动员各方面的力量，大力发展托儿所、幼儿园，其数量是新中国成立前的几百倍，质量也得到了很大的提高。改革开放后，学前教育的地位进一步提高，一系列法规、文件的出台推动了学前教育的发展。

（三）政治影响学前教育的财政投入

一方面，政治决定教育经费份额的多少。掌握政权者会根据其政治发展需要，随着社会发展而不断调整教育经费在整个社会总投入中的份额。另一方面，政治决定教育经费的筹措。政府会根据其财政收支情况及政治需要来决定教育经费的来源，或者完全由中央财政支出，或者由民间集资、私人出资，或者三者兼而有之。

学前教育的稳健发展是与政府在经济上的投入成正比的。在西方发达国家，家长承担的儿童学前教育费用占20%～40%，政府承担了大部分的学前教育经费。我国部分地区在经济发展的同时，保证了学前教育的相应发展，甚至是更快的发展。为进一步确保学前教育经费，《中国儿童发展纲要（2021—2030年）》指出，各级人民政府将实施纲要所需工作经费纳入财政预算，实现儿童事业和经济社会同步发展。《"十四五"学前教育发展提升行动计划》指出，中央财政继续安排支持学前教育发展资金，重点向中西部农村地区、欠发达地区倾斜。

三、文化发展对学前教育的影响

学前教育总是在一定的文化环境中展开的。学前教育必然受到文化发展的影响，主要表现在以下几个方面。

（一）文化发展影响学前教育的目标定位

学前教育的目标既受到社会政治经济的影响，又受到文化的影响。一定的文化传统，具有自己独特的伦理道德、风俗习惯、精神品格等，对该文化之下学前教育的目标定位会产生直接影响。在我国漫长的封建社会，受到儒家文化的影响，教育的目标被定位于"明人伦"，即"父子有亲，君臣有义，夫妇有别，长幼有序，朋友有信"，其目的在于维护上下尊卑的社会秩序和道德观念。因此，对幼儿的教育，其目标不是定位于幼儿的全面发展，而是界定在伦理道德教育的范畴之内。再如在当今的挪威，相关政策对性别平等有严格的规定，1978年颁布的《两性平等法》是挪威所有公共和社会服务机构的工作指导方针，它规定国家公共机构应该积极工作，在所有社会领域为实现性别平等的目标而努力。为此，学前师资教育和幼儿园教育要逐渐改变传统的性别角色模式，在学前阶段贯彻男孩和女孩两性平等的思想。

笔记栏

（二）文化发展影响学前教育的内容

教育的内容来自对文化的选择。在中国历史上，长期成为幼儿读物的"三百千"等蒙学作品，所反映的主要就是儒家的文化思想、伦理道德。另外，受"万般皆下品，唯有读书高"的影响，中国的成年人习惯于把幼儿看成光宗耀祖、光耀门庭的工具，在这种传统文化的影响下，教育历来重视道德教育、重视知识的传授，而忽视幼儿自身对外部世界的主动探究，幼儿园的分科教学在我国曾经大行其道便是很好的证明。随着西方的教育思想，尤其是卢梭、杜威、蒙台梭利等人的教育思想的传入和传播，人们逐渐认识到原来的课程设置、教育内容的不合时宜。幼儿园的教育内容应是全面的、启蒙性的，可以相对划分为健康、语言、社会、科学、艺术等五个领域，也可作其他不同的划分。各领域的内容相互渗透，从不同的角度促进幼儿情感、态度、能力、知识、技能等方面的发展。

（三）文化发展影响学前教育的方法和手段

文化发展还影响学前教育的方法和手段。在西方中世纪的宗教文化中，幼儿是生而有罪的，肉体是罪恶的渊源，只有实行严格的禁欲，对肉体进行惩罚和摧残才能使其摆脱罪恶，因此，戒尺、棍棒是那时教育幼儿所必需的。文艺复兴和启蒙运动对人性和人权的呼唤，在教育界掀起了一股发现幼儿、尊重幼儿、理解幼儿的思潮，幼儿的存在价值及其不同于成年人的独特的身心发展特点和规律得到认可与尊重，学前教育的方法、手段也发生了翻天覆地的变化。卢梭、裴斯泰洛齐、福禄培尔、杜威、蒙台梭利等教育家都主张学前教育要顺应幼儿的发展，教育方法由原来直接传导的填鸭式逐渐向启发引导式转变，幼儿不再是被动地接受知识，"从做中学"的方法在学前教育领域逐步普及开来。

情境回顾

👉 复习强化

一、单项选择题

1.《母育学校》是世界上第一部系统论述学前教育的专著，其作者是（　　）。

A.夸美纽斯　　　　B.洛克　　　　　　C.卢梭　　　　　　D.福禄培尔

2.世界上第一所幼儿园的创建者是（　　），他因此被称为"幼儿园之父"。

A.夸美纽斯　　　　B.杜威　　　　　　C.卢梭　　　　　　D.福禄培尔

3.在教育史上，（　　）是教育史上第一个承认游戏的教育价值并把游戏列入课程之中的教育家。

A.夸美纽斯　　　　B.杜威　　　　　　C.蒙台梭利　　　　D.福禄培尔

4.主张"教育即生活""从做中学"的教育家是（　　　）。

　　A.夸美纽斯　　　　B.杜威　　　　　　C.蒙台梭利　　　　D.福禄培尔

5.（　　　）认为，感觉教育应遵循自我教育的原则，提倡儿童能根据自己的能力和需要去自由选择教具，独立操作、自我矫正。

　　A.夸美纽斯　　　　B.杜威　　　　　　C.蒙台梭利　　　　D.福禄培尔

6.（　　　）于1903年9月在武昌创办湖北幼稚园，标志着我国第一所学前教育机构正式诞生。

　　A.张之洞　　　　　B.张百熙　　　　　C.端方　　　　　　D.容庆

7.用国家学制的形式确定下来且成为我国最早的学前教育机构的是（　　　）。

　　A.孺子室　　　　　B.邸舍　　　　　　C.幼稚园　　　　　D.蒙养院

8.南京鼓楼幼稚园的创办者是（　　　）。

　　A.陈鹤琴　　　　　B.陈嘉庚　　　　　C.熊希龄　　　　　D.陶行知

9.张雪门主张幼稚教育必须根据三条原则：一是中国的传统文化；二是国家民族的需要；三是（　　　）。

　　A.社会需要　　　　B.幼儿需要　　　　C.儿童的经验　　　D.儿童的心理发展

10.张宗麟的教育理论最具特色的是（　　　）思想。

　　A.学前社会教育　　B.学前艺术教育　　C.学前科学教育　　D.学前健康教育

11.《"十四五"学前教育发展提升行动计划》指出，到2025年，全国学前三年毛入园率达到（　　　）以上。

　　A.80%　　　　　　B.85%　　　　　　C.90%　　　　　　D.95%

12.《"十四五"学前教育发展提升行动计划》指出，中央财政继续安排支持学前教育发展资金，重点向（　　　）倾斜。

　　A.中西部农村地区、欠发达地区　　　　B.中西部城市地区

　　C.西部农村地区　　　　　　　　　　　D.欠发达地区

二、简答题

1.简述《"十四五"学前教育发展提升行动计划》的主要目标。

2.简述福禄培尔关于幼儿游戏的教育价值。

3.简述卢梭的"自然主义"教育的观点。

4.简述霍华德·加德纳的多元智能理论的主要观点。

参考答案

三、论述题

1.如何理解杜威的"教育即生活""学校即社会""从做中学"的教育观念。

2.论述陈鹤琴的"活教育"理论。

48

第三章

儿童观与儿童发展

山木自寇也，膏火自煎也。桂可食，故伐之；漆可用，故割之。人皆知有用之用，而莫知无用之用也。

—— 〔战国〕《庄子·人间世》

学习目标

本章导入

▶ 知识目标

1. 了解儿童观的概念及演变过程。
2. 理解现代的、科学的儿童观的内涵。
3. 了解儿童发展的特点、影响因素及相关理论。

▶ 能力目标

能应用儿童观及儿童发展影响因素相关理论，分析社会中的教育现象。

▶ 素质目标

通过对儿童观及儿童发展影响因素相关理论的学习，树立科学、正确的儿童观，能以正确的理论指导实践。

◉ 知识导图

儿童观与儿童发展
├─ 儿童观
│ ├─ 儿童观的概念
│ ├─ 历史上的儿童观
│ │ ├─ 儿童是"小大人"
│ │ ├─ 儿童是"白板"
│ │ ├─ 儿童是"有罪"的
│ │ ├─ 儿童是成长的"植物"
│ │ ├─ 启蒙时代的儿童观
│ │ ├─ 蒙台梭利的儿童观
│ │ └─ 杜威的进步主义儿童观
│ └─ 现代的、科学的儿童观
│   ├─ 儿童是独立的人
│   ├─ 儿童是独特的人
│   └─ 儿童是发展的人
└─ 儿童发展的特点及主要影响因素
   ├─ 儿童发展的特点
   │ ├─ 顺序性
   │ ├─ 不平衡性
   │ ├─ 阶段性
   │ ├─ 个体差异性
   │ └─ 分化与互补的协调性
   ├─ 影响儿童发展的因素
   │ ├─ 客观因素
   │ └─ 主观因素
   └─ 儿童发展影响因素的相关理论
      ├─ 遗传决定论
      ├─ 环境决定论
      └─ 遗传—环境交互作用论

第一节　儿童观

情境导入

儿童本来的样子

　　法国自然主义哲学家卢梭曾说："大自然希望儿童在成人以前就要像儿童的样子。如果我们打乱了这个次序，就会造成一些早熟的果实，既不丰满也不甜美，而且很快就会腐烂；我们将造就一些年纪轻轻的博士和老态龙钟的儿童。"儿童是独一无二的存在，我们也该像审视自己的生活一样去审视对儿童的教育。

　　思考：学前教育该具有什么样的儿童观？

知识梳理

一、儿童观的概念

　　儿童观是人们看待、评价儿童的基本理念或基本态度。儿童观是教育理论必须回答的前提性问题，也是儿童教育实践不可回避的核心问题。儿童观影响对儿童的教育理念、路径、方式与实践。儿童观涉及儿童的特点与能力、地位与权利，儿童期的意义，儿童生长发展的形成和成因，教育与儿童发展之间的关系等诸多问题。儿童教育理论与实践表明，具有什么样的儿童观，就会有什么样的儿童教育立场与儿童教育实践。可以说，儿童观同教育观、教师观是密切相关的，并在一定程度上对教育观、教师观产生影响。

二、历史上的儿童观

　　在人类发展的历史中，人们对儿童的认识多种多样，形成了各种各样的儿童观。

（一）儿童是"小大人"

　　古代和中世纪的欧洲认为：儿童是"缩小"的大人，即"小大人"；儿童和大人只是身高与体重的差别而已，内在本质没有区别。这种观点是用成年人的标准去衡量儿童，期待儿童像成年人一样去行动，儿童的特点、身心发展规律被完全忽视。

真题再现

【单项选择题】下列对儿童的看法，正确的是（　　）。（2022年上半年国家教师资格考试"保教知识与能力"真题）

A.儿童是无知无能的　　　　　　　B.儿童不是微缩的成年人

C.儿童可以按成年人的意愿随意塑造　D.儿童是家庭的私有财产

参考答案：B　题干中"儿童不是微缩的成人"是指儿童不是成年人的缩影或者缩小版，而是独立的个体，这是正确的儿童观。

（二）儿童是"白板"

此观点认为：儿童刚出生时就像一块白板，成年人可以将其塑造成各种样子；儿童就像一张白纸，成年人可以在上面画任何图画；儿童就像一个空的容器，成年人可以任意往里装东西。在这种观点下，儿童的发展是消极被动地接受外界刺激的结果，儿童的主观能动性完全被忽视。

（三）儿童是"有罪"的

这种观点认为，儿童一生下来就是充满"罪恶"的，是戴罪的"羔羊"，成年人应对他们严加管束，使儿童能不断地"赎罪"。儿童体内的各种"毒素"是儿童"犯罪"的根源，容易导致儿童的错误行为，而严格的管制则会减少乃至消除儿童的错误行为。此观点认为，对儿童实施体罚是合法的。在这种观点下，儿童将承受各种精神与肉体的折磨，他们遭受成年人的歧视，人格被严重摧残。

（四）儿童是成长的"植物"

文艺复兴运动对人权的倡导，使人们从全新的角度来审视儿童，在儿童观上有了一个大的飞跃。裴斯泰洛齐提出，人是依据特有规律发展的有机体。地下的种子会自己生长出来，开出美丽的花朵，儿童也好比是一颗等待生根发芽的种子。福禄培尔认为，幼儿园是"花的乐园"，教师是"园丁"。儿童就像正在生长着的植物，家长和教师就像园丁，课堂和家庭就是儿童生长的花房。儿童的生长就像花朵在适当的条件下会逐渐开放一样，开花由种子决定，开得好坏由阳光、水分、土壤决定。

（五）启蒙时代的儿童观

伟大的启蒙思想家卢梭从根本上转变了用成年人社会的要求对待儿童的传统，把儿童从社会的偏见和双亲的束缚中解放出来，确定儿童是有其固有法则的"自然"存在。他认为儿童不是生来就有"原罪"的存在，也不是可以教育的"白板"，更不是"小大人"，儿童本身具有不可转让的价值，真正的教育就在于使儿童的自然本性得到发展。卢梭的儿童观与教育观成为后来新教育思想的源泉，并为后世所继承，奠定了现代教育原理的基础。卢梭第一次以其鲜明、深刻的论述，把教育的注意力吸引到儿童身上，使儿童问题引起世人的瞩目。他审视儿童和研究儿童，从新的角度考虑儿童年龄特征进行教育的思想，影响着后来的教育家和思想家。

（六）蒙台梭利的儿童观

蒙台梭利的儿童观以对儿童的重视与尊重为基础。她认为教育第一关心的问题是"儿童的存在"，儿童具有与生俱来的"内在生命力"；新教育的基本目的就是"发现和解放儿童"；教育体系中的又一个特征是"对儿童人格的尊重"，在教育教学过程中"儿童是活动的中心"。为此，蒙台梭利认为，必须深入了解儿童"心灵内部的世界"和"内在潜能"，只有这样才能找到适合儿童发展的最佳教育途径；教师是儿童学习环境的创设者、观察者和指导者，同时也是揭示儿童内心世界的观察者。

尽管对蒙台梭利的思想和方法的批评一直存在，但谁也不能否认其影响是巨大的。蒙台梭利吸收了当时自然科学的研究成果，秉承卢梭等人的"儿童本位"和"内发论"传统，提出了在世界传播和影响广泛的"蒙台梭利方法"。蒙台梭利的儿童观对今天的教育仍有启示意义。

（七）杜威的进步主义儿童观

以实用主义哲学为基础，受达尔文进化论和机能心理学影响，杜威提出"教育即生长""教育即生活"的观点，其儿童观主要反映在他对生长、发展的解释之中。杜威反对把儿童看作无知无能的人，认为儿童身上蕴藏着学习和成长的力量与能力，并从积极的角度解释"未成熟状态"，这是与传统观念相对立的。杜威的儿童中心论的错误是显而易见的，但它突出了儿童在教育过程中的重要地位，坚持从相信儿童和尊重儿童的立场出发，让儿童成为教育的主体和中心，让儿童积极主动地自我发展，是有重大进步意义的。以杜威为代表的进步主义教育把儿童问题提升为教育中的中心问题，确立了儿童在现代教育中的地位，为20世纪现代教育的发展开了先河，对世界幼儿教育改革产生了持久而重大的影响。

上述各种儿童观具有时代的烙印，对其批判地继承、辩证地分析有利于我们得出现代的、科学的儿童观。

三、现代的、科学的儿童观

（一）儿童是独立的人

1. 儿童是自身权利的主体

儿童具有的最基本的权利可概括为四种，即生存权、受保护权、发展权和参与权。生存权是指所有儿童有生存的权利，以及有权接受可行的最高标准的医疗保健服务。受保护权包括防止儿童受到歧视、虐待和照顾不周，以及保护失去家庭的儿童和难民儿童。发展权是指儿童拥有充分发展其全部体能和智能的权利。参与权是指儿童拥有参与家庭、文化和社会生活的权利。

2. 儿童是自身学习的主体

儿童是具有一定主体性的人。每个儿童都有自己的感官、头脑、性格、知识和思想，每个儿童也只能用自己的器官吸收精神营养，这是别人所不能代替或者改变的。任何教育影响必须经过儿童主体的主动吸收、转化才能生效。因此，教师不能把自己的意愿强加给儿童，只能创设激发儿童兴趣的活动情境，尊重儿童的认知规律，引导儿童主动发展。教师的包办代替只会扼杀儿童的学习兴趣，阻碍他们获得充分、自由的发展。

儿童在发展过程中，不是消极被动地接受外部环境的影响，而是积极主动地学习。儿童是具有能动性的教育对象，学习活动是儿童的主体活动，教师的教只有通过儿童自身努力地学才能起作用。

（二）儿童是独特的人

1.儿童具有不同于成年人的独特性

儿童是正在发展中的人，儿童的身体结构、生理和心理均与成年人不同，构成了儿童的独特性。成年人在教育儿童时必须尊重儿童的年龄特点和独特性，不能把他们看成"小大人"。

2.每个儿童具有不同于其他同龄儿童的个体差异

每个人由于遗传素质、社会环境、家庭条件和生活经历的不同而不同，儿童作为一个生命体，是以具体的、独特的面貌存在于这个世界的，每一个生命精灵都有自己的天赋、尊严、兴趣、爱好，具有自己独特的气质和鲜活的个性。儿童多方面的发展固然是基本的，但更重要的是每个儿童富有特点的个性的发展。个人的本质意义体现在其与众不同的个别性之中，这种个别性使每个儿童的生命具有不可替代性。

（三）儿童是发展的人

1.儿童具有巨大的发展潜力

儿童的发展，是指儿童在成长的过程中，身体、心理及社会性方面有规律地变化的过程。一个人的发展是从不成熟到基本成熟、从不定型到基本定型的成长发育过程。儿童在发展过程中，具有很强的主动性、开放性、变通性和可塑性。儿童是具有巨大发展潜力的个体，他们的身心发展蕴藏着极大的可能性。

2.儿童的发展是整体的发展

儿童各方面的发展是相互影响、相互制约的。儿童是完整的人，是有自己思想、情感与个性的完整的人。从心理学的角度来说，儿童在认知、情感、意志及个性方面都需要得到全面发展。从社会学的角度来说，儿童从一出生就是社会的成员，享有社会赋予的各项权利。随着年龄的增长，儿童也要承担相应的义务。因此，儿童是完整的社会人。

情境回顾

第二节　儿童发展的特点及主要影响因素

情境导入

成功的秘诀

1978 年，全世界诺贝尔奖获得者在法国巴黎聚会。有记者问当年的诺贝尔物理学奖得主卡皮查："您在哪所大学、哪个实验室里学到了您认为是最主要的东西？"出人意料的是，这位白发苍苍的老人回答道："是在幼儿园。"记者愣住了，又问："您在幼儿园学到了些什么呢？"老人如数家珍地说道："把自己的东西分一半给小伙伴们，不是自己的东西不要拿，东西要放整齐，吃饭前要洗手，做了错事要表示歉意。午饭后要休息，学习要多思考，要仔细观察大自然。从根本上说，我学到的全部东西就是这些。"

资料来源：朱宗顺，陈文华.学前教育学[M].北京：北京师范大学出版社，2012：31.（引用时有修改）

思考：根据上述情境，谈谈影响儿童发展的因素是什么，其他影响因素还有哪些。

知识梳理

一、儿童发展的特点

发展是指个体成长过程中生理和心理方面有规律地量变和质变的过程。儿童的发展是指儿童在成长过程中生理和心理方面有规律地进行量变与质变的过程。儿童的生理发展是指机体的正常生长和机能的成熟。儿童的心理发展是指儿童的认识过程、情感、意志和个性的发展。身体的发展为心理的发展提供物质基础与前提条件，而心理的发展又促进身体的发育和成熟。总之，儿童发展是生理发展和心理发展不断相互作用、相互支持、相互影响从而达到某种状态的统一的不可分割的过程。儿童发展的主要特点如下。

（一）顺序性

个体的身心发展在正常条件下总是按照一定的方向和一定的先后顺序，而且这种顺序不可逆，也不可逾越。先前的发展变化，是其顺序序列中紧随其后的发展和变化的基础，顺序性所具有的这一特点，使儿童身心发展成为一种连续的、不可逆转的过程。例如，个体发展都是从简单到复杂、由一般到特殊的过程，并且个体发展也是遵循由头到脚、由中间向四周的顺序进行的。

（二）不平衡性

人类个体从出生到成熟的进程不是千篇一律地按照一个模式进行，也不总是匀速发展。一般来说，年龄越小，发展速度越快。儿童发展的不平衡性主要表现在两个方面。一是同一方面的发展在不同时期速度不同。例如，身高、体重在出生后一年发展最快，之后缓慢，到青春期又高速发展。二是不同方面发展的不平衡性，有些方面在较早阶段就能达到较高水平，而有些方面则要成熟得晚些。例如，感知觉在婴儿出生后发展迅速，在幼儿中期就达到比较发达的水平，而思维的发生则比较缓慢，两岁左右才真正发展起来，到幼儿晚期仍处于比较低级的发展阶段——只有抽象逻辑思维的萌芽。身体各系统在不同的年龄阶段有不同的发展速度。

（三）阶段性

儿童发展的阶段性，指在儿童发展的连续过程中，在不同年龄阶段会表现出某些稳定的、共同的典型特点。这些特点无论在表现方式上、发展速度上，还是发展的结构方面，与其他阶段相比较，都具有相当不同的特征。这种情况，又被称为儿童发展的年龄特征。如婴儿期的特征主要在于身体的生长发育，幼儿期则是智力发展与个性形成的启蒙时期。

（四）个体差异性

发展的个体差异性，是指在儿童发展具有整体共同特征的前提下，个体与整体相比较，每一个儿童的身心发展，在表现形式、内容和水平等方面，都可能会有自己的独特之处，存在着在量的方面（大小、强弱）的差异，在发展速度上的差异，在认知结构的特点上的差异，等等。这种表现于个体发展方面的差异性，来源于个体遗传素质和生活环境的差别。例如，同年龄的儿童，在身高方面有明显的高矮之分；在学习中也会由于各自神经反射过程灵活性的差别，表现出注意力的持久性、知觉的广度等方面的差异。

以上四个特点从总体上概括出了儿童身心发展过程中的本质性的表现。从总体上把握儿童身心发展的规律，可以发现这些规律所反映出的一些更为深刻的内容，即儿童的生理成熟先于其心理的成熟；每一年龄阶段儿童发展水平、特点的充分实现，将有助于其后的发展，否则，下一阶段的发展将会受到一定阻碍；尊重和顺应儿童个体发展的差异性，才是提高儿童整体发展水平的根本道路。

真题再现

【单项选择题】教师通常在班级设置许多活动区，提供多层次的活动材料，让幼儿自选，这遵循的心理发展原则是（   ）。（2019年上半年国家教师资格考试"保教知识与能力"真题）

A.阶段性原则　　 B.社会性原则　　 C.操作性原则　　 D.个体差异性原则

参考答案: D　题干中,教师提供多层次的活动材料,让幼儿自选,符合幼儿认知、游戏水平的个体差异,能够使每个幼儿在其原有水平上获得发展。因此,教师遵循的心理发展原则是个体差异性原则。

(五)分化与互补的协调性

儿童的各种生理和心理能力的发展、成熟,虽然依赖于明确分化的生理机能的作用,但在总体发展水平方面,又表现出一定的机能互补性特点,以协调人的各种能力,使其尽可能地适应自己的生活环境。这种协调性,是具有生理缺陷的儿童发展的重要保障,使这些儿童不至于因某种生理机能的缺陷,而严重地阻碍其整体发展水平的实现。这一规律,也是对残疾儿童进行教育的重要依据。例如,对于有听力障碍的儿童,可以通过发展其对人讲话时口型变化的精细感知能力,来与他人沟通;而听力正常的人的这种潜在能力,往往被更容易实现交流的其他方式抑制。

真题再现

【单项选择题】下列针对幼儿个体差异的教育观点,哪种不妥?(　　)
(2018年下半年国家教师资格考试"保教知识与能力"真题)

A.应关注和尊重幼儿不同学习方式和认知风格

B.应支持幼儿富有个性和创造性的学习与探索

C.应确保每位幼儿在同一时间达成同样的目标

D.应对有特殊需要的幼儿给予特别关注

参考答案: C　我们应尊重和顺应儿童个体发展的差异性。

二、影响儿童发展的因素

影响儿童发展的因素是复杂多样的。根据辩证唯物主义的观点,可将影响儿童发展的因素分为客观因素和主观因素。客观因素主要指儿童发展必不可少的外在条件,主观因素指儿童本身已经具备的特点。主客观因素相互作用促进儿童的发展。

(一)客观因素

1.生物因素

(1)遗传因素。遗传素质是指子代从上代继承下来的、生来就有的生理解剖上的特点,如身体的构造、形态、感觉器官和神经系统的特征等。其中对心理发展有重要影响的是神经系统的结构和机能特征。遗传对儿童心理发展的作用具体表现在两个方面:一是提供人类心理发展的最基本的自然物质前提;二是奠定儿童心理发展个别差异的最初基础。遗传素质的成熟机制制约着人的身心发展水平及阶段,为一定年龄阶段的身心特点的出现提供了可能与限制。

（2）生理成熟。生理成熟也称为生理发展，是指身体生长发育的程度或水平，主要依赖于机体族类的成长程序，有一定的规律性。生理成熟的顺序性为儿童心理活动的出现与发展的顺序性提供了基本的前提条件。这主要表现在：生理成熟制约着儿童心理发展的顺序；生理成熟为儿童心理发展提供物质前提；生理成熟的个别差异是儿童心理发展个别差异的生理基础。

2. 环境因素

环境在人的身心发展中的作用是巨大的，主要指儿童生活的周围客观世界，包括自然环境和社会环境。自然环境提供儿童生存所需要的物质条件，如空气、阳光、水分等。社会环境是指儿童的社会生活条件，从大处讲，指国家制度、社会关系及儿童所处的地位等；从小处讲，主要指儿童生活的家庭环境、学校环境和社区环境等。社会性是人的特殊属性，社会环境对儿童的心理发展有着重要的影响。家庭环境一般指家庭的物质生活条件、家庭人口和社会关系、家长职业和文化水平，以及家庭教育，是最重要的客观因素。研究表明，不良的家庭环境和有问题的教养方式，常常导致儿童学业不良、品德偏差或行为异常，而且还影响儿童的社会性发展。学校的教育是有目的、有计划、有组织、有系统的实践活动，可以有目的地利用和控制家庭和社会环境的影响，选择与利用对儿童身心发展有益的因素，控制或克服不利因素，为实现儿童健康、全面发展提供服务。学校的发展水平越高，对儿童心理发展的主导作用就越大，就越能促进儿童心理朝着教育所指导的方向发展。另外，儿童生活的社区，对儿童发展具有直接影响。儿童通过参与社区活动获得更多的成长养分，社区可以让儿童学习到"社会人"的处世方式，学习到各种社会规范。

🐦 **真题再现**

【单项选择题】导致"狼孩"心理发展滞后的主要因素是（　　　）。（2022年上半年国家教师资格考试"保教知识与能力"真题）

A.遗传有缺陷　　　B.生理成熟迟滞　　　C.自然环境恶劣　　　D.社会环境缺乏

参考答案：D　题干中"狼孩"心理发展滞后主要是由于"狼孩"从小和狼群一起生活，没有良好的社会环境，错过了语言和智力发展的关键期，故正确答案为D。

（二）主观因素

影响儿童发展的主观因素是指儿童自身的全部心理活动，其中需要、兴趣、能力、性格、自我意识和心理状态是重要的主观因素，最活跃的主观因素是需要。儿童从出生开始就有从生理需要到社会需要的各种需要。需要通常表现为对某种事物的追求和倾向。

儿童从出生开始就不是消极被动地接受环境的影响，随着心理的发展和个性的形成，儿童的主观能动性越来越强。环境和教育对儿童心理发展的作用只能通过儿童心理发展的内部因素来实现。

儿童心理的内部矛盾是推动儿童心理发展的根本原因。儿童的需要依存于儿童原有的心理水平或状态。因为需要总是在一定的心理发展水平或状态的基础上产生的。同时，一定的心理水平的形成，又依存于相应的需要。没有需要，儿童就不会积极主动地去学习任何知识技能，心理发展水平就不能提高。

三、儿童发展影响因素的相关理论

（一）遗传决定论

遗传决定论认为儿童的发展是由先天的、不变的遗传因素所决定的，儿童的发展过程就是这些先天遗传素质的自我发展和自我实现的过程，与外界影响、教育无关，外界的影响和教育即使对儿童发展起作用，至多也只能促进或延缓遗传素质的自我发展和自我实现，不能改变其本质。遗传素质的差异性是导致儿童身心发展差异性的物质基础。儿童在智力、才能、个性等方面都是有个别差异的，这些差异来自遗传素质的影响。例如，神经反射过程灵活性高的儿童，思维敏捷、知觉广度较大；神经反射过程平衡性高的儿童，注意分配较快。

遗传决定论的代表人物有英国人类学家、生物统计学家高尔顿，美国心理学家霍尔、格赛尔，奥地利心理学家弗洛伊德等。高尔顿在《遗传的天才》一书中说，一个人的能力，乃由遗传得来，其受遗传决定的程度，如同一切有机体的形态及躯体组织之受遗传的决定一样。霍尔提出的"一两的遗传胜过一吨的教育"就是遗传决定论的集中体现。格赛尔依据他的双生子爬楼实验提出了"成熟势力说"。他认为，儿童发展是一个有规律的顺序模式的过程，而这个顺序是由物种和生物进化的顺序决定的。所有儿童都按照这个顺序发展，但发展速度则由每个儿童的遗传素质所决定。环境和教育不是发展的主要原因，虽然它们可能暂时影响儿童发展的速度，例如营养不良或教育剥夺可能影响其发展的速度，但儿童的发展速度最终还是由生物因素所决定的。弗洛伊德强调本能在人的发展中的决定作用，他把人的一切行为都解释为人所固有的天然要求、欲望、本能，这也是遗传决定论的反映。

（二）环境决定论

环境决定论者重视教育和环境对儿童心理发展的作用，但是他们片面地强调和机械地看待环境或教育的作用，认为儿童心理的发展完全是由环境决定的。这一观点否认了遗传的作用，也否认了人的主观能动性。

美国心理学家约翰·华生和英国思想家洛克是环境决定论的代表人物。华生认为，行为是可以通过学习和训练加以控制的，只要确定了刺激与反应（即S-R）之间的关系，就可以通过控制环境而任意地塑造人的心理和行为。他曾有一句名言，大意是：给我十几个健康的婴儿，并在我自己设定的特殊环境中养育他们，那么我愿意担保，可以随便挑选其中一个婴儿，把他训练成我所选定的任何类型的特殊人物，如医生、律师、艺术家、商人或乞丐、小偷，而不管他的才能、嗜好、倾向、能力、天资和他们父母的职业及种族如何。洛克继承和发展了亚里士多德的"蜡块说"，提出了"白板说"理论，认为人出生时心灵像白纸或白板一样，具有同等的潜力。环境决定论认为儿童的一切知识、能力都由经验而来，从而抹杀了遗传上的差异及其作用。

💬 **拓展资料**

教育生态学

　　教育生态学是一门运用生态学的原理与方法研究教育现象的科学，但它不是把生态学的原理硬套到教育上来，更不是只从生态学中借用一些概念、术语。教育生态学是一门应用性很强的学科，它研究具体的教育情景、教育问题。"生态学"一词最早是由博物学家索罗于1858年提出的。但是，它的内涵一直不确定，直到1868年德国生物学家赫克尔首次为生态学下了一个明确定义后，生态学在植物生态学和动物生态学领域才有了快速发展。现在，学术界对生态学较普遍的解释是："研究有机体或有机群体与其四周环境的关系的科学。"生态学研究中的一个核心概念是"生态系统"。所谓"生态系统"，是一种有边界、有范围、有层次的系统。任何一个被研究的系统都可以和四周环境组成一个更大的系统，成为较高一级系统的组成部分，而且，它本身又可以由许多子系统或亚系统构成。它们相互依存、互为因果。各子系统或亚系统之间，以及子系统与母系统之间也同样有着密切的联系。

　　第二次世界大战以来，伴随着科学技术的进步、工业的发展、人口的增长，教育事业也得到了进一步的发展。教育的内涵已不再局限于传统的学校教育，教育与整个社会的关系日益密切和丰富，并且贯穿人的一生。在美国，广播电视等大众传播媒介的崛起与普及，大大地改变了美国的家庭教育，从而也改变了美国的公共教育。在这种情况下，人们需要以一种全新的观点来审视教育，而用生态学的原理和方法来研究教育问题则成为人们的选择之一。1976年，美国教育家、哥伦比亚大学师范学院前院长克雷明在其所著的《公共教育》中率先提出了教育生态学概念。克雷明首次从生态学的角度提出关于教育的新定义："我把教育看作一个审慎的、系统的和通过不断努力去得出或唤起知识、态度、价值、技能和情感的过程。"克雷明认为，这一定义具有以下特点：生态学原本是研究生物体与其栖息环境之间辩证关系的科学，而教育生态学的理论基础就是"相互作用论"，即各种教育机构之间以及与整个社会之间是相互联系、相互影响的。考察教育问题时必须坚持生态学思考方式，即全面地、有联系地、公开地思考。教育生态学把教育看成一个有机的、复杂统一的生态系统，强调教育与环境之间、教育系统内部子系统之间的物质、能量、信息交换过程，以及相互影响和相互适应的关系。

资料来源：齐桂林，白丽辉. 学前教育学[M]. 南京：东南大学出版社，2015：49—50.（引用时有修改）

（三）遗传—环境交互作用论

美国心理学家安娜斯塔西打破了二元对立的理论，提出了遗传—环境交互作用论。她认为，儿童的发展是遗传和环境相互作用的结果，是两者相乘的关系，它们完全交织在一起，不可分离。至于两者是如何相互作用的，安娜斯塔西并没有解释清楚。我们只能推测出遗传作用表现的几种可能性：相同的遗传素质在不同的环境条件下可以有不同的发展结果；不同的遗传素质在不同的环境条件下可能导致相同的发展结果；在相同的环境条件下，不同的遗传素质会导致相同的发展结果；在不同的环境下，不同的遗传素质可能导致相同的发展结果。安娜斯塔西的这一理论对遗传与环境的认识向前迈进了一大步，但仍然只停留在一般地谈论遗传和环境的交互作用，而不能更具体地阐明两者的交互作用过程，这是该理论最大的缺陷。

情境回顾

复习强化

一、单项选择题

1.（　　）是人们看待、评价儿童的基本理念或基本态度。

A.儿童观　　　　　B.教育观　　　　　C.人生观　　　　　D.世界观

2.“儿童和大人的内在本质没有区别”属于儿童观的（　　）。

A.白板说　　　　　B.小大人说　　　　　C.有罪说　　　　　D.私有财产说

3.以下关于“儿童是成长的‘植物’”，说法不正确的一项是（　　）。

A.儿童就像正在生长着的植物，家长和教师就像园丁，课堂和家庭就是儿童生长的花房

B.儿童的生长就像花朵在适当的条件下逐渐开放一样，开花由种子决定，开得好坏由阳光、水分、土壤决定

C.地下的种子会自己生长出来，开出美丽的花朵，儿童也好比是一颗等待生根发芽的种子

D.儿童没有自己的思考，需要成年人给予知识灌输

4.下列说法不正确的是（　　）。

A.儿童的发展是消极被动地接受外界刺激的结果

B.儿童是自身学习的主体

C.在先天的遗传素质方面每个儿童是有差异的

D.儿童是发展着的人

5.关于儿童发展的特点，以下说法不正确的一项是（　　　）。

A.在儿童的发展过程中，其身体发展和心理发展，都表现出一种稳定的顺序

B.儿童发展的不平衡性是指儿童在同一方面的发展在不同时期发展速度不同

C.儿童的生理成熟先于其心理的成熟

D.我们应尊重和顺应儿童个体发展的差异性

6.霍尔提出的"一两的遗传胜过一吨的教育"就是（　　　）的集中体现。

A.白板论　　　　　　　　　　B.遗传—环境交互作用论

C.环境决定论　　　　　　　　D.遗传决定论

7.华生说，给我十几个健康的婴儿，并在我自己设定的特殊环境中养育他们，那么我愿意担保，可以随便挑选其中一个婴儿，把他训练成我所选定的任何类型的特殊人物。此观点是（　　　）的集中体现。

A.白板说　　　　　　　　　　B.遗传—环境交互作用论

C.环境决定论　　　　　　　　D.遗传决定论

8.下列说法不正确的是（　　　）。

A.儿童心理的内部矛盾是推动儿童心理发展的根本原因

B.学校对儿童的心理发展起主导作用

C.家庭对儿童的心理发展具有决定作用

D.遗传提供人类心理发展的最基本的物质基础

二、简答题

1.简述儿童观的重要性。

2.简述儿童生理发展和心理发展的关系。

3.简述影响儿童发展的主要因素。

参考答案

三、论述题

1.结合实例分析理解现代的科学的儿童观。

2.举例分析儿童发展的特点。

第四章
幼儿教师

教育就是社会改造，教师就是社会改造的领导者。

——陶行知《地方教育与乡村改造》

学习目标

本章导入

▶ **知识目标**

1. 了解幼儿教师的角色、职业特色和地位。
2. 了解幼儿教师的专业素质。
3. 理解幼儿教师的专业发展。

▶ **能力目标**

能分析幼儿教师应具备的素质结构，能说出幼儿教师的专业成长路径。

▶ **素质目标**

通过幼儿教师相关知识的学习，能够进行自我专业发展，具备基本的幼儿教师的专业素养，强化职业责任，提升职业道德，培养职业精神。

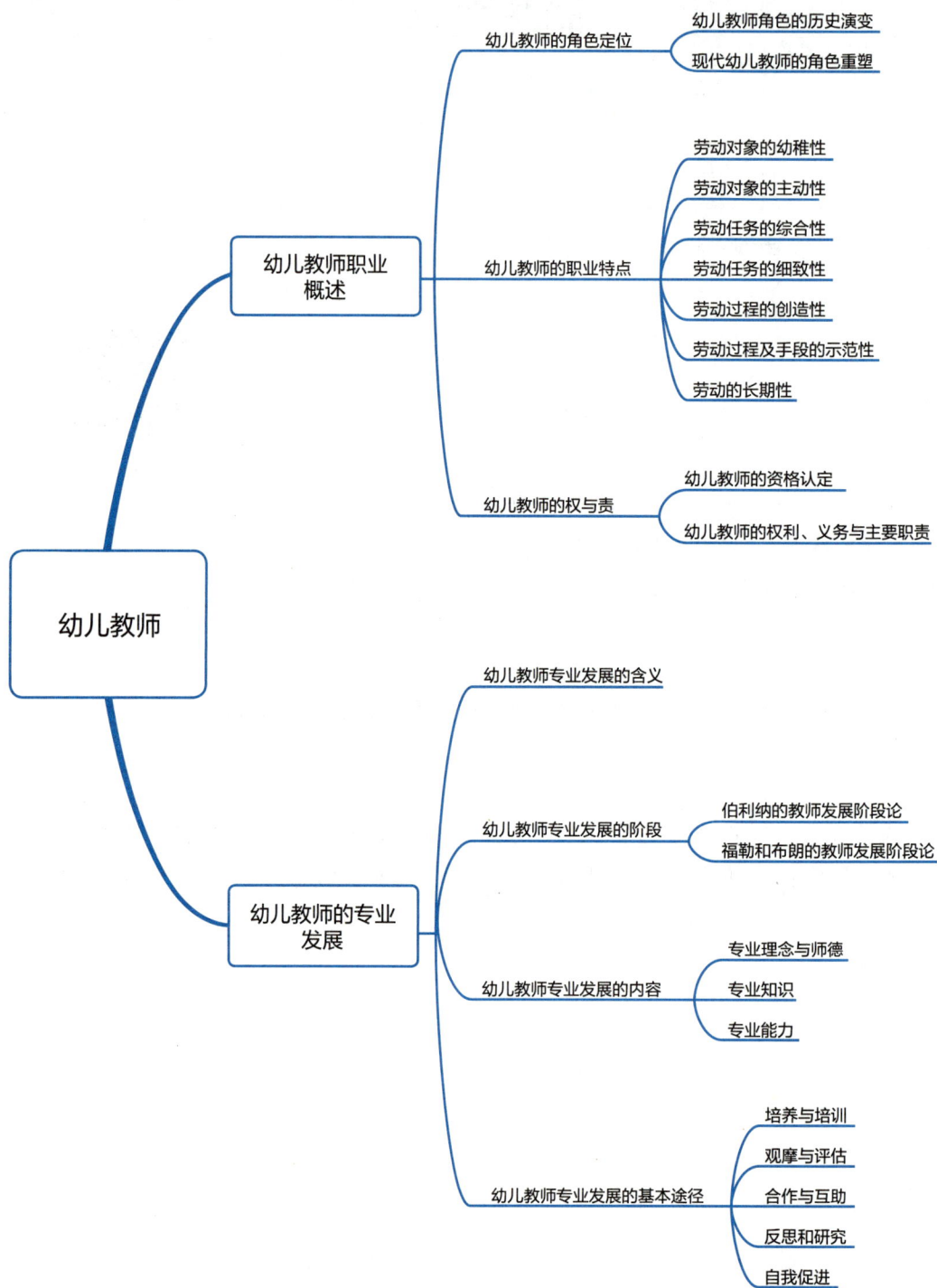

知识导图

```
                                                    ┌─ 幼儿教师角色的历史演变
                            ┌─ 幼儿教师的角色定位 ─┤
                            │                       └─ 现代幼儿教师的角色重塑
                            │
                            │                       ┌─ 劳动对象的幼稚性
                            │                       ├─ 劳动对象的主动性
                            │                       ├─ 劳动任务的综合性
             ┌─ 幼儿教师职业 ─┼─ 幼儿教师的职业特点 ─┼─ 劳动任务的细致性
             │    概述        │                       ├─ 劳动过程的创造性
             │               │                       ├─ 劳动过程及手段的示范性
             │               │                       └─ 劳动的长期性
             │               │
             │               │                       ┌─ 幼儿教师的资格认定
             │               └─ 幼儿教师的权与责 ───┤
             │                                       └─ 幼儿教师的权利、义务与主要职责
   幼儿教师 ─┤
             │                  ┌─ 幼儿教师专业发展的含义
             │                  │
             │                  │                       ┌─ 伯利纳的教师发展阶段论
             │                  ├─ 幼儿教师专业发展的阶段 ─┤
             │                  │                       └─ 福勒和布朗的教师发展阶段论
             └─ 幼儿教师的专业 ─┤
                   发展         │                       ┌─ 专业理念与师德
                                ├─ 幼儿教师专业发展的内容 ─┼─ 专业知识
                                │                       └─ 专业能力
                                │
                                │                           ┌─ 培养与培训
                                │                           ├─ 观摩与评估
                                └─ 幼儿教师专业发展的基本途径 ─┼─ 合作与互助
                                                            ├─ 反思和研究
                                                            └─ 自我促进
```

第一节 幼儿教师职业概述

情境导入

韩愈《师说》（节选）

古之学者必有师。师者，所以传道、受业、解惑也。人非生而知之者，孰能无惑？惑而不从师，其为惑也，终不解矣。生乎吾前，其闻道也，固先乎吾，吾从而师之。生乎吾后，其闻道也，亦先乎吾，吾从而师之。吾师道也，夫庸知其年之先后生于吾乎？是故无贵无贱，无长无少，道之所存，师之所存也。

思考：《师说》中对"师"的角色和资格进行了界定，那么现代幼儿教师的角色有哪些，如何进行资格认定呢？

知识梳理

一、幼儿教师的角色定位

角色用来表示人在一定的社会关系中所处的地位和所起的作用。社会学将这种具有一定地位或身份的人所应有的行为模式称为社会角色。幼儿教师的角色是幼儿教师在幼儿园教育中各种行为模式的总和。

（一）幼儿教师角色的历史演变

伴随着学前教育的发展，幼儿教师的角色经历了从"保姆""保育员"到"专职教育工作者"再到多样化的转变过程。

1. 充当保姆、保育员的阶段

我国学前教育历史悠久，在殷商时代就出现了以蒙养教育形式开展的学前教育。秦汉以后进入有教材、有组织形式的阶段。此阶段绝大多数的蒙养教育主要是在家庭中进行的，教育者充当的是保姆的角色。在我国古代的少数富贵人家，幼儿的教养责任通常由经过挑选的女奴或女仆承担。这些女奴、女仆一般都是文盲，她们带幼儿，自然只能扮演保姆的角色，她们的职责仅仅是照管幼儿。直到清朝末年，清政府颁布《奏定学堂章程》，标志着我国学前教育被纳入国家规划发展的新阶段，其中湖北巡抚端方在武昌创办的幼稚园是我国最早的公立幼儿教育机构，后改名"武昌蒙养院"，蒙养院的教员被称为"保姆"。民国时期，随着"壬子癸丑

"学制"的制定与公布，蒙养院改称蒙养园，由女子师范学校培养蒙养园的"保姆"，明确规定了蒙养园的师资训练在师范教育中的地位。五四新文化运动以后，随着新学制（又称"壬戌学制"）的颁布，幼稚园教育在学制上的独立地位真正确立，幼儿教师的培训和发展也进入了一个新的阶段。在解放战争时期，解放区创办的一种新型的学前教育机构——保育院，以保育为主，强调幼儿的安全、健康成长，幼儿教师称为"保育员"。新中国成立之初，幼儿教师并没有被当作专门职业来对待，有生活经验的成年人都可以带幼儿。虽然托儿所和幼儿园中有保育员和幼儿教师之分，但与学校中的教师相比，他们仍被称为"阿姨"，这在社会大众的眼里只不过是保姆的代名词而已。

2. 充当专职教育工作者的阶段

随着工业和科技的发展，社会对学前教育工作者的要求也越来越高。学前教育工作者的主要职责开始由保育转为教育。学前教育工作者自身的素质也在逐步提高。她们不仅能从事保育工作，而且能启发、诱导幼儿，促进幼儿身心的全面发展。这样，学前教育工作者的工作角色就逐渐转变为教育者，人们对学前教育工作人员的称呼也逐渐由"保姆"转为"教师"。进入21世纪，幼儿教师逐渐被视为一种专门化的职业，幼儿教师成为专职教育工作者。

3. 角色多样化的阶段

在传统教育中，幼儿教师是教育活动的中心，扮演着知识的灌输者、权威者等多种角色。随着时代的进步，人们对幼儿教师角色的期望，出现了多样化的趋势。例如，皮亚杰认为，幼儿教师应是幼儿的游戏伙伴；蒙台梭利认为，幼儿教师应是幼儿学习的指导者和引导者；还有人认为，幼儿教师应做幼儿母亲的替代者，做幼儿的知心朋友、大姐姐等。《纲要》指出，幼儿教师"应成为幼儿学习活动的支持者、合作者、引导者"。人们普遍认为，幼儿教师扮演的社会角色丰富多样，有利于幼儿的社会化，有利于幼儿身心的健康发展。

（二）现代幼儿教师的角色重塑

由于幼儿的身体、认知、情感、社会性等各方面都处在从不成熟走向初步成熟的过程中，幼儿教师首先必须承担起幼儿身心发展的养护者、幼儿与社会沟通的中介者等重要角色。同时，现代社会特别强调幼儿教师应承担幼儿学习的支持者、幼儿发展的促进者、幼儿保教工作的研究者、家长的合作者的角色。

1. 幼儿教师是幼儿身心发展的养护者

由于幼儿生活经验较少，身心发展水平较低，在情绪情感上具有很强的依恋性，这就要求幼儿教师善于满足幼儿的依恋需要，做他们的亲人，成为他们尊敬和爱戴的长者。幼儿身心发展的特点和需要也决定了保教结合是学前教育的基本原则，这也是对幼儿教师的基本专业要求。《专业标准》明确提出要"保教结合"，不仅将"一日生活的组织与保育"作为重要的专项领域要求，而且对教师提出了多项具体要

笔记栏

求。"养护者"的角色关键体现在两个方面。

一方面，幼儿教师是幼儿权利的保障者。自主活动、自主学习、主动发展是幼儿在成长中应该享有的基本权利。幼儿教师应努力为幼儿提供自由活动、自主探索、自主操作的环境和机会，积极引导幼儿建构知识经验，鼓励幼儿尝试独立解决问题。教师过多的干预、包办代替或不当的介入，都会影响幼儿的自主活动。

另一方面，幼儿教师要为幼儿发展创设适宜的氛围与环境。这种环境不仅包括物质环境，还包括对幼儿心理健康发展而言更为重要的精神环境，如对幼儿的理解、关爱、鼓励和支持。教师应积极成为这一"有准备的环境"的创造者、维护者与管理者，使这个环境舒适、温馨、安全和有秩序。

2. 幼儿教师是幼儿与社会沟通的中介者

幼儿教师不仅在幼儿园组织开展大量与幼儿的社会生活密切相联的教育活动，而且经常带领幼儿走向社会，直接帮助幼儿了解、体验社会生活。在这些活动中，教师适时地依据幼儿的经验和感受，教给他们大量的社会规则、行为规范，引导他们观察、体验人与人之间适宜的情感态度、相互关系和相处方式，并积极创造机会和条件，帮助他们锻炼、实践并逐步掌握和善友好的交往行为和技能策略。这不仅是幼儿教师帮助幼儿融入班级、幼儿园小群体的正确做法，更是幼儿走向更大、更广的社会的基础。

3. 幼儿教师是幼儿学习的支持者

现代信息技术为幼儿提供了获取信息的广泛途径，幼儿教师应从文化知识的传授者的传统角色转变为幼儿学习的支持者。首先，教师要支持幼儿独立自主地学习，并给予更多的帮助；其次，教师要支持幼儿的合作学习。在现代教育中，教师应更多地鼓励幼儿结成合作小组，围绕某一主题开展合作、交流、研讨，这将激发幼儿的学习兴趣与愿望，也会促进幼儿的团体意识与合作探究的能力。

4. 幼儿教师是幼儿发展的促进者

幼儿教师对幼儿发展的促进作用，首先表现在促进幼儿认知与智能的发展，包括对幼儿知识与经验的传授，解决问题的能力、创新精神等方面的指导与培养；其次表现在促进幼儿的学习动机，激发幼儿学习的兴趣与爱好；再次表现在促进幼儿情感、行为、交往、人格等方面的提高与发展；最后表现在促进幼儿主动学习、自主学习、合作学习的意识、态度与倾向。

5. 幼儿教师是幼儿保教工作的研究者

知识信息的日新月异及传播渠道的多样化，使得幼儿教师不再是知识的权威，因而幼儿教师需要不断地学习、更新知识。同时，学前教育活动的丰富性、复杂性和多样性更决定了幼儿教师必须成为教育教学研究的反思者，即反思型的研究者。幼儿教师的研究更多体现在能对自身的教育教学实践活动进行科学、理性的反思。幼儿教师可以反思课堂教育教学情境中各种技能与技术的有效性；也可以主要针对课堂实践中的问题，把学前教育理论应用于教育实践，以便做出决策；同时反思课堂中的师幼关系、人际交往等，反省教育实践中的价值、伦理和道德等问题。

6.幼儿教师是家长的合作者

幼儿园是多数幼儿首次离开家庭接受教育的场所。幼儿年龄小，家庭对其发展有很大的影响力，幼儿教师和家长都是养护幼儿身心发展的重要力量。幼儿教师作为专业工作者要成为幼儿家长的合作者，要积极引导、影响他们，并相互学习交流，使家庭能与幼儿园配合一致，共同担负起促进幼儿发展的任务。

二、幼儿教师的职业特点

与其他职业相比，由于劳动对象的特殊性，幼儿教师的劳动也具有独特之处，主要表现在以下几个方面。

（一）劳动对象的幼稚性

幼儿的身心发展尚未成熟，生活经验还很有限，这个时期幼儿教师对幼儿的教育和影响将有可能持续其一生。幼儿的幼稚性决定着他们无限发展的潜能，但对于幼儿教师来说，这也意味着巨大的挑战。面对这样一个个鲜活的、可塑性极强的个体，幼儿教师需要爱，更需要专业。

（二）劳动对象的主动性

3～6岁幼儿是幼儿教师面对的主要群体，他们虽然稚嫩柔弱，认知水平较低，心理发展还不太完善，但在教育过程中，他们并非消极被动地接受幼儿教师的教育影响，而是通过自身的内部作用来主动选择，以形成自己的知识经验结构，发展自己的情感和思想。劳动对象的主动性，使幼儿教师的劳动变得较为复杂。幼儿教师必须在观察幼儿、了解幼儿的基础上对幼儿施加适当的教育影响，并在与幼儿的互动中及时调整自己的教育内容和方法。

（三）劳动任务的综合性

劳动任务的综合性是由学前教育任务和教育过程的综合性决定的。学前教育的任务是为幼儿德、智、体、美、劳等方面全面发展奠定初步基础。学前教育目标的实现是一项系统工程。这个过程要求教育的主体——幼儿教师考虑到方方面面的因素。另外，幼儿教师劳动任务的综合性也受幼儿年龄特点的影响。幼儿的生长发育是迅速的，但其身体各个器官及机能比较稚嫩，这就促使幼儿教师在做好教育教学工作的同时，也要做好安全管理和卫生保健工作，使幼儿身心得到全面健康的发展。

（四）劳动任务的细致性

幼儿教师的劳动任务是非常细致的。幼儿独立生活能力比较差，幼儿教师要细致地照料他们吃、喝、拉、撒、睡等生活的各个方面。幼儿的知识、智能都是通过幼儿教师的启发诱导从而激发他们对周围环境的兴趣和求知欲而发展起来的。幼儿的品德和行为习惯的形成是在幼儿教师的具体示范、反复说明和提醒下逐步培养起来的。幼儿的身体健康情况及情绪方面微小的变化，也都是在幼儿教师细心的观察下被发现，而获得及时处理，可见幼儿教育工作是一项非常细致的工作。

（五）劳动过程的创造性

幼儿教师是一个充满创造力的职业，每天的工作过程中都充满无限的挑战。幼儿教师面对的教育对象是不断变化、不断成长的。每个幼儿都有与众不同的成长背景和成长环境，这就决定了他们不同的个性特征。更重要的是，他们的身心正处在快速发展的过程中，具有极大的可塑性。要想实现学前教育的宏伟目标，促进幼儿的个性化发展，幼儿教师必须具备创新的教育理念、教育方法，和高超的教育智慧。

（六）劳动过程及手段的示范性

首先，幼儿教师劳动的示范性是由教育内容、方法和手段的主体化与其教育结果的一致性决定的。学前教育是幼儿教师有计划、有组织地培养人的社会活动。幼儿教师首先通过自己的理解把教育内容融会贯通，把其中包含的知识、能力、情感、态度、价值观转化为自己的东西，在了解幼儿认知水平和心理状况的基础上进行加工，并借助一定的教学手段影响幼儿。所以，与其说幼儿教师是用教育活动、教学方法和教学手段去教幼儿，不如说是用他们的知识、能力、世界观和思想情感去影响幼儿，用人格去感染幼儿。

其次，幼儿教师劳动的示范性是由人的认知过程和心理过程的特点决定的。人对知识的掌握和心理的发展都是以感性活动为基础的，具体的、现实的事物最容易引起心理上的反应。幼儿教师通过自己的语言、形象、活动和激情表现知识的内涵，帮助幼儿理解、把握知识。

最后，幼儿教师劳动的示范性是由幼儿的心理特征决定的。幼儿天生喜欢模仿，并且易受暗示，他们把幼儿教师看作知识的化身、人格的代表，因此幼儿教师是幼儿天然的模仿对象。幼儿教师的思想行为、求知精神、科学态度、思维方式都对幼儿起到示范作用。很多教育都是"润物细无声"的结果。

（七）劳动的长期性

人的成长需要很长的时间，某个观点的形成或思想品质的塑造同样需要较长时间，并且往往需要多次反复才能趋于成熟。幼儿教师劳动的长期性，是指其劳动效果需要很长时间才能得到检验。一个人的阶段性获得与成长，能使幼儿教师的教育效果得到某种检验。这种劳动效果的长期性，既表现为后效性，又表现为长效性，即人才成长和教育效果在人的一生中都将发挥作用。幼儿教师劳动的长期性要求其高瞻远瞩，具有战略性的眼光。

三、幼儿教师的权与责

我国的政策法规对幼儿教师的权与责进行了规范。其中，资格认定、权利、义务与主要职责等方面的相关内容如下。

（一）幼儿教师的资格认定

如今，社会对幼儿教师教育的专业化要求在不断提高。《中华人民共和国教育法》和《中华人民共和国教师法》明确规定，凡在各级各类学校和其他教育机构中从事教育教学工作的教师，必须具备相应教师资格，没有相应教师资格的人员不能聘为教师。

幼儿教师的资格认定一般要求如下。

（1）遵守宪法和法律，拥护党的基本路线。

（2）热爱学前教育事业，爱护幼儿，具有良好的思想品德，为人师表，忠于职责。

（3）具备幼儿师范学校毕业以上学历，或经国家教师资格考试合格。

（4）具备承担教育教学工作所必需的基本素质和能力，努力学习专业知识和技能，提高文化和专业水平。

（5）普通话水平应当达到国家语言文字工作委员会颁布的《普通话水平测试等级标准》二级乙等以上标准，并取得相应等次普通话水平测试等级证书。

（6）具有良好的身体素质和心理素质，无传染性疾病，无精神病史，适应教育教学工作的需要。

（二）幼儿教师的权利、义务与主要职责

1. 幼儿教师的权利

教师的权利是指教师在教育教学活动中依法享有的权益，是国家对教师能够做出或不做出一定行为，以及要求他人相应做出或不做出一定行为的许可与保障。我国幼儿教师除作为公民依法享有相关法律赋予公民的基本权利，还享有作为专业技术人员所特有的权利。具体包括如下几个方面。

（1）教育教学权。进行教育教学活动，开展教育教学改革和实验。

（2）学术研究权。从事科学研究，进行学术交流，参加专业的学术团体，在学术活动中发表意见。

（3）管理幼儿权。指导幼儿的学习和发展，评定幼儿的品行和学业成绩。

（4）报酬待遇权。按时获取工资报酬，享受国家规定的福利待遇以及寒暑假期的带薪休假。

（5）民主管理权。对幼儿园教育教学、管理工作和教育行政部门的工作提出意见和建议，通过教职工代表大会或者其他形式参与幼儿园的民主管理。

（6）进修培训权。参加进修或者其他方式的培训。

2. 幼儿教师的义务

教师的义务是指依照法律规定，教师必须做出或禁止做出一定的行为。幼儿教师的义务除表现为幼儿教师作为公民所应该履行的义务，还表现为幼儿教师作为一种特殊职业的从事人员所应该履行的义务。具体包括如下几个方面。

（1）遵守宪法、法律和职业道德，为人师表。

（2）贯彻国家的教育方针，遵守规章制度，执行幼儿园的保教工作计划，履行教师聘约，完成保教工作任务。

（3）按照国家规定的保育教育目标，通过活动对幼儿进行形象的爱国主义、民族团结教育，法制教育，组织、带领幼儿开展有目的、有计划的教育活动。

（4）关心、爱护全体幼儿，尊重幼儿人格，促进幼儿在品德、智力、体质等方面的全面发展。

（5）制止有害于幼儿的行为。

（6）不断提高思想政治觉悟和教育教学水平。

3.幼儿教师的主要职责

《规程》第四十一条第三款规定，幼儿教师对本班工作全面负责，其主要职责如下。

（1）观察了解幼儿，依据国家有关规定，结合本班幼儿的发展水平和兴趣需要，制订和执行教育工作计划，合理安排幼儿一日生活。

（2）创设良好的教育环境，合理组织教育内容，提供丰富的玩具和游戏材料，开展适宜的教育活动。

（3）严格执行幼儿园安全、卫生保健制度，指导并配合保育员管理本班幼儿生活，做好卫生保健工作。

（4）与家长保持经常联系，了解幼儿家庭的教育环境，商讨符合幼儿特点的教育措施，相互配合共同完成教育任务。

（5）参加业务学习和保育教育研究活动。

（6）定期总结评估保教工作实效，接受园长的指导和检查。

笔记栏

教师的权利和义务

情境回顾

真题再现

1.【单项选择题】下列不属于幼儿园教师工作职责的内容是（   ）。（2017年下半年国家教师资格考试"保教知识与能力"真题）

A.观察了解幼儿，制订教育工作计划

B.指导调配幼儿膳食，检查食品安全

C.创设良好的教育环境，合理组织教育内容

D.与家长保持经常联系，共同完成教育任务

参考答案：B 《规程》第四十一条明确了幼儿园教师的主要职责，选项B不属于。

2.【简答题】简述幼儿园教师的工作职责。（2018年上半年国家教师资格考试"保教知识与能力"真题）

第二节　幼儿教师的专业发展

▶ 情境导入

经师和人师

　　我国现代教育家徐特立有一段名言："教师是有两种人格的：一种是'经师'，一种是人师。人师就是教行为，就是怎样做人的问题。经师是教学问的，就是说除了教学问以外，学生的品质、学生的作风、学生的生活、学生的习惯，他是不管的；人师则是这些东西他都管。我们的教学是要采取人师和经师二者合一的。每个教科学知识的人，他就是一个模范人物，同时也是个有学问的人。"

　　资料来源：中央教育科学研究所.徐特立教育文集[M]．2版.北京：人民教育出版社，1986：242-243.

　　思考：教学要将人师和经师二者合一，幼儿教师在专业发展上应有哪些内容？

▶ 知识梳理

一、幼儿教师专业发展的含义

　　幼儿教师专业发展是幼儿教师不断接受新知识、增长专业能力从而使其专业结构不断更新演进和丰富的过程。从专业结构看，幼儿教师专业发展有理念知识、能力、态度和动机等不同侧面；从专业结构发展水平看，幼儿教师专业发展有不同等级、不同阶段。

　　幼儿教师专业发展具有三个非常明显的特征：第一，教师专业发展是一个有意识的过程。真正的专业发展是一个为目的和规划目标的清晰愿景所指引的审慎的过程，是为了带来积极变化和进步的有意识的设计努力。第二，教师专业发展是一个持续的过程。幼儿教师专业发展是一个持续终身的融入工作的过程。第三，教师专业发展是一个系统的过程。教师专业发展是一个明确而又系统的过程，既要考虑个体发展，又要顾及组织发展。

二、幼儿教师专业发展的阶段

教师的专业发展是一个多阶段的连续过程。自20世纪60年代起国内外学者对此做了大量研究，从不同的研究角度对教师专业发展做了描述和分析，由此产生了多种教师发展阶段论，同样适用于幼儿教师，下面介绍两种理论。

（一）伯利纳的教师发展阶段论

伯利纳认为教师的专业发展大致可以分为新手、熟练、胜任、骨干和专家五个阶段。

1. 新手阶段

新手阶段主要指实习教师和刚从学校毕业的新教师。由于刚刚从学习的环境转入工作的环境，新手们内心的焦虑和行为上的应接不暇在所难免。另外，新手们对教育工作的看法比较理想化，处理问题时依赖特定的原则和规范，缺乏灵活性。

2. 熟练阶段

教师们能够把过去所学的理论知识与现实中遇到的实际问题联系起来，使现在的教学超越过去的教学，能够反思自己，在成功或失败中获取经验。但不能很好地区分教学情境中的重要信息和无关信息，处理课堂中的突发情况不够灵活，在树立教师威信方面有待提高。

3. 胜任阶段

从教三至四年的教师进入胜任阶段。这时，他们能够根据学生（幼儿）的需要和心理发展水平来设计、安排和呈现教学内容，并能够掌握教学技巧，应对学生（幼儿）的各种反应，开始形成自己的教学风格。但胜任阶段教师的教学行为还未达到快捷、流利和灵活的程度。

4. 骨干阶段

从教五年以上，一定数量的教师便进入了骨干阶段。这时的"骨干级教师"具备较强的直觉判断能力，能够对教育情境做出准确的判断和有效的处理，对教育工作有了进一步探究的兴趣，能够对自己的教育行为进行反思，并尝试新的教学手段。

5. 专家阶段

专家型教师，需要时间和经验的不断积累。进入专家阶段，幼儿教师拥有娴熟的教学技能、显著的教学效果，能凭借扎实的理论功底和丰富的实践经验来解决问题，做到轻车熟路。

有研究表明，教师至少要积累十年的教学经验，在教室里讲述10000个小时的课，在此之前至少当过15000个小时的学生之后，才有可能成为专家型教师。

（二）福勒和布朗的教师发展阶段论

福勒和布朗根据教师的需要与不同时期所关注的焦点问题，将教师的发展分为关注生存、关注情境和关注学生三个阶段。

1. 关注生存阶段

新任幼儿教师一般处于这个阶段，他们非常关注自己的生存适应性，他们关心的问题是"幼儿喜欢我吗？""同事们怎样看我？""领导是否觉得我干得不错？"等。由于这种生存忧虑，有些新教师可能会把大量的时间都花在如何跟学生（幼儿）搞好个人关系上，而不是如何教他们；有些新教师则可能想方设法控制幼儿，而不是让幼儿获得学习上的进步。

2. 关注情境阶段

当教师感到自己完全能生存时，便把关注的焦点投向了如何上好一堂课，如此就进入了关注情境阶段。在这一阶段，教师关心的问题是如何上好每一堂课的内容，他们更多地关心诸如班级大小、时间的压力和备课材料是否充分等与教学情境有关的问题。

3. 关注学生阶段

当幼儿教师顺利地适应了前两个阶段后，就进入关注幼儿阶段。在这一阶段，教师将考虑学生（幼儿）的个别差异，认识到不同发展水平的幼儿有着不同的社会和情感需要，有些材料不一定适合所有幼儿，因此教师必须因材施教。

三、幼儿教师专业发展的内容

幼儿教师的专业素质是学前教育工作对幼儿教师提出的专业化要求，是幼儿教师开展学前教育工作必须具备的素质。《规程》规定，幼儿教师应当"热爱教育事业，尊重和爱护幼儿，具有专业知识和技能以及相应的文化和专业素养，为人师表，忠于职责，身心健康"。《专业标准》将专业理念与师德、专业知识和专业能力三个方面作为幼儿教师必备的基本素质与条件，尤其注重专业理念与师德，提出的基本理念为"师德为先，幼儿为本，能力为重，终身学习"。

🐦 真题再现

【单项选择题】《幼儿园教师专业标准（试行）》规定，幼儿教师专业标准的基本理念是（   ）。（2016 年下半年国家教师资格考试"保教知识与能力"真题）

A. 师德为先，幼儿为本，能力为重，知识为主

B. 幼儿为本，能力为重，知识为主，终身学习

C. 师德为先，幼儿为本，能力为重，终身学习

D. 师德为先，幼儿为本，知识为主，终身学习

参考答案：C 《专业标准》的基本理念是：师德为先，幼儿为本，能力为重，终身学习。故本题选C。

（一）专业理念与师德

1.职业理解与认识

幼儿教师应严格遵守《新时代幼儿园教师职业行为十项准则》，做到有理想信念、有道德情操、有扎实学识、有仁爱之心。只有对学前教育工作有正确而深刻的认识，才能增强对教育事业的情感，只有正确理解幼儿教师工作的重要性，注重自身专业发展，才能产生荣誉感、自豪感和责任感，从而用自己的青春和毕生的精力为学前教育事业贡献力量。

2.对幼儿的态度与行为

爱护幼儿，是幼儿教师职业理念的灵魂，幼儿教师对幼儿的爱既是一种无形的教育力量，也是一种重要的教育手段。幼儿教师应尊重幼儿的人格和个性差异，主动了解和满足有益于其身心发展的不同需求，积极创造条件，帮助每一个幼儿愉快健康地成长。

3.对保育和教育的态度与行为

幼儿教师要树立正确的保育和教育意识，注重保教结合培育幼儿良好的意志品质，帮助他们形成良好的行为习惯。保护幼儿的好奇心，将探索、交往等实践活动作为幼儿最重要的学习方式，重视环境和游戏对幼儿发展的独特作用，创设富有教育意义的环境氛围，将游戏作为主要活动。

4.个人修养与行为

幼儿教师应富有爱心、责任心、耐心和细心，并保持乐观向上、热情开朗的性格，利用自己的亲和力，与幼儿一起活动，给他们带来自信和欢乐。幼儿教师要做到心胸开阔、情绪稳定，善于自制，保持平和心态，对幼儿始终充满热情。幼儿教师要树立终身学习意识，勤于学习，不断进取。幼儿教师要注意规范个人行为，做到衣着整洁得体，语言规范健康，举止文明礼貌，使幼儿在无形之中受到教师的感染，促进其规范德行的养成。

💬 **拓展资料**

新时代幼儿园教师职业行为十项准则

一、坚定政治方向。坚持以习近平新时代中国特色社会主义思想为指导，拥护中国共产党的领导，贯彻党的教育方针；不得在保教活动中及其他场合有损害党中央权威和违背党的路线方针政策的言行。

二、自觉爱国守法。忠于祖国，忠于人民，恪守宪法原则，遵守法律法规，依法履行教师职责；不得损害国家利益、社会公共利益，或违背社会公序良俗。

三、传播优秀文化。带头践行社会主义核心价值观，弘扬真善美，传递正能量；不得通过保教活动、论坛、讲座、信息网络及其他渠道发表、转发错误观点，或编造散布虚假信息、不良信息。

四、潜心培幼育人。落实立德树人根本任务，爱岗敬业，细致耐心；不得在工作期间玩忽职守、消极怠工，或空岗、未经批准找人替班，不得利用职务之便兼职兼薪。

五、加强安全防范。增强安全意识，加强安全教育，保护幼儿安全，防范事故风险；不得在保教活动中遇突发事件、面临危险时，不顾幼儿安危，擅离职守，自行逃离。

六、关心爱护幼儿。呵护幼儿健康，保障快乐成长；不得体罚和变相体罚幼儿，不得歧视、侮辱幼儿，严禁猥亵、虐待、伤害幼儿。

七、遵循幼教规律。循序渐进，寓教于乐；不得采用学校教育方式提前教授小学内容，不得组织有碍幼儿身心健康的活动。

八、秉持公平诚信。坚持原则，处事公道，光明磊落，为人正直；不得在入园招生、绩效考核、岗位聘用、职称评聘、评优评奖等工作中徇私舞弊、弄虚作假。

九、坚守廉洁自律。严于律己，清廉从教；不得索要、收受幼儿家长财物或参加由家长付费的宴请、旅游、娱乐休闲等活动，不得推销幼儿读物、社会保险或利用家长资源谋取私利。

十、规范保教行为。尊重幼儿权益，抵制不良风气；不得组织幼儿参加以营利为目的的表演、竞赛等活动，或泄露幼儿与家长的信息。

（二）专业知识

1. 幼儿发展和教育理论知识

了解幼儿身心发展的基本特点和规律，是做好学前教育工作的前提。幼儿教师应具备扎实的幼儿卫生学心理学方面的知识，了解关于幼儿生存、发展和保护的有关法律法规及政策规定，掌握学前教育的理论知识、基本规律和实践方法，并善于运用教育规律。

2. 幼儿保育和教育实践性知识

幼儿教师需要切实掌握幼儿保育和教育实践性知识，熟悉幼儿园教育的目标、任务、内容、要求和基本原则，掌握幼儿园环境创设、一日生活安排、游戏与教育活动、保育和班级管理的知识与方法，熟知幼儿园的安全应急预案，了解意外事故和危险情况下幼儿安全防护与救助的基本方法，并掌握观察、谈话、记录等了解幼儿的基本方法。

3. 通识性知识

幼儿教师应具备的通识性知识主要包括人文、社会领域的知识，如文学、文化、历史、经济、法律等；自然科学领域的知识，如数学、物理、生物、化学、天文、地理等；以及艺术领域的知识，如音乐、绘画、舞蹈、乐器等方面的知识。同时，由于多媒体技术在现代化教育教学过程中的广泛运用，幼儿教师还应具备一定的现代信息技术知识。

（三）专业能力

1. 环境的创设与利用

幼儿教师首先要与幼儿建立良好的师幼关系，帮助幼儿建立良好的同伴关系，创设良好的班级氛围，为幼儿营造一个轻松愉快、富于安全感、充满爱心的心理氛围。要能够合理利用各种资源，创设有助于促进幼儿成长、学习、游戏的教育环境，并为他们提供和制作适合的玩教具与学习材料，引发和支持幼儿的主动活动。

2. 一日生活的组织与保育

要使幼儿一天的生活有秩序地进行，幼儿教师必须具有组织各种活动的能力，以及科学照料幼儿日常生活的能力，指导和协助保育员做好班级常规保育和卫生工作。幼儿教师还需要具备基本的幼儿疾病和意外伤害的急救、处理能力，能及时发现、辨别和准确地处理意外事故，有效地保障幼儿的安全与健康。

3. 游戏活动的支持与引导

幼儿教师要能够根据幼儿的兴趣需要、年龄特点和发展目标，充分利用与合理设计游戏活动空间，为幼儿提供丰富适宜的游戏材料，支持引发并促进幼儿的游戏活动。在游戏活动中，幼儿教师要善于观察幼儿的表现，适时地进行引导。

4. 教育活动的计划与实施

幼儿教师要能够根据教学要求和本班幼儿的实际情况，选择适当的教材，安排好教学进度，制订学期计划，并根据每堂课的具体教学要求，选择教学方法和教具，制订活动方案。在教学过程中，幼儿教师要密切关注幼儿的反应，及时调整自己的教学活动，使教学达到最佳的效果。对于教育教学活动中出现的突发情况，幼儿教师要做到反应迅速、决策果断和处置灵活，保证教育活动的顺利实施。

5. 激励与评价

幼儿教师要关注幼儿的日常表现，及时发现和赏识每个幼儿的点滴进步，注重激发和保护他们的积极性和自信心，从而使幼儿得到精神上的满足与愉悦，并提高其自身发展的主动性及创造性。

6. 沟通与合作

幼儿教师要与幼儿进行有效沟通，善于用口头语言、身体语言达到更好的沟通效果；要能够与同事建立良好的关系，善于与同事开展交流与合作，分享保教经验和资源；要能够与家长和社区有效合作。

7. 反思与发展

幼儿教师应不断立足于自身的实践，主动搜集、分析相关信息，批判地考察、反思自己的行为，改进保教工作。同时，幼儿教师还要树立专业发展意识，做好自身专业发展规划，不断提高自身专业素质。

🐦 **真题再现**

【论述题】幼儿园教师应该具备哪些专业能力？（2021年上半年国家教师资格考试"保教知识与能力"真题）

四、幼儿教师专业发展的基本途径

（一）培养与培训

1. 职前培养

中共中央、国务院《关于深化教育改革全面推进素质教育的决定》提到，要"调整师范学校的层次和布局，鼓励综合性高等学校和非师范类高等学校参与培养、培训中小学教师的工作，探索在有条件的综合性高等学校中试办师范学院"。这一规定确立了我国教师教育体系的开放体系。许多中专学校升格为大专，大专升格为本科，招收的学生从初中为起点向高中转移，硕士生、博士生的招收规模也正迅速扩大。

通过3～5年的中等或高等幼儿师范学校的专门训练，幼教专业的学生能树立正确的教育观、儿童观和教师观，了解和认识教师行为规范，学习从事学前教育工作所必需的理论和知识，初步掌握保教技能，为将来担任幼儿教师做好准备。

2. 在职进修

幼儿教师在职进修的方式主要有学历和非学历两类。在职学历教育是指通过函授、自考成人教育或远程教育等形式获得大专、本科甚至研究生学历。在职非学历教育的形式较为丰富，包括专题培训班、助教进修班、研究生课程班等。

幼儿教师的在职进修对于其自身专业发展意义重大。教师个体形成自我发展意识时，还需要幼儿园、教育行政部门和社会机构共同创造条件，为教师提供合适、有效的继续教育，促进幼儿教师队伍整体师资水平的提高。

（二）观摩与评估

观摩优秀教师的教育教学活动，是培养新教师、促进教师专业发展的重要途径之一。通过观摩现场教学、教学记录或观看教学录像，观课教师可以了解优秀的教学设计和教材研究案例，学习有效的课堂教学手段和课堂管理办法，熟悉教学记录的格式和记述的方法，搜集可供自己参考的实践实例，并进行整理和尝试，从而促进自身保教水平的提高。教师也可在准备观摩课程的过程中，对自己的整个教学过程进行精雕细琢，反复推敲，以获得最佳的教学效果。这不仅有利于提升自己的教育教学能力，逐步提高反思意识，更有利于自身经验的提升。观摩结束后，听课教师和授课教师就具体问题进行深入分析和讨论，对整体观摩课进行评估，从而有效地促进教学经验、教学技巧的交流与学习。

（三）合作与互助

幼儿教师寻求同事间的合作与互助，从他人那里获取有价值的信息来提升自己的专业内涵，这是新时期幼儿教师专业发展的重要理念和途径。幼儿教师可采用对话的形式，进行信息交换、经验分享、深度会谈和专题研讨，集思广益，不断提高对问题的认识。幼儿教师也可以采用协作的形式，大家共同承担责任、完成任务，发挥每个教师的兴趣爱好和个性特长，彼此在互补、互动、合作中成长。教学经验丰富、成绩突出的优秀幼儿教师要在合作互助中发挥积极作用，帮助和指导新任幼儿教师，使其尽快适应角色和环境的要求，防止和克服幼儿教师各自为战、孤立无助的现象，从而促进幼儿教师队伍的整体发展。

（四）反思与研究

教育反思是幼儿教师在完成日常保教任务之后，对保教工作各环节和实践过程中获得的认识与经验进行回顾、分析和总结，积极应对和解决教育实践中的问题，提出自己的解决设想，并通过保教实践加以检验、调整。通过不断地学习、实践、反思，提高自身专业素质，从而促进学前教育质量的提升和幼儿的全面发展。幼儿教师可以通过撰写反思日记帮助自己进行教育实践反思。反思日记可以是自己的受教育经历、对教育现象的所见所闻、对教育问题的所思所想，也可以是自己在教育教学过程中遇到的实际问题解决方案及实施效果等。

幼儿教师处于学前保教工作一线，具有广阔的研究视角。他们通过主动参与和全身心体验，对教育教学活动的意义价值、运作方式等进行不断解读、探究和创造，从而丰富自身的实践知识，提高实践智慧，培养主动探究和反思的态度，提升自我更新能力和可持续发展能力。

（五）自我促进

幼儿教师应根据实际情况制订自我专业发展的目标和规划，为自己的专业发展蓝图设计，以及监督和反思提供参考框架。同时，幼儿教师应具备明确的专业自我意识，包括对自己过去的专业发展过程的意识、对现在专业发展状态和水平的意识，以及对未来规划的意识，也包括在专业理念、专业知识、专业能力等方面的意识。其还应树立终身学习观念，努力提高自学能力，学会学习，保持开放的心态，积极、主动地追求专业发展，不断更新教育信念和专业知识与技能，促进自我发展。

情境回顾

🏆 复习强化

一、单项选择题

1.《纲要》指出，教师"应成为幼儿学习活动的（　　　）"。

A.支持者、合作者、引导者　　　　　B.教育者、引导者、支持者

C.管教者、合作者、照护者　　　　　　　D.中介者、领导者、抚养者

2.幼儿教师是幼儿与社会沟通的（　　　）。

A.领导者　　　　　　B.中介者　　　　　　C.引导者　　　　　　D.管理者

3.参与幼儿园民主管理是幼儿教师的（　　　）。

A.权利　　　　　　　B.职责　　　　　　　C.义务　　　　　　　D.任务

4.关心、爱护全体幼儿，尊重幼儿人格，促进幼儿的全面发展是幼儿教师的（　　　）。

A.权利　　　　　　　B.职责　　　　　　　C.义务　　　　　　　D.任务

5.《专业标准》将（　　　）、专业知识和专业能力三方面作为幼儿教师必备的基本素质与条件。

A.专业技能　　　　　　　　　　　　　　B.专业理念

C.专业思想与理念　　　　　　　　　　　D.专业理念与师德

6.幼儿教师劳动的示范性是由（　　　）决定的。

A.人的认识过程和心理过程的特点　　　B.幼儿教师的思想行为

C.幼儿教师的义务　　　　　　　　　　D.幼儿教师的权利

7.要使幼儿一天的生活有秩序地进行，幼儿教师必须具有（　　　）的能力。

A.环境创设　　　　　　　　　　　　　B.游戏活动的支持

C.关注幼儿　　　　　　　　　　　　　D.组织各种活动

8.（　　　）是幼儿教师在完成日常保教任务之后，对保教工作各环节和实践过程中获得的认识与经验进行回顾、分析和总结，积极应对与解决教育实践中的问题，提出自己的解决设想，并通过保教实践加以检验、调整。

A.教育反思　　　　　B.观摩与评估　　　　C.在职进修　　　　D.合作与互助

二、简答题

1.我国幼儿教师的职业特点有哪些？

2.幼儿教师的主要职责是什么？

3.幼儿教师的专业能力包含哪些内容？

参考答案

三、论述题

1.结合实际，谈一谈幼儿教师在关注生存、关注情境和关注学生三个阶段各有什么特点。

2.结合幼儿教师的专业素养要求，谈一谈幼儿教师如何实现自我成长。

第五章
幼儿园教育

教育不能创造什么，但它能启发解放儿童创造力以从事于创造之工作。

——陶行知《创造的儿童教育》

学习目标

本章导入

▶ 知识目标

1. 理解幼儿园教育目标制定的依据和应注意的问题，以及我国幼儿园教育的目标。
2. 了解幼儿园教育的任务、内容与要求。
3. 理解幼儿园教育内容选择的原则。

▶ 能力目标

能用幼儿园教育目标、任务、内容与要求等知识对教育实践中的问题进行分析。

▶ 素质目标

1. 通过对幼儿园教育相关知识的学习，提升幼儿保育与教育素养，能将相关理论应用于实践。
2. 通过对幼儿园教育相关政策的学习，具备关注国家教育政策发展的意识，树立科学的幼儿教育理念。

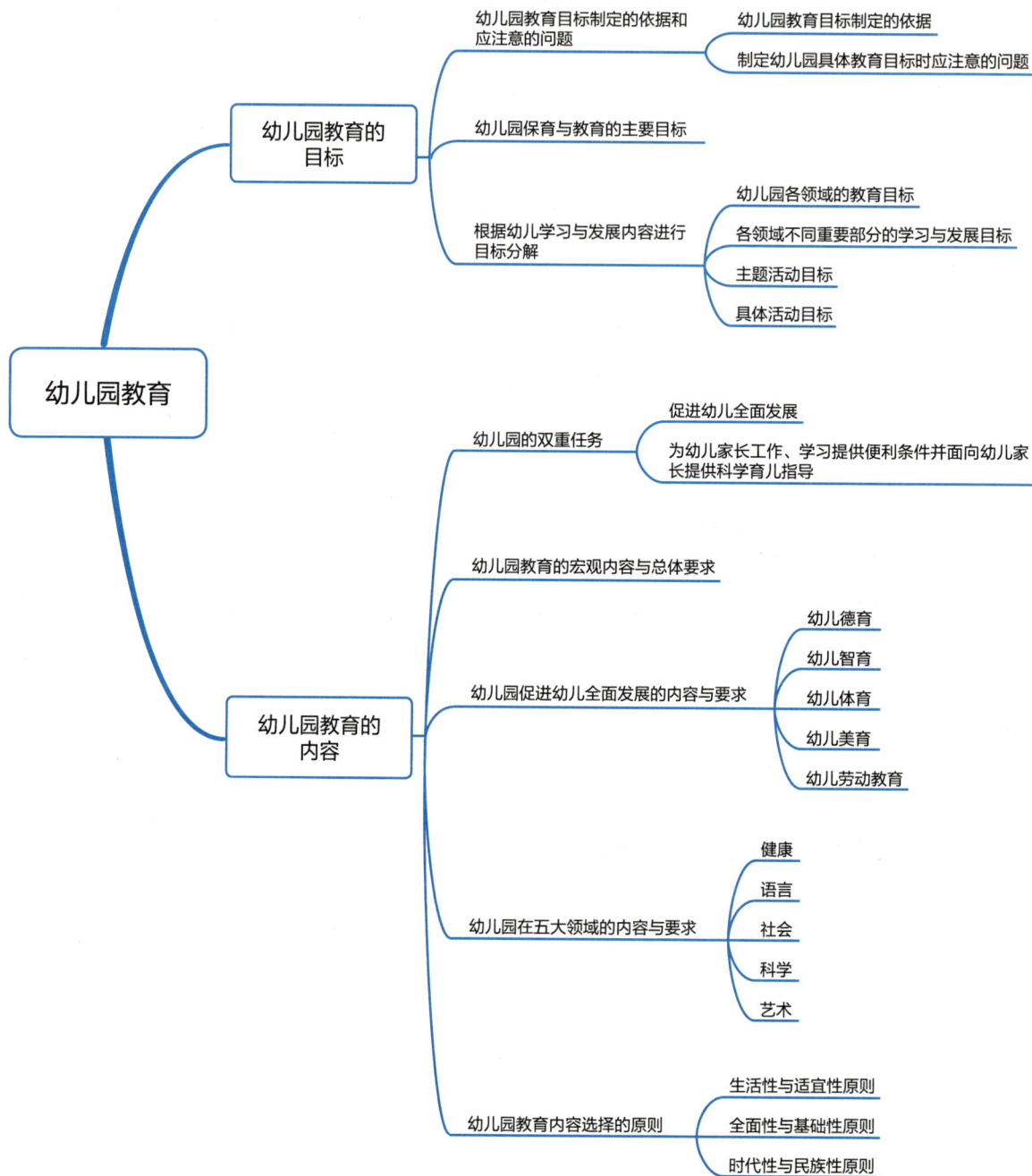

知识导图

幼儿园教育
- 幼儿园教育的目标
  - 幼儿园教育目标制定的依据和应注意的问题
    - 幼儿园教育目标制定的依据
    - 制定幼儿园具体教育目标时应注意的问题
  - 幼儿园保育与教育的主要目标
  - 根据幼儿学习与发展内容进行目标分解
    - 幼儿园各领域的教育目标
    - 各领域不同重要部分的学习与发展目标
    - 主题活动目标
    - 具体活动目标
- 幼儿园教育的内容
  - 幼儿园的双重任务
    - 促进幼儿全面发展
    - 为幼儿家长工作、学习提供便利条件并面向幼儿家长提供科学儿指导
  - 幼儿园教育的宏观内容与总体要求
  - 幼儿园促进幼儿全面发展的内容与要求
    - 幼儿德育
    - 幼儿智育
    - 幼儿体育
    - 幼儿美育
    - 幼儿劳动教育
  - 幼儿园在五大领域的内容与要求
    - 健康
    - 语言
    - 社会
    - 科学
    - 艺术
  - 幼儿园教育内容选择的原则
    - 生活性与适宜性原则
    - 全面性与基础性原则
    - 时代性与民族性原则

第一节 幼儿园教育的目标

情境导入

幼儿园学什么

一说起幼儿园，很多家长总是说："幼儿园就是个玩的地方，不指望能学到什么。"有的家长接幼儿放学时会问："老师今天教了什么？"幼儿说不出，家长就更觉得幼儿在幼儿园什么都没有学到。

思考：家长的观点是否正确？幼儿园教育到底能达到什么目标？

知识梳理

一、幼儿园教育目标制定的依据和应注意的问题

（一）幼儿园教育目标制定的依据

1. 教育目的

幼儿园教育目标为教育目的在幼儿园这一阶段的具体化，是国家对幼儿园提出的培养人的规格和要求，是全国各类型幼儿园教育机构统一的指导思想。因此，制定幼儿园教育目标的直接依据为我国的教育目的。

2. 幼儿身心发展的特点和可能性

幼儿发展具有一定的年龄特征和规律，是按照一定顺序，不断地从低级到高级发展的过程。幼儿园教育目标的制定必须遵循幼儿身心发展的年龄特征和发展规律。

3. 社会发展的客观要求

幼儿教育具有社会属性。教育是要把人类历史积累的知识、经验、技能等有目的、有计划、有组织地传播给下一代，培养为社会服务的人。同时，不同的国家或社会，总是根据自身的利益和需要来规定培养新一代人的方向和目标，所制定的教育目标必须适应社会发展的需求。

（二）制定幼儿园具体教育目标时应注意的问题

1. 教育目标分解的方法要恰当

制定幼儿园具体教育目标的过程，实际上是将国家的教育目的、幼儿园教育目标细化并落实在幼儿发展上的过程。具体教育目标的确定，要根据幼儿园实际情况，采用不同的分解方法。

按幼儿园教育目标层次间的相互关系，幼儿园教育目标可分为远期目标、中期目标、近期目标和活动目标。

（1）远期目标，通常指一年以上才能完成的目标。它是指导幼儿园在较长一段时期开展教育工作的纲领性目标，具有普遍的指导意义。

（2）中期目标，是幼儿园大中小各年龄班的教育目标。它是在幼儿园教育总目标的指导下，对不同年龄班的幼儿提出的不同的要求。

（3）近期目标，也称短期目标，是指在某一阶段内要达到的教育目标。近期目标一般是教师在日常生活的教育活动中制定的，体现在月计划和周计划中。

（4）活动目标，即某次具体教育活动需要达成的目标。在一节课或一次活动中，教师要制定具体目标，体现为教师的活动计划或教案。

2. 教育目标的内容要全面

制定教育目标要保证教育目标的整体结构，其内容的涵盖一定要全面，既要包括幼儿全面发展的各个方面，也要包括每个方面的全部内容。

3. 教育目标要有连续性和一致性

教育目标的实现是一个长期的、连续的过程，要通过若干不同的阶段来实施。每个阶段性目标之间要互相衔接，同时，下层目标与上层目标之间、局部目标与整体目标之间要协调一致，以保证每一个具体目标的实现都指向总目标，都成为实现上层目标的有效环节。

二、幼儿园保育与教育的主要目标

《规程》第五条规定幼儿园保育和教育的主要目标如下：

一是促进幼儿身体正常发育和机能的协调发展，增强体质，促进心理健康，培养良好的生活习惯、卫生习惯和参加体育活动的兴趣。

二是发展幼儿智力，培养正确运用感官和运用语言交往的基本能力，增进对环境的认识，培养有益的兴趣和求知欲望，培养初步的动手探究能力。

三是萌发幼儿爱祖国、爱家乡、爱集体、爱劳动、爱科学的情感，培养诚实、自信、友爱、勇敢、勤学、好问、爱护公物、克服困难、讲礼貌、守纪律等良好的品德行为和习惯，以及活泼开朗的性格。

四是培养幼儿初步感受美和表现美的情趣和能力。

🐦 真题再现

【单项选择题】与幼儿园保育和教育目标表述不符的是（　　）。（2020年下半年国家教师资格考试"保教知识与能力"真题）

A.培养正确运用感官和运用语言交往的基本能力

B.培养幼儿初步感受美和表现美的情趣和能力

C.训练幼儿的体育运动技能

D.促进幼儿身体正常发育和机能的协调发展

参考答案: C。

三、根据幼儿学习与发展内容进行目标分解

(一)幼儿园各领域的教育目标

幼儿园教育可以相对划分为健康、语言、社会、科学、艺术等五个领域,也可作其他不同的划分。各领域的内容相互渗透,从不同的角度促进幼儿情感、态度、能力、知识、技能等方面的发展。《纲要》提出了幼儿园各领域的教育目标。

1.健康

促进幼儿身心健康发展既是幼儿教育的根本目的也是幼儿健康教育的终极目标。《纲要》由此提出四条总目标:一是身体健康,在集体生活中情绪安定、愉快;二是生活、卫生习惯良好,有基本的生活自理能力;三是知道必要的安全保健常识,学习保护自己;四是喜欢参加体育活动,动作协调、灵活。

2.语言

由于语言所具有的特殊性和重要性,《纲要》特别强调对幼儿语言能力的培养。《纲要》中关于幼儿语言能力的培养目标包括以下几点:一是乐观与人交谈,讲话礼貌;二是注意倾听对方讲话,能理解日常用语;三是能清楚地说出自己想说的事;四是喜欢听故事、看图书;五是能听懂和会说普通话。

3.社会

《纲要》在社会领域提出如下教育目标:一是能主动地参与各项活动,有自信心;二是乐意与人交往,学习互助、合作和分享,有同情心;三是理解并遵守日常生活中基本的社会行为规则;四是能努力做好力所能及的事,不怕困难,有初步的责任感;五是爱父母长辈、老师和同伴,爱集体、爱家乡、爱祖国。

4.科学

《纲要》在科学领域提出了以下目标:一是对周围的事物、现象感兴趣,有好奇心和求知欲;二是能运用各种感官,动手动脑,探究问题;三是能用适当的方式表达、交流探索的过程和结果;四是能从生活和游戏中感受事物的数量关系并体验到数学的重要和有趣;五是爱护动植物,关心周围环境,亲近大自然,珍惜自然资源,有初步的环保意识。

5.艺术

《纲要》关于艺术领域的目标有以下三个方面:一是能初步感受并喜爱环境、生活和艺术中的美;二是喜欢参加艺术活动,并能大胆地表现自己的情感和体验;三是能用自己喜欢的方式进行艺术表现活动。

🐦 **真题再现**

【单项选择题】幼儿园艺术教育的主要目标是（　　）。（2018年上半年国家教师资格考试"保教知识与能力"真题）

A.发展幼儿的艺术技能

B.培养幼儿的艺术感受和表达能力

C.丰富幼儿的艺术知识

D.拓展幼儿的逻辑思维能力

参考答案：B　根据《纲要》关于艺术领域的目标，可知幼儿园艺术教育重在培养幼儿的艺术感受和表达能力。故本题选B。

（二）各领域不同重要部分的学习与发展目标

《3～6岁儿童学习与发展指南》（以下简称《指南》）关于各领域不同重要部分的学习与发展目标如表5-1所示。

表5-1　各领域不同重要部分的学习与发展目标

领域	部分	目标
健康	身心状况	目标1　具有健康的体态 目标2　情绪安定愉快 目标3　具有一定的适应能力
	动作发展	目标1　具有一定的平衡能力，动作协调、灵敏 目标2　具有一定的力量和耐力 目标3　手的动作灵活协调
	生活习惯与生活能力	目标1　具有良好的生活与卫生习惯 目标2　具有基本的生活自理能力 目标3　具备基本的安全知识和自我保护能力
语言	倾听与表达	目标1　认真听并能听懂常用语言 目标2　愿意讲话并能清楚地表达 目标3　具有文明的语言习惯
	阅读与书写准备	目标1　喜欢听故事，看图书 目标2　具有初步的阅读理解能力 目标3　具有书面表达的愿望和初步技能
社会	人际交往	目标1　愿意与人交往 目标2　能与同伴友好相处 目标3　具有自尊、自信、自主的表现 目标4　关心尊重他人
	社会适应	目标1　喜欢并适应群体生活 目标2　遵守基本的行为规范 目标3　具有初步的归属感

续表

领域	部分	目标
科学	科学探究	目标1 亲近自然，喜欢探究 目标2 具有初步的探究能力 目标3 在探究中认识周围事物和现象
	数学认知	目标1 初步感知生活中数学的有用和有趣 目标2 感知和理解数、量及数量关系 目标3 感知形状与空间关系
艺术	感受与欣赏	目标1 喜欢自然界与生活中美的事物 目标2 喜欢欣赏多种多样的艺术形式和作品
	表现与创造	目标1 喜欢进行艺术活动并大胆表现 目标2 具有初步的艺术表现与创造能力

（三）主题活动目标

主题活动即根据教育目标及相关教育内容的特点，把某一组目标及相关的内容有机组织起来，围绕一个核心话题而开展的系列教育活动。通过主题活动，各领域目标的任务得以综合性落实，但各领域目标的最终完成需要通过系列的主题单元来完成。

主题活动目标的制定既需要根据内容的特点，也需要根据幼儿的发展特点来制定。主题活动目标要有一定的综合性，它一般从认知、情感、行为三个维度去表述。

（四）具体活动目标

具体活动目标是指某一具体的教育活动所要达到的结果，或所引起的幼儿身心素质变化的具体要求。它是主题单元目标的具体化，是对具体的课时教学所要达到的要求的描述，具有针对性和可操作性。幼儿教师必须具备制定活动目标的能力。从幼儿园目标体系来看，活动目标是实现幼儿园教育目的最基本的目标要素。教育目标必须通过一定的课程活动转化为幼儿的学习行为，才能使教育目标落到实处，因而，必须将教育目标结合一定内容及幼儿特点分解为更具体的活动行为目标，并以适当形式表述出来，才能具体指导教师的教育教学实践。

情境回顾

第二节 幼儿园教育的内容

情境导入

幼儿园只是服务于幼儿吗？

星期一，保育员A老师向班主班B老师抱怨道："轩轩在家过了一个周末后，重新回到幼儿园就表现得跟之前在幼儿园不一样了，许多良好的行为习惯就退步了，吃饭时不好好吃饭，乱扔东西，进行活动的时候总爱打扰别的小朋友。"B老师颇有同感回应道："是啊，如果家长能够和我们保持一致，支持我们的工作，那效果真的是会事半功倍。这个问题我跟轩轩的家长沟通过很多遍了，可他们认为对幼儿进行教育是幼儿园的任务，如果他们都教育得那么好了还需要我们做什么？"

思考：轩轩家长的想法是否正确，为什么？

知识梳理

一、幼儿园的双重任务

《规程》第三条规定了幼儿园的任务为，"贯彻国家的教育方针，按照保育与教育相结合的原则，遵循幼儿身心发展特点和规律，实施德、智、体、美等方面全面发展的教育，促进幼儿身心和谐发展"，"幼儿园同时面向幼儿家长提供科学育儿指导"。

（一）促进幼儿全面发展

幼儿全面发展教育是指以幼儿身心发展的现实与可能为前提，以促进幼儿在德、智、体、美、劳诸方面全面和谐发展为宗旨，并以适合幼儿身心发展特点的方式、方法、手段加以实施的，培养幼儿素质的教育。对幼儿实施全面发展教育是我国幼儿教育的基本出发点，也是我国幼儿教育法规所规定的幼儿教育的任务。

（二）为幼儿家长工作、学习提供便利条件并面向幼儿家长提供科学育儿指导

随着我国经济建设的发展和小康生活的实现，人民群众生活水平日益提高，优生、优育、优教观念不断增强，人们对教育战略地位的认识有了新的飞跃。"知识改变命运，教育成就未来"的理念深入人心。广大的幼儿家长不仅迫切希望有时间进修、提高自己的文化科技水平，而且迫切希望自己的子女能受到良好的教育。他们一方面急切地送幼儿入园，希望幼儿园能给予幼儿理想的教育，另一方面也盼望从幼儿园方面学到科学育儿的知识，以便幼儿在园里、在家里，都能得到全面发展的教育。因此，当今的幼儿园在为家长服务方面，已经不单纯是为了家长安心工作。

广大的幼儿园从大教育的观念出发，肩负起宣传科学育儿理念、教育或引导家长学习科学育儿知识、共同提高育儿水平的任务。他们设立家长委员会，举行家长会，邀请家长入园，听取幼儿园的工作计划和要求；他们举办开放日，邀请家长参观、参与幼儿的活动；他们举办教育讲座，设置家长信箱，播放多媒体影像等，运用多种形式向家长普及保育教育常识，介绍保育教育方法。还有很多幼儿园，走出园区，走向社区，配合社区的精神文明建设。他们向社区群众宣传优生、优育、优

教的科学知识，指导优生、优育、优教；他们利用双休日，开放幼儿园的一些设施，为社区幼儿提供活动条件和机会；还有的幼儿园肩负起培训社区教育辅导员的任务。

🐦 真题再现

【单项选择题】幼儿园的双重任务是（   ）。（2019 年上半年国家教师资格考试"保教知识与能力"真题）

A.保教幼儿和服务家长　　　　B.看护幼儿和服务家长

C.培养习惯和传递知识　　　　D.保育和教育幼儿

参考答案：A。

二、幼儿园教育的宏观内容与总体要求

《规程》对幼儿园教育内容做了宏观概括，对幼儿园教育做了总体要求。一是指出幼儿园"实施德、智、体、美等方面全面发展的教育，促进幼儿身心和谐发展"，即从幼儿个体全面、和谐发展的角度，指出幼儿教育的内容应包括德育、智育、体育和美育等；二是从幼儿园领域教育的角度，提出幼儿园应实施"健康、语言、社会、科学、艺术"等领域的教育。

《规程》对幼儿园教育的总体要求主要有以下几个方面。

（1）幼儿一日活动的组织应当动静交替，注重幼儿的直接感知、实际操作和亲身体验，保证幼儿愉快的、有益的自由活动。

（2）幼儿园日常生活组织，应当从实际出发，建立必要、合理的常规，坚持一贯性和灵活性相结合，培养幼儿的良好习惯和初步的生活自理能力。

（3）幼儿园应当为幼儿提供丰富多样的教育活动。教育活动内容应当根据教育目标、幼儿的实际水平和兴趣确定，以循序渐进为原则，有计划地选择和组织。教育活动的组织应当灵活地运用集体、小组和个别活动等形式，为每个幼儿提供充分参与的机会，满足幼儿多方面发展的需要，促进每个幼儿在不同水平上得到发展。教育活动的过程应注重支持幼儿的主动探索、操作实践、合作交流和表达表现，不应片面追求活动结果。

（4）幼儿园应当将游戏作为对幼儿进行全面发展教育的重要形式。幼儿园应当因地制宜创设游戏条件，提供丰富、适宜的游戏材料，保证充足的游戏时间，开展多种游戏。幼儿园应当根据幼儿的年龄特点指导游戏，鼓励和支持幼儿根据自身兴趣、需要和经验水平，自主选择游戏内容、游戏材料和伙伴，使幼儿在游戏过程中获得积极的情绪情感，促进幼儿能力和个性的全面发展。

（5）幼儿园应当将环境作为重要的教育资源，合理利用室内外环境，创设开放的、多样的区域活动空间，提供适合幼儿年龄特点的丰富的玩具、操作材料和幼儿读物，支持幼儿自主选择和主动学习，激发幼儿学习的兴趣与探究的愿望。幼儿园

应当营造尊重、接纳和关爱的氛围，建立良好的同伴和师生关系。幼儿园应当充分利用家庭和社区的有利条件，丰富和拓展幼儿园的教育资源。

（6）幼儿园的品德教育应当以情感教育和培养良好行为习惯为主，注重潜移默化的影响，并贯穿于幼儿生活以及各项活动之中。

（7）幼儿园应当充分尊重幼儿的个体差异，根据幼儿不同的心理发展水平，研究有效的活动形式和方法，注重培养幼儿良好的个性心理品质。幼儿园应当为在园残疾儿童提供更多的帮助和指导。

（8）幼儿园和小学应当密切联系，互相配合，注意两个阶段教育的相互衔接。幼儿园不得提前教授小学教育内容，不得开展任何违背幼儿身心发展规律的活动。

三、幼儿园促进幼儿全面发展的内容与要求

（一）幼儿德育

1. 幼儿德育的概念

德育是指政治教育、思想教育和道德品质教育。幼儿德育是指根据幼儿身心发展的特点和实际情况，按照教育目标和社会的要求，有目的、有计划地对幼儿施加教育影响，发展幼儿社会性，培养道德品质的教育活动。

2. 幼儿德育的任务

《规程》规定，要"萌发幼儿爱祖国、爱家乡、爱集体、爱劳动、爱科学的情感，培养诚实、自信、友爱、勇敢、勤学、好问、爱护公物、克服困难、讲礼貌、守纪律等良好的品德行为和习惯，以及活泼开朗的性格"。幼儿德育强调从情感入手，符合幼儿品德形成和发展的规律，符合幼儿的年龄特点。其中"五爱"及其对幼儿行为规范等要求，充分体现了我国教育目的的基本精神。

幼儿德育的内容可以概括为三个方面：一是文明行为习惯的养成；二是萌发爱的情感；三是培养幼儿良好的个性品质。

3. 幼儿德育的实施

（1）幼儿德育的途径。一是日常生活是实施幼儿德育最基本的途径。幼儿德育应贯穿于幼儿的日常生活之中。应当高度重视一日生活的教育价值，挖掘生活常规中的教育因素，让幼儿在日常活动中逐步形成良好的品德。二是专门的德育活动是实施幼儿德育的重要手段。专门的德育活动是指教师根据教育目标、幼儿的年龄特征、德育的内容与要求，结合幼儿的实际，有目的、有计划地组织的德育活动，也就是为实现某项德育目标而组织的教育活动，通过每一次活动特别是实践活动，使幼儿的道德认知、道德情感及道德行为得到逐渐发展。

（2）实施幼儿德育应注意的问题。一是热爱与尊重幼儿。热爱幼儿，是对幼儿教师职业的基本要求，是幼儿教师的社会责任。在实施德育时，必须牢记幼儿是独立的人，是自身发展的主体，离开了幼儿自身的努力，德育不会有效果。二是遵循

德育规律。人的每一种品德都由道德认识、道德情感、道德意志和道德行为四要素构成。在幼儿的品德形成过程中，四要素的发展不是同步的，幼儿的道德认识、道德意志等发展较差，因此，幼儿德育必须从情感入手，重点放在道德行为的养成上。

（二）幼儿智育

1. 幼儿智育的概念

幼儿智育就是按照认知发展的特点，有目的、有计划地增进幼儿对周围环境的认识，获得粗浅的知识与技能，发展智力并培养其对认识活动的兴趣和良好的学习习惯的教育过程。

2. 幼儿智育的任务

幼儿智育的任务，一是向幼儿传授粗浅的知识；二是发展幼儿的智力；三是发展幼儿的语言；四是培养幼儿的学习兴趣、求知欲和良好的学习习惯。幼儿智育的任务是相互联系、相互促进的。其中，智力发展是核心，因为一个人智力发展的关键期在幼儿期。智力发展了，才有掌握知识、技能的基础。

3. 幼儿智育的实施

在幼儿园，智育主要通过上课、游戏、劳动、日常生活等多种活动进行，各项活动应有机配合产生综合效应。不能只重视课堂教育这一种教育形式，要通过采用多种活动形式，让幼儿在参与的过程中更多地发现问题，积极思考，寻求解决问题的途径和方法，以激发求知欲与学习兴趣，在不断积累知识和经验的同时逐步发展智力。

（三）幼儿体育

1. 幼儿体育的概念

幼儿体育是指依据幼儿身心发展的特点，遵循幼儿身心生长发育的规律，运用科学的方法，以增强幼儿的体质、保证幼儿健康为目的的一系列教育活动。

2. 幼儿体育的任务

幼儿体育的任务可以概括为五个方面：一是保护幼儿生命，促进幼儿正常发育和健康成长；二是培养幼儿良好的生活、卫生习惯；三是锻炼幼儿的身体，发展幼儿的基本动作，培养幼儿正确的运动姿势，增强其体质；四是增强幼儿的自我保护意识；五是培养幼儿积极健康的心态，进行心理健康教育。

3. 幼儿体育的实施

（1）幼儿体育的途径：一是创设良好的生活环境，科学护理幼儿的生活。良好的生活条件和全面科学的护理，是幼儿健康发展的必要条件。幼儿园应充分利用现有的经济条件，因地制宜，为幼儿的健康成长创设良好的物质环境和心理环境。二是精心组织各项体育活动，提高幼儿健康水平。体育活动是幼儿体育的重要组织形式。体育活动形式多样，广播体操、体育课、体育游戏、户内外体育活动等都是常见的体育活动。幼儿园要重视和有计划地开展各种体育活动，特别是户外体育活动，每天应保证幼儿至少两小时的户外体育活动时间。

（2）实施幼儿体育应注意的问题：一要注重幼儿身体素质的提高；二要重视培养幼儿对体育活动的兴趣和态度；三要使专门的体育活动与日常活动相结合；四要注意体育活动中幼儿教师的指导方式。

（四）幼儿美育

1.幼儿美育的概念

幼儿美育是根据幼儿的身心特点，通过美育活动，培养他们对美的兴趣和爱好，培养美感和初步的审美能力，并通过多种艺术活动，发展表现美与创造美的能力的教育活动。

2.幼儿美育的任务

幼儿美育的任务主要表现在两个方面：一是引导幼儿初步了解关于音乐、舞蹈、美术、文学等方面的浅显知识和技能，培养幼儿对艺术的兴趣；二是初步发展幼儿对周围生活、大自然、文学艺术美的感受力、表现力和创造力。

3.幼儿美育的实施

幼儿美育的实施具有广泛的形式和途径：一是创造美的环境，用环境实施美育；二是领略大自然的美，用自然实施美育；三是感受各种形态的社会美，用形象实施美育；四是注重艺术教育，包括音乐教育、美术教育和文学教育；五是在游戏中实施美育；六是在节日、娱乐活动中实施美育。

幼儿美育应注意以下几点：一是通过活动用具体鲜明的形象去引导幼儿直接感受美，而不要求对美的形象从逻辑上进行过多的理解和分析；二是以培养幼儿审美的情感、兴趣为主，而不以培养审美概念、观念为主；三是以培养表现美的想象力、创造力为主，而不以训练技能技巧为主。

真题再现

【单项选择题】在幼儿绘画活动中，教师最应该强调的是（　　）。（2021年下半年国家教师资格考试"保教知识与能力"真题）

A.画面干净、美观　　　　　　B.画得和教师的一样

C.按照自己的意愿大胆表达　　D.画得越像越好

参考答案：C　意愿画更能释放幼儿的情感、突显幼儿的个性，培养幼儿初步感受美和表现美的情趣和能力。

（五）幼儿劳动教育

1.幼儿劳动教育的概念

幼儿劳动教育指培养幼儿热爱劳动、热爱劳动人民的情感，形成劳动习惯，掌握简单的劳动技能的教育活动。

2.幼儿劳动教育的任务

《规程》指出，幼儿园要萌发幼儿爱劳动的情感。幼儿劳动教育，一是要培养幼儿的劳动情感，使幼儿养成正确的劳动态度、习惯及兴趣；二是使幼儿初步掌握一些简单和基本的劳动技能。

3.幼儿劳动教育的实施

幼儿劳动教育的实施一般是和领域教育相结合而进行的。一是在领域教育活动中进行热爱劳动、热爱劳动人民的情感教育；二是进行简单的种植和采摘活动；三是教育幼儿进行卫生、用具摆放等简单的幼儿园日常劳动；四是教育幼儿协助父母做一些力所能及的家务。

全面发展教育的五个部分是密切相关的，它们之间相互联系、相互制约、相互渗透，彼此不能相互取代，从各个方面保证着教育目的的实现。其中，德育对其他各育起着保证政治方向和保持动力的作用，它是"五育"的灵魂；智育为其他各育的实施提供了知识和认识基础；体育则是实施各育的物质保证；美育和劳动技术教育是德育、智育、体育的具体运用和实施。只有德、智、体、美、劳等方面的教育相互联系、有机结合，才能真正促进幼儿的全面发展。

四、幼儿园在五大领域的内容与要求

《纲要》在各领域方面详细地提出了内容与要求。

（一）健康

（1）建立良好的师生、同伴关系，让幼儿在集体生活中感到温暖，心情愉快，形成安全感、信赖感。

（2）与家长配合，根据幼儿的需要建立科学的生活常规。培养幼儿良好的饮食、睡眠、盥洗、排泄等生活习惯和生活自理能力。

（3）教育幼儿爱清洁、讲卫生，注意保持个人和生活场所的整洁和卫生。

（4）密切结合幼儿的生活进行安全、营养和保健教育，提高幼儿的自我保护意识和能力。

（5）开展丰富多彩的户外游戏和体育活动，培养幼儿参加体育活动的兴趣和习惯，增强体质，提高对环境的适应能力。

（6）用幼儿感兴趣的方式发展基本动作，提高动作的协调性、灵活性。

（7）在体育活动中，培养幼儿坚强、勇敢、不怕困难的意志品质和主动、乐观、合作的态度。

（二）语言

（1）创造一个自由、宽松的语言交往环境，支持、鼓励、吸引幼儿与教师、同伴或其他人交谈，体验语言交流的乐趣，学习使用适当的、礼貌的语言交往。

（2）养成幼儿注意倾听的习惯，发展语言理解能力。

（3）鼓励幼儿大胆、清楚地表达自己的想法和感受，尝试说明、描述简单的事物或过程，发展语言表达能力和思维能力。

（4）引导幼儿接触优秀的儿童文学作品，使之感受语言的丰富和优美，并通过多种活动帮助幼儿加深对作品的体验和理解。

（5）培养幼儿对生活中常见的简单标记和文字符号的兴趣。

（6）利用图书、绘画和其他多种方式，引发幼儿对书籍、阅读和书写的兴趣，培养前阅读和前书写技能。

（7）提供普通话的语言环境，帮助幼儿熟悉、听懂并学说普通话。民族地区还应帮助幼儿学习本民族语言。

（三）社会

（1）引导幼儿参加各种集体活动，体验与教师、同伴等共同生活的乐趣，帮助他们正确认识自己和他人，养成对他人、社会亲近、合作的态度，学习初步的人际交往技能。

（2）为每个幼儿提供表现自己长处和获得成功的机会，增强其自尊心和自信心。

（3）提供自由活动的机会，支持幼儿自主地选择、计划活动，鼓励他们通过多方面的努力解决问题，不轻易放弃克服困难的尝试。

（4）在共同的生活和活动中，以多种方式引导幼儿认识、体验并理解基本的社会行为规则，学习自律和尊重他人。

（5）教育幼儿爱护玩具和其他物品，爱护公物和公共环境。

（6）与家庭、社区合作，引导幼儿了解自己的亲人以及与自己生活有关的各行各业人们的劳动，培养其对劳动者的热爱和对劳动成果的尊重。

（7）充分利用社会资源，引导幼儿实际感受祖国文化的丰富与优秀，感受家乡的变化和发展，激发幼儿爱家乡、爱祖国的情感。

（8）适当向幼儿介绍我国各民族和世界其他国家、民族的文化，使其感知人类文化的多样性和差异性，培养理解、尊重、平等的态度。

🐦 真题再现

【简答题】简述幼儿社会学习的指导要点。（2016年下半年国家教师资格考试"保教知识与能力"真题）

（四）科学

（1）引导幼儿对身边常见事物和现象的特点、变化规律产生兴趣和探究的欲望。

（2）为幼儿的探究活动创造宽松的环境，让每个幼儿都有机会参与尝试，支持、鼓励他们大胆提出问题，发表不同意见，学会尊重别人的观点和经验。

（3）提供丰富的可操作的材料，为每个幼儿都能运用多种感官、多种方式进行探索提供活动的条件。

（4）通过引导幼儿积极参加小组讨论、探索等方式，培养幼儿合作学习的意识和能力，学习用多种方式表现、交流、分享探索的过程和结果。

（5）引导幼儿对周围环境中的数、量、形、时间和空间等现象产生兴趣，建构初步的数概念，并学习用简单的数学方法解决生活和游戏中某些简单的问题。

（6）从生活或媒体中幼儿熟悉的科技成果入手，引导幼儿感受科学技术对生活的影响，培养他们对科学的兴趣和对科学家的崇敬。

（7）在幼儿生活经验的基础上，帮助幼儿了解自然、环境与人类生活的关系。从身边的小事入手，培养初步的环保意识和行为。

真题再现

【单项选择题】下列不宜作为幼儿科学领域学习方式的是（　　）。（2019年下半年国家教师资格考试"保教知识与能力"真题）

A.直接感知　　　B.实际操作　　　C.亲身体验　　　D.概念解释

参考答案：D　幼儿的科学教育是科学启蒙教育，同时幼儿的思维以具体形象性为主，因而科学领域的学习应注重幼儿的直接经验、实际操作和亲身体验，激发幼儿的认识兴趣和探究欲望，而不宜进行概念讲解。

（五）艺术

（1）引导幼儿接触周围环境和生活中美好的人、事、物，丰富他们的感性经验和审美情趣，激发他们表现美、创造美的情趣。

（2）在艺术活动中面向全体幼儿，要针对他们的不同特点和需要，让每个幼儿都得到美的熏陶和培养。对有艺术天赋的幼儿要注意发展他们的艺术潜能。

（3）提供自由表现的机会，鼓励幼儿用不同艺术形式大胆地表达自己的情感、理解和想象，尊重每个幼儿的想法和创造，肯定和接纳他们独特的审美感受和表现方式，分享他们创造的快乐。

（4）在支持、鼓励幼儿积极参加各种艺术活动并大胆表现的同时，帮助他们提高表现的技能和能力。

（5）指导幼儿利用身边的物品或废旧材料制作玩具、手工艺品等来美化自己的生活或开展其他活动。

（6）为幼儿创设展示自己作品的条件，引导幼儿相互交流、相互欣赏、共同提高。

五、幼儿园教育内容选择的原则

（一）生活性与适宜性原则

生活性原则是指幼儿教育的内容应当尽可能从幼儿的生活出发，即选择基于幼儿生活经验与生活实际，并能丰富幼儿生活经验的内容。适宜性是指幼儿园教育内容的选择，即根据目标、幼儿发展及社会文化发展的需要选择有助于幼儿发展，同时也能为幼儿所理解的内容。根据这两条原则，幼儿园教育内容的选择应当注意两点：第一，选择幼儿生活需要，并为幼儿所熟悉的内容。第二，选择幼儿可以理解的、有益于幼儿发展的内容。

> 🐦 **真题再现**
>
> 【单项选择题】教师在重阳节组织幼儿到敬老院探访老人，这反映幼儿园教育内容选择的（　　）原则。（2018年下半年国家教师资格考试"保教知识与能力"真题）
>
> A.兴趣性　　　　B.时代性　　　　C.生活性　　　　D.发展性
>
> **参考答案**：C　"在重阳节组织幼儿到敬老院探访老人"，结合了生活实际。

（二）全面性与基础性原则

全面性是指幼儿教育的内容是广泛的、多方面的。如果要培养完整的幼儿，幼儿教育的内容就要尽可能地涉及方方面面的内容。基础性是指幼儿教育的内容应是浅显的、具体的、启发性的知识，是为幼儿发展所必需的基础性的知识。这两条原则是根据培养健康与完整的幼儿的目的而提出的。根据这两条原则，幼儿园教育内容的选择应当注意以下两点：第一，在较长教育时段内，尽可能均衡选择幼儿园教育各领域内容。第二，选择基础的、富有启发性的内容。

（三）时代性与民族性原则

时代性与民族性是指幼儿教育的内容既要体现时代发展的特点，又要体现传统文化的特色，坚持这一要求才能使幼儿教育的内容在适应时代变化的同时，又能发扬民族优秀的文化传统。据这两条原则，幼儿园教育内容的选择应当注意：第一，关注当下社会生活中出现的新事物、新情况、新问题，帮助幼儿了解自己所生活的时代与世界。第二，挖掘优秀的传统文化内容，如我国的民间艺术、传统节日、人文景观等。

情境回顾

🔖 复习强化

一、单项选择题

1.（　　）是幼儿园教育目标的核心要求，既是出发点，也是归宿。

A.具备升入小学的知识需求　　　　　　B.身体健康发展

C.道德品质健康发展　　　　　　　　　D.全面和谐发展

2.下列属于制定幼儿园教育目的依据的是（　　　　）。

A.幼儿的爱好和兴趣　　　　　　　　　B.幼儿身心发展的特点和可能性

C.幼儿的知识和能力　　　　　　　　　D.幼儿的性格和气质

3.按幼儿园教育目标层次间的相互关系，周计划目标属于（　　　　）。

A.远期目标　　　　　B.中期目标　　　　　C.近期目标　　　　　D.活动目标

4.下列属于幼儿健康领域教育目标的是（　　　　）。

A.愿意与人交往　　　　　　　　　　　B.具有一定的适应能力

C.愿意讲话并能清楚地表达　　　　　　D.亲近自然，喜欢探究

5.下列属于幼儿艺术领域教育目标的是（　　　　）。

A.能用自己喜欢的方式进行艺术表现活动

B.具备一定的绘画能力

C.能歌善舞

D.能借助工具进行一定的艺术活动

6.幼儿园教育中要注意为幼儿提供丰富的实物材料和真实的生活情形，体现了幼儿教育的（　　　　）。

A.保教结合　　　　B.基础性　　　　　C.启蒙性　　　　　D.直接经验性

7.（　　　　）是基础教育的重要组成部分，是我国学校教育和终身教育的奠基阶段。

A.幼儿园教育　　　　A.小学教育　　　　B.初中教育　　　　D.大学教育

8.下列内容不是幼儿智育任务的是（　　　　）。

A.向幼儿传授系统知识

B.发展幼儿的智力

C.发展幼儿的语言

D.培养幼儿的学习兴趣、求知欲和良好的学习习惯

9."培养幼儿对生活中常见的简单标记和文字符号的兴趣"属于幼儿园（　　　　）领域的教育内容。

A.健康　　　　　　B.语言　　　　　　C.社会　　　　　　D.科学

10."为每个幼儿提供表现自己长处和获得成功的机会，增强其自尊心和自信心"属于幼儿园（　　　　）领域的教育内容。

A.健康　　　　　　B.语言　　　　　　C.社会　　　　　　D.艺术

二、简答题

1.制定幼儿园具体教育目标时应注意哪些问题？

2.我国幼儿园教育的主要目标有哪些？

3. 我国幼儿园的任务是什么？

4. 简述幼儿园健康领域的内容与要求。

三、论述题

1. 论述幼儿"五育"的内容及相关联系。

2. 分析幼儿园教育内容选择的原则。

参考答案

第六章
幼儿园教育活动

君子之教，喻也。

—— 〔战国〕《礼记·学记》

本章导入

学习目标

▶ **知识目标**

1. 了解幼儿园教育活动的含义。
2. 了解幼儿园生活活动、教学活动、游戏活动等教育活动的相关知识。
3. 理解幼儿游戏与幼儿园活动的关系。

▶ **能力目标**

能在幼儿园生活活动、教学活动、游戏活动等教育活动中为幼儿提供指导。

▶ **素质目标**

通过幼儿园教育活动相关知识的学习，能科学运用理论指导工作实践，培养专业能力素养。

● 知识导图

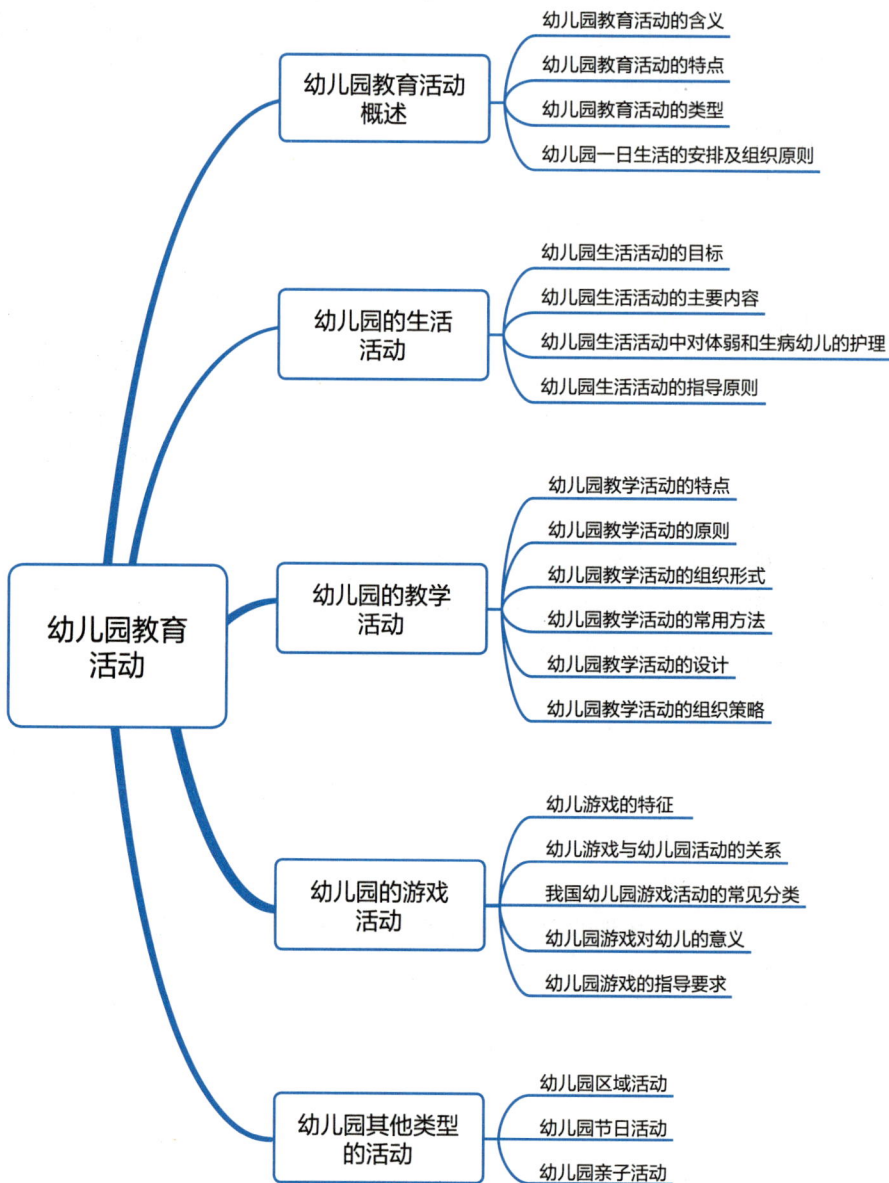

幼儿园教育
活动

幼儿园教育活动
概述
- 幼儿园教育活动的含义
- 幼儿园教育活动的特点
- 幼儿园教育活动的类型
- 幼儿园一日生活的安排及组织原则

幼儿园的生活
活动
- 幼儿园生活活动的目标
- 幼儿园生活活动的主要内容
- 幼儿园生活活动中对体弱和生病幼儿的护理
- 幼儿园生活活动的指导原则

幼儿园的教学
活动
- 幼儿园教学活动的特点
- 幼儿园教学活动的原则
- 幼儿园教学活动的组织形式
- 幼儿园教学活动的常用方法
- 幼儿园教学活动的设计
- 幼儿园教学活动的组织策略

幼儿园的游戏
活动
- 幼儿游戏的特征
- 幼儿游戏与幼儿园活动的关系
- 我国幼儿园游戏活动的常见分类
- 幼儿园游戏对幼儿的意义
- 幼儿园游戏的指导要求

幼儿园其他类型
的活动
- 幼儿园区域活动
- 幼儿园节日活动
- 幼儿园亲子活动

第一节　幼儿园教育活动概述

▶ 情境导入

幼儿园教育活动有哪些

关于幼儿园教育活动的概念说法不一：第一种，幼儿园教育活动就是上课，是让幼儿学习的活动；第二种，幼儿园教育活动就是生活活动、教学活动和游戏活动；第三种，幼儿园教育活动就是幼儿园的一切活动。

思考：你认为幼儿园教育活动是指什么？它主要有哪些类型？

▶ 知识梳理

一、幼儿园教育活动的含义

《纲要》指出："幼儿园的教育活动，是教师以多种形式有目的、有计划地引导幼儿生动、活泼、主动活动的教育过程。"可以从以下三个方面理解幼儿园教育活动的含义。

（一）有目的、有计划

幼儿园教育活动的目的是为所有在园幼儿的健康成长服务，满足幼儿多方面发展的需要，使他们在快乐的童年生活中获得有益于身心发展的经验，为幼儿一生的发展打好基础。为了达到这一目的，幼儿园教育活动的设计与实施需要幼儿教师以《规程》和《纲要》所提出的各领域目标为指导，从幼儿园的实际条件出发，结合本班幼儿的发展水平、经验和需要，制定切实可行的教育活动目标、计划并灵活地执行。

（二）以教师为主导，以幼儿为主体

幼儿园教育活动是由教的活动和学的活动相依相存地复合构成的。其中，教师的"教"是主导活动，幼儿的"学"是主体活动——幼儿教师居于整个教育活动的主导地位，幼儿居于整个教育活动的主体地位。《纲要》指出，在幼儿园教育活动中，幼儿教师是幼儿学习活动的支持者、合作者、引导者，幼儿在教师的引导下呈现主动活动的参与状态，幼儿的主动性、活动性得到最充分的发挥，从而使教育活动发挥积极的教育效果。

真题再现

【单项选择题】幼儿园教师应该是（　　　　）。（2018年下半年国家教师资格考试"保教知识与能力"真题）

A.幼儿学习的引导者、决策者和管理者

B.幼儿学习的支持者、合作者和引导者

C.幼儿学习的引导者、传授者和控制者

D.幼儿学习的管理者、决策者和传授者

参考答案：B 《纲要》指出，"教师应成为幼儿学习活动的支持者、合作者、引导者"。

（三）具有多种组织形式

幼儿园教育活动的设计与实施应根据需要合理安排，要因时、因地、因内容、因材料不同而灵活地运用，以游戏为基本活动，保教并重，采取多元化的组织形式，以激励幼儿的兴趣和培养幼儿的各种能力。所谓的"教育过程"，可以说包括幼儿在园的一切活动，是广义的幼儿园活动。

二、幼儿园教育活动的特点

（一）生活性

幼儿园教育活动的生活性就是幼儿园教育活动要与生活，尤其是幼儿生活紧密联系。在幼儿园教育活动目标的确定、活动内容的选择和活动的组织与实施等方面都要与幼儿的生活紧密相联，将幼儿生活极具教育意义的鲜活事件纳入幼儿园教育活动之中。

（二）游戏性

游戏是幼儿运用一定的知识与语言，借助各种物品，通过身体运动和心智活动，反映并探索周围世界的一种活动。捷克教育家夸美纽斯认为，游戏是母育学校时期对幼儿进行全面教育的手段。德国教育家福禄培尔指出，游戏是幼儿园教育的基础。《规程》指出，幼儿园应当"以游戏为基本活动"。所谓基本活动是指在人生的某个阶段，其出现的频率最高，对人的生存发展最有价值、最适合这一年龄阶段的活动。对于幼儿而言，游戏就是他们的基本活动和权利。

（三）体验性

幼儿由于年龄小、经验少，对于抽象的概念和规则往往很难理解。幼儿园教育活动根据教育目标和要求，为幼儿创设相应的教育环境和提供活动材料，让幼儿在与环境、材料，以及与人的相互交流和作用中，通过自身的感受和活动去获得体验，在体验的过程中，主动学习，获得发展。

（四）综合性

幼儿园教育活动的综合性是指将幼儿园各类或各个教育活动相互联系、相互渗透，综合构成一个整体。各类或各个教育活动都是整体的一个部分，它们综合发挥作用，共同促进幼儿的全面发展。

三、幼儿园教育活动的类型

幼儿居于整个教育活动的主体地位，但教育活动的对象多种多样，构成因素也各不相同，这便形成了不同类型的教育活动。根据不同的标准分类，幼儿园教育活动有多种不同的类型。

不同结构化类型活动的特点

（一）根据活动结构化的程度分类

1.单一科目活动

单一科目活动是由幼儿教师设计活动目标和内容，组织教育活动的过程。此类科目主要有健康、卫生、体育、语言、数学、科学、自然、社会、品德、音乐、舞蹈、手工、绘画、泥塑等。

2.整合科目活动

与单一科目的活动一样，整合科目活动也是由幼儿教师组织和支配活动过程的。两者的区别在于整合科目的活动包含着两个以上科目的活动目标，活动的内容是多元性的，活动的形式是多样化的，在一定程度上实现了幼儿园教育活动的整合性。

3.单元主题活动

单元主题活动，也称综合主题活动，指的是在一段时间内围绕一个中心内容即主题来组织的活动。

4.方案活动

方案活动，也称项目活动，是指幼儿在教师的支持、帮助和引导下，围绕某个大家感兴趣的生活中的话题（主题）或认识中的问题（论题）进行深入研究，在合作研究的过程中发现知识、理解意义、建构认知。

5.区域活动

区域活动，或称区角活动，是指幼儿教师根据幼儿的发展现状和发展目标创设丰富有趣的、多样的学习活动区，提供有深度、有层次的活动材料，幼儿根据自己的兴趣和能力自愿地选择活动材料，在环境中有效地、系统地进行活动，从而得到全面发展。

我国大部分的幼儿园中，区域活动区主要有室外区域活动区和室内区域活动区。室外区域活动区主要包括种植养殖区、大型设施活动区、广场区、玩水玩沙区等；室内区域活动区主要包括美工区、积木区、图书区、角色扮演区、科学区、益智区（操作区）、自然角、表演区等。

（二）根据幼儿园活动的特征分类

1. 生活活动

生活活动是指幼儿园一日生活中的生活环节，是满足幼儿基本生活需要的活动，主要包括入园、进餐、饮水、睡眠、盥洗、离园等环节。生活活动是幼儿一日活动的重要组成部分，贯穿一日生活的始终。生活活动是培养幼儿良好行为习惯的主要途径，如饭前便后洗手、排队喝水等良好习惯的养成；是培养幼儿社会性的主要途径，如分享、合作等品质的养成；为对幼儿进行个别教育提供了最佳时机，如不良习惯的纠正等。因此，在生活活动中，幼儿教师要根据幼儿的身心特点，建立合理的生活常规，逐渐培养幼儿生活自理、自立的良好习惯。

2. 教学活动

教学活动指幼儿教师和幼儿在《纲要》的指导下，有目的、有计划地开展健康、语言、社会、科学、艺术等领域的基础性知识与技能的教与学的活动。幼儿教学活动的核心是幼儿教师对幼儿各种学习活动的组织与指导。从系统传授和学习知识、技能的角度看，教学并不完全适合幼儿园。但是，幼儿园内确实存在初步的知识、技能的教与学的活动，尤其是在我国幼儿园中，教学活动事实上占有重要地位。

3. 游戏活动

游戏既是教育活动的内容，又是教育活动实施的手段和方法，更为幼儿教师提供了评价幼儿的重要线索。由于游戏中包含着各方面发展的可能性，幼儿教师可以通过游戏观察了解班里的每位幼儿，为教育活动的设计、实施与评价提供依据。游戏与教育活动之间存在着一种双向关系，教育活动包含游戏，幼儿的游戏又影响教育活动的内容，游戏是一种有效的教育活动整合机制。生动的游戏方式实现了幼儿园教育活动设计与实施的多元性、活泼性，丰富的游戏内容涵盖了教育活动中的各领域知识，将各领域教学联系起来。

🐦 真题再现

【材料分析题】教师为幼儿制作了一个玩具灶，投放了羽毛、棉花、小木棒、乒乓球等不同材质的物品和扇子，让幼儿猜测哪些物品能被风吹起来并进行验证。

小牛猜想羽毛和棉花能飞起来，就开始扇风，结果发现它们确实能飞起来。他使的劲大了，发现乒乓球也起来了。一直旁观的小雷惊讶地说："原来用劲扇，乒乓球也能飞起来呀！"

问题：游戏中小牛、小雷都在学习吗？请分别说明理由。
（2021年上半年国家教师资格考试"保教知识与能力"真题）

参考解析

（三）根据幼儿园活动的组织形式分类

1. 集体活动

集体活动指的是全班幼儿、全年级幼儿或全园幼儿在幼儿教师直接指导下进行的活动。

不同组织形式
活动的特点

2. 小组活动

小组活动是指两人以上成员，以共同的"任务目标"连接而成的有分工、有配合的活动"共同体"。这种活动形式可以是幼儿教师有计划安排的、由幼儿教师组织引导的活动，也可以是幼儿自发的活动。

3. 个别活动

个别活动指由一位幼儿教师面对一两个幼儿进行指导或是幼儿自发的自由活动。

集体活动、小组活动、个别活动有着不同的教育功能，它们之间应合理交替、互相补充。幼儿教师可以根据不同的年龄、时间、教育内容及目标，选择不同的教育活动组织形式。一般来说，小班幼儿比较适合采用个别活动，而中班、大班的幼儿可适当增加集体活动。

以上种种教育活动类型具有各自的特点和优势，幼儿教师应根据实际情况加以灵活运用，更好地发挥它们的功能和作用。

四、幼儿园一日生活的安排及组织原则

《纲要》指出，幼儿园一日生活的"时间安排应有相对的稳定性与灵活性，既有利于形成秩序，又能满足幼儿的合理需要，照顾到个体差异"。因此，幼儿教师只有合理安排幼儿园的一日生活各环节，才能提高幼儿园一日生活的质量。

（一）幼儿园一日生活的安排

幼儿园一日生活的内容十分丰富广泛，主要包括入园、晨检、早点、早操、有组织的集体或小组活动、户外活动或区域活动、自选游戏、进餐、午睡、游戏与体育活动、离园等。从广义上讲，幼儿园一日生活包括教学活动、游戏活动、生活活动等在幼儿园内发生的一切活动。但从幼儿的角度来讲，这些活动的界限和范围并没那么明显，它们之间往往是一个整体，彼此之间相互联系、不可分割。表6-1是某幼儿园一日生活时间安排。

表6-1　某幼儿园一日生活时间安排（春季）

时段	活动
7：30—8：00	晨检、入园接待
8：00—8：30	晨间活动
8：30—8：50	早操
8：50—9：00	晨间谈话
9：00—10：10	教学活动

续表

时段	活动
10：10—11：00	户外活动与室内外自选游戏
11：00—11：10	盥洗与餐前准备
11：10—11：40	午餐
11：40—12：00	餐后自选游戏（散步、如厕）
12：00—14：30	午睡
14：30—15：00	起床、如厕、梳头、盥洗、喝水
15：00—15：20	午点
15：20—16：20	户外活动
16：20—17：00	如厕、喝水、室内自选游戏
17：00—17：30	离园活动

（二）幼儿园一日生活的组织原则

1. 充分利用环境资源

幼儿是在不断地与环境中的人和物相互作用的过程中发展起来的。幼儿教师在一日生活的组织和指导过程中，应充分挖掘幼儿园内部和外部环境中的信息资源，如社会资源、家庭资源等，将其转化为可利用的教育资源，丰富幼儿园一日生活的内容，还要巧妙地利用资源优势，更好地优化幼儿的活动环境。

2. 组织形式多样化

幼儿园一日生活中蕴含着丰富的教育内容，幼儿教师可以通过多种渠道来挖掘一日生活中的教育素材，提取有价值的教育内容，丰富幼儿各方面的知识，提升幼儿的生活经验和学习经验，将幼儿行为规范的练习、品德教育等渗透到一日生活之中，采用小组合作或区域活动等方式对幼儿进行全面发展教育，并采取个别活动、小组活动和集体活动相结合的形式，提高一日生活的有效性，借助幼儿园的一日生活提高幼儿各方面的综合素质。

3. 建立良好的师幼关系

幼儿一天的大部分时间是在幼儿园中度过的，师幼关系不仅影响幼儿的情绪、情感的正常发展，而且影响幼儿身心健康的发展。在一日生活的各项活动中，建立良好的师幼关系，使幼儿感觉到幼儿教师是值得信赖的，感觉安全、温暖，消除焦虑、紧张等消极情绪，从而更积极地投入各环节的活动中，主动学习、主动交往，身心得到健康发展。

4. 注重幼儿个体发展

幼儿的活动，如游戏、上课、进餐、睡眠等，是幼儿教师按照教育目标特别组织的，幼儿教师直接指导幼儿的活动要保证幼儿的积极参与，因为它是幼儿获取知识经验、培养各种习惯、进行全面发展的良好途径。同时，幼儿教师应该为幼儿提供自己选择活动的时间和机会，保证幼儿每天有适当的自主选择和自由活动时间，这可以培养幼儿的自主性、独立性，学会对自己的选择负责。在安排幼儿一日生活时，要避免时间的隐性浪费。

5.重视幼儿习惯养成

幼儿良好行为习惯的养成，正是在重复性的一日生活过程中，在幼儿教师经常性的示范和提醒之下，通过正向的榜样和强化而逐渐达到的一种自动化的联结状态。而这种自动化行为的形成是建立在长期一致、一贯的正向联结之下的。因此，幼儿教师应通过耐心的教育和引导，促进幼儿形成良好有序的生活习惯，为以后的学习和生活奠定良好的基础。

6.综合运用多类活动

除生活活动、教学活动、游戏活动、区域活动外，幼儿园还可开展亲子活动、户外活动和节日活动等，这些活动既可以单独进行，也可以融合到其他各类活动中。各类活动各具特点，功能各异，因而在组织和管理时要根据幼儿的需要和实际情况选择相应的策略，将各种活动灵活地交织在幼儿园一日生活中，共同促进幼儿的全面发展。

情境回顾

真题再现

【论述题】试述科学安排幼儿园一日生活的原则。（2019年下半年国家教师资格考试"保教知识与能力"真题）

第二节 幼儿园的生活活动

情境导入

生活活动与幼儿发展

班级里有几个幼儿不爱主动喝水，为了满足幼儿的个体需要，激发幼儿喝水的主动性，老师在饮水机旁创设了一块"喝水乐乐"的墙饰，墙上贴着每个幼儿的照片，照片下面是一只小纸袋，同时还提供了一些贴纸。老师请幼儿每喝完一杯水就取一张贴纸贴在自己的照片下面，希望以此激发幼儿喝水的主动性、积极性。通过贴纸的数量老师也可以及时了解每个幼儿的喝水情况，以便适时提醒幼儿喝水。果然，墙饰创设的当天，幼儿喝水的主动性便有了明显提高。

笔记栏

> 思考：幼儿教师为什么要设计墙饰？幼儿园生活活动包含哪些方面的内容？

▶ 知识梳理

一、幼儿园生活活动的目标

（一）总体目标

根据《纲要》的精神和有关规定，我们可以这样理解幼儿园生活活动的总体目标：一是培养幼儿良好的作息、睡眠、如厕、盥洗，以及整理自己衣物、玩具等的良好习惯；二是帮助幼儿了解基本的卫生常识，学会多种讲究卫生的技能，逐步提高其生活自理的能力；三是帮助幼儿学会用餐方法，培养其良好的饮食习惯。

（二）阶段目标

1. 小班生活活动的目标

（1）了解盥洗的顺序，初步掌握刷牙、洗手等的基本生活方法。

（2）知道穿脱衣服的顺序。

（3）学习保持自身的清洁，会使用小毛巾。

（4）学会坐、站、行等正确姿势及良好的作息习惯。

（5）学会在轻松自然的气氛中进餐，保持情绪愉快。

（6）初步形成良好的进餐习惯，懂得就餐卫生。

（7）形成爱吃各种食物和主动饮水的习惯。

2. 中班生活活动的目标

（1）学习脱衣服、整理衣服。

（2）学习整理玩具，能保持玩具清洁。

（3）有初步的生活自理能力。

（4）爱吃各种食物，知道喜欢吃的东西不宜多吃，身体超重也会影响健康。

（5）巩固良好的饮食习惯。

3. 大班生活活动的目标

（1）学会保持个人卫生，并能注意生活环境卫生。

（2）巩固良好的生活卫生习惯和生活自理能力。

（3）正确使用筷子就餐。

（4）知道有些食品不能吃，有些不宜多吃，否则会影响身体健康。

二、幼儿园生活活动的主要内容

（一）入园活动

入园活动是幼儿一天集体生活的开始。由于幼儿是陆续到园，幼儿教师需要分别接待，因而早晨接待幼儿入园的时间，也是幼儿教师进行个别教育、开展家长工作的良好时机。从幼儿陆续入园到早操这段时间里，幼儿教师的主要任务如下。

1.接待幼儿和家长

幼儿教师要以亲切、热情的态度接待幼儿和家长，观察与了解幼儿的情绪，进行必要的衣物、药物交接，因势利导地对幼儿和家长进行个别教育。

2.晨间检查

晨间检查的一般方法是：一看，指看脸色、看皮肤、看眼神、看咽喉；二摸，即摸摸是否发烧，摸腮腺是否肿大；三问，即问幼儿在家吃饭情况，睡眠是否正常，大小便有无异常；四查，即检查是否携带不安全物品。

3.组织幼儿开展活动

本活动以分散活动、自由活动为主，如小游戏、照料自然角、画画、看书等，一般以安静活动为宜，随后让幼儿在活动中逐渐由静向动转化，使其神经逐渐兴奋起来。

4.晨间谈话

这是入园活动的结束，幼儿教师要面向全体幼儿进行谈话，对晨间活动进行小结，对后续活动提出要求。幼儿教师与幼儿的谈话要亲切、自然，时间要短。

（二）进餐活动

1.进餐准备

幼儿的进餐活动应在整洁、轻松、愉快的氛围下进行。为此，幼儿教师要做好餐前的各项准备工作。在进餐前半个小时，应该结束其他活动，让幼儿收拾好各自使用的玩具，整理好活动室。幼儿教师要快速安排餐桌，用消毒水擦拭餐桌，分发碗筷和餐巾，与此同时，要组织幼儿有序地如厕和饭前洗手，并提醒幼儿洗手后保持手的清洁，不能乱摸其他东西。进餐前幼儿教师可以为幼儿放一些优美、轻松的音乐或故事，也可以进行一些语言或手指的安静游戏，以安抚幼儿的情绪，培养他们安静等待进餐的习惯。幼儿教师还可以向幼儿介绍当天的食物，以此引起他们的食欲，帮助他们克服挑食、偏食的毛病。

2.进餐过程

幼儿教师要在幼儿就餐时，积极制造一种欢快的气氛，同时还应注意如下事项。

（1）认真细致地观察幼儿进餐的情况，如餐具的使用方法、坐姿、咀嚼食物的方法，以及进餐时幼儿的情绪状况等。

（2）对于食欲不佳或吃饭较慢的幼儿，幼儿教师要先弄清原因，然后给予指导和照顾，切忌大声呵斥，或随意催促幼儿"快吃"，也不要搞所谓的"比一比谁吃得快"的竞赛。

（3）幼儿要求添饭时，幼儿教师要看他们是否吃干净，或者嘴里的饭是否咽干净，尽量做到"少盛多添"。

3. 进餐结束

幼儿进餐结束后，幼儿教师要引导他们收拾自己的餐具并放在指定的位置，同时引导他们礼貌地搬椅子让位。小班幼儿可以先吃完先离开，中班、大班幼儿则可请值日生专门在指定的地点整理餐具。同时，幼儿教师要让幼儿养成饭后洗手、漱口、擦嘴的好习惯，并培养幼儿爱惜粮食、珍惜他人劳动成果的良好品质。另外，若有生病的幼儿，幼儿教师还应协助保健医生按时定量给病儿服药。

（三）饮水活动

在组织幼儿饮水时要做好的工作有：给幼儿的水杯做记号，将水杯放在固定位置；指导并提醒幼儿用自己的水杯接水，培养幼儿一人一杯的良好习惯，通过故事等形式告诉幼儿一人一杯更卫生的道理；指导并提醒幼儿喝多少接多少，不浪费水；喝水的地方常会造成拥挤，以致打翻水杯，要组织幼儿有秩序地排队接水，可运用图示等小策略；在一日活动的各环节注意提醒幼儿随时喝水，通过丰富多彩的活动和环境的创设，培养幼儿饮水的兴趣与习惯。

（四）睡眠活动

1. 睡眠准备

在幼儿睡觉前，幼儿教师应提前做好通风换气、拉好窗帘、铺好床铺等准备工作，以便为幼儿创设一个舒适、安静、温馨的睡眠环境。

（1）幼儿的床铺应根据季节及气温的变化适当调节被褥的厚薄，还要及时通知家长为幼儿调换被褥。

（2）检查床铺上有无杂物，并禁止幼儿将铅笔、小绳、橡皮筋、串珠、纽扣等物品带进寝室，以免幼儿睡觉前玩弄，尽量减少潜在的危险。

（3）对中班、大班幼儿，可要求他们自己脱衣服和鞋袜，并折叠整齐，摆放在指定位置。小班幼儿则需要幼儿教师的帮助或个别指导，尤其是在睡前提醒幼儿先大小便、洗手，然后再上床。

（4）为了使幼儿尽快入睡，可以在睡前组织幼儿散步或进行安静的游戏活动，尽量保持他们情绪的稳定和安静。新入园的小班幼儿，可能会有恋家、恋床、恋物等表现，如抱着家中的枕头或者需要摸着大人的脸、耳朵、头发等才能入睡的现象。对此，幼儿教师可给予特殊的关照，允许他们一开始保持自己的入睡习惯，甚至是陪伴他们入睡，然后慢慢地帮助他们改变和克服这样的习惯。

2. 睡眠过程

幼儿教师应随时关注幼儿的整个睡眠情况。例如，幼儿睡姿是否正确，被子是否盖好等。对于入睡困难的幼儿，幼儿教师应坐在他的身边小声督促他尽快入睡；对于爱做小动作的幼儿，幼儿教师可以握住他的小手帮他入睡；对于生病的幼儿，幼儿教师尤其要细心观察，如发现问题要及时处理。

3. 睡眠结束

睡眠结束后，小班幼儿可逐个起床，中班、大班幼儿可以让他们在规定时间内共同起床，并注意提醒幼儿整理好自己的床铺，鼓励先整理完床铺的幼儿帮助其他同伴整理床铺，也可以让他们互相扣纽扣、拉拉链、系鞋带等。幼儿教师还要及时提醒幼儿根据天气变化增减衣物。幼儿起床后，幼儿教师应引导他们先小便、洗脸、喝水，做好进行户外活动的准备。

（五）如厕活动

如厕对幼儿的常规要求主要有：懂得在幼儿园如厕是件很正常的事，不紧张，不拒绝；懂得及时排便对身体有好处，有便意时知道自己如厕或告知成人，能及时排便；能自己脱裤子、提裤子，大小便入池，便后自理；定时排便，便后冲水，便前便后洗干净手；知道在厕所逗留、玩耍有危险，能安静、有序如厕；了解大小便与身体健康的关系，初步具有关注身体健康的意识，养成良好的如厕习惯。

《规程》规定："幼儿园应当培养幼儿良好的大小便习惯，不得限制幼儿便溺的次数、时间等。"幼儿教师在指导幼儿如厕时，应注意满足幼儿正常生理排泄的需要，帮助幼儿学习并掌握如厕的技能，了解如厕行为与身心和谐健康的关系。

真题再现

【单项选择题】对幼儿如厕，教师最合理的做法是（   ）。（2017年下半年国家教师资格考试"保教知识与能力"真题）

A. 允许幼儿按需自由如厕　　　　B. 要求排队如厕

C. 控制幼儿如厕次数　　　　　　D. 控制幼儿如厕的间隔时间

参考答案：A《规程》第二十二条第二款规定："幼儿园应当培养幼儿良好的大小便习惯，不得限制幼儿便溺的次数、时间等。"因此，A项最合理。

（六）盥洗活动

1. 盥洗设备

幼儿使用的盥洗室，场所要宽敞，洗手池、便池、毛巾架等要适合幼儿；室内应常备毛巾、肥皂、卫生纸等物品；便池、水龙头的数量要满足幼儿的使用；室内地面要防滑，悬挂物件的挂钩，钉子应钉在幼儿碰不到的地方；洗衣粉/液、消毒液乃至灭蚊蝇的药物等物件的放置要安全隐蔽，以防幼儿误碰、误食；室内保证干净无

笔记栏

异味，定期消毒，幼儿所使用的毛巾等物品，也要常洗、常晒、常消毒。

2. 盥洗过程

幼儿教师应充分利用盥洗活动，教会幼儿盥洗的程序和方法，在实际生活中，还要向幼儿提出如下要求。

（1）有秩序地排队如厕、洗手，不准推挤。

（2）不在盥洗室内大声喧哗或追跑嬉戏。

（3）盥洗时不玩水和香皂。

（4）洗漱后，要在水池中甩掉手上的水再离开，不把水甩在别人身上和地板上。

（5）盥洗结束后一定要关好水龙头，并互相提醒要节约用水。

（七）离园活动

离园活动是幼儿一天集体生活的结束。它是幼儿从集体生活转入分散的家庭生活的过渡阶段。此阶段幼儿教师的主要任务是：做好结束工作，使幼儿愉快地离开集体。结束工作包括引导幼儿做好清洁整理工作，进行总结谈话，将幼儿交给家长等。离园活动一定要注意幼儿的安全，及时清点幼儿人数。

三、幼儿园生活活动中对体弱和生病幼儿的护理

（一）及时与家长沟通幼儿情况

对于体弱或生病的幼儿，幼儿教师要及时与家长沟通，了解该幼儿的详细情况，便于在园中进行照顾和护理。

（1）幼儿入园时，和家长进行简短交谈，问清幼儿病情，判断幼儿是否适合入园。

（2）做好与家长的交接工作，特别是需要按时吃药的，一定要记下吃药的时间和剂量。

（3）离园时，教师可用简短的语言向家长介绍幼儿在园的各种情况，包括用药情况，必要时给予家长一些护理指导。

（4）在生活活动过程中幼儿如出现异常情况应及时与家长沟通。

（二）对幼儿进行全日观察

幼儿教师之间要相互配合，根据保健医生提出的需要观察本班体弱幼儿和生病幼儿的情况，进行观察记录。对有特殊症状的幼儿，根据症状观察，对于他们体温的变化、是否咳嗽、是否呕吐等情况要时刻关注，如对咳嗽幼儿应重点观察白天的咳嗽情况，对哮喘幼儿重点观察气喘情况等，并做好个案记录。一般每日上午、午餐后、下午起床后各填写记录一次，并在生活、饮食、大小便上细心护理，给予照顾。

（三）幼儿生活活动中的特别护理

对于体弱或生病的幼儿，幼儿教师都应给予悉心照顾和特殊护理。

（1）对于需要吃药的幼儿，幼儿教师要按照家长交代的要求，按时、按剂量让其吃药。药品应放在幼儿不易拿到的地方。

（2）在进餐时，幼儿教师要针对生病幼儿的实际情况给予照顾或指导、帮助。对于身体不适或有特殊需要的生病幼儿，幼儿教师要通知厨房做病号饭。

四、幼儿园生活活动的指导原则

在指导幼儿时，幼儿教师应遵循以下原则。

（一）保教结合原则

保教结合原则是指在全面、有效地对幼儿进行教育的同时，重视对幼儿生活上的照顾和保护，保教合一，确保幼儿真正健康、全面地发展。例如，组织幼儿午睡，幼儿教师要为幼儿营造安静舒适的睡眠环境，保证幼儿充足的睡眠；利用午睡环节指导幼儿正确穿脱衣裤、叠放衣服，培养生活自理能力；引导幼儿在穿脱衣服、整理床铺等方面互相帮助，培养助人为乐的品德；指导幼儿睡眠过程中遵守不说话、不影响他人睡眠等集体规则。只要幼儿教师牢固树立保教结合观念，心中装有教育目标，就会自然地将教育渗透于一日生活中，发挥生活活动的最佳效益。

（二）主体性原则

主体性原则是指在幼儿园教育活动中应始终将幼儿作为实践活动的主体，让幼儿在学习过程中充分体现出自主性、能动性、创造性。幼儿在生活活动中具有强烈的主体意识，幼儿教师应为幼儿提供形式多样、生动有趣的练习机会，引导幼儿主动活动，同时辅以讲解、示范和提示。通过幼儿的主动学习和反复练习，让幼儿获得经验，提高能力，养成习惯。例如，在进餐过程中，引导幼儿主动做餐前、餐后的整理工作，擦桌子、添饭、漱口、擦嘴，将餐具、餐巾放到指定位置等。将这些多数由成人来做的事变成幼儿自身的事，让他们在参与中体验生活、增长生活经验。

（三）个别化原则

个别化原则是指教育过程中，幼儿教师在关注全体幼儿的同时，还应重视幼儿的个别差异，有针对性地采取不同的有效方式，促进每个幼儿的发展。在生活活动中，幼儿教师应尊重幼儿生活习惯的个别化。每个幼儿来自不同的家庭，每个家庭都有各自的生活习性，开展"生活教育"应考虑到幼儿不同的生活背景、不同的体质等差异情况，切忌"一刀切"的做法。在对待一些比较特殊的幼儿时，幼儿教师应给予他们更细致入微的呵护、照顾和指导。

（四）一致性原则

一致性原则即指教育要求的一致性。幼儿园各年龄班幼儿生活活动的内容基本相同，要求在逐步提高。从小班到大班，应一致、连贯地加以培养，幼儿教师之间

笔记栏

也应相互协调，要求一致；此外，幼儿园还应与家庭相互协调、步调一致地做好幼儿生活活动的指导。幼儿园应通过多种途径，了解幼儿在家庭的生活情况，有的放矢地开展家庭教育指导，争取让家长在节假日也安排好幼儿的一日生活，饮食、起居要有规律，家园共育，培养幼儿良好的生活卫生习惯。

情境回顾

第三节　幼儿园的教学活动

情境导入

第一个集体教学活动开始了，刘老师在组织音乐活动。她一边在黑板上画着什么，一边手舞足蹈地演示着歌词内容，可幼儿的兴致似乎不高，教室里开始骚动起来。刘老师发现了这个苗头，赶紧整顿纪律。接下来是学唱歌曲，刘老师走到钢琴边背对着幼儿，开始自弹自唱起来，可能歌声不是很动听，教室里又开始骚动起来，幼儿有的自导自演，乐在其中，有的面对面拉起家常，而刘老师还沉浸在歌声中……

思考：本次教学活动的效果如何？幼儿园教学活动的原则和方法主要有哪些？

知识梳理

一、幼儿园教学活动的特点

（一）教学内容相对灵活

中小学的教学载体是系统的学科知识，对教学内容有严格的规定，教学内容通过教材来体现。而幼儿园教学则不然，没有系统的学科知识任务，学习内容常常具有随机性，没有任何强制性，只要遵循总的幼儿教育目标、内容和要求就行了。教学的素材往往来自幼儿的生活和游戏，而不是教材。

（二）教学形式以游戏为主

幼儿的身心特点决定了幼儿不可能长时间地保持注意力的集中。对幼儿而言，生活是重要的学习内容，也是重要的学习途径，但幼儿自身的认知往往是松散的，以知识碎片即经验的形式出现。因此，幼儿园教学应通过游戏为主的方式，让幼儿在有目的、有计划的交往活动中逐步接触、理解知识，由此得到相关的生活经验。

笔记栏

（三）教学过程不等于上课

虽然幼儿园的教学采取了上课的形式，但这种"上课"只是幼儿园各类活动之一。幼儿园课程改革的一个重要指导思想，就是不能只重"上课"这一种教学形式，而忽视其他各类教学活动，这是由幼儿的年龄特点所决定的。

（四）教学评价具有过程性和多元性

幼儿园教学活动的评价应重视对知识的建构过程而不是结果的评价。过程取向评价强调把幼儿在教学过程中的全部情况都纳入评价的范围。幼儿园教学评价是以促进幼儿全面的、整体的发展为目的的，它不仅关注幼儿认知的发展，更关注幼儿多方面的发展；不仅关注幼儿目前的发展状况，同时又关注幼儿过去和将来的发展状况。

二、幼儿园教学活动的原则

幼儿园教学活动的原则贯穿于幼儿园教学活动的全过程和各个方面。

（一）思想性原则

思想性原则是指幼儿园教学活动必须向幼儿进行道德品质教育，贯彻完成幼儿园德育教育的任务。也就是说，教学活动要寓德育于各项活动之中，就是通过各种教学活动，运用多种教育手段和方法，遵循一定的准则，对幼儿实施品德教育。要使幼儿具有良好品德，幼儿教师自身必须具备良好品德，为幼儿树立学习、模仿的典范。从小就抓紧良好的品德教育，将为培养有理想、有道德、有文化、有纪律的一代新人打下坚实的基础。

（二）科学性原则

科学性原则是指向幼儿传授的知识与技能应该是正确、可靠的，是符合客观规律的。教学活动的内容安排、组织形式的选择和教学方法的运用应符合幼儿的年龄特点和认识事物的规律，应是切实可行的。幼儿园教学活动坚持科学性原则是极其重要的，它既能让幼儿在发展的最佳时期获得大量正确、可靠的知识和技能，迅速提高其智力水平，又可为他们将来进一步提高奠定良好的基础。

（三）发展性原则

发展性原则是指幼儿园教学活动要能促进幼儿个性的全面发展，即智力、体力、道德、意志、情感等的发展，使幼儿向最近发展区发展。贯彻发展性原则，就必须在充分了解幼儿已有知识和理解能力、智力水平的基础上提出"略为超前"的适度教育要求，把幼儿发展的可能性与积极引导幼儿发展辩证地结合起来。

（四）直观性原则

直观性原则是指利用幼儿的各种感官和已有经验，通过各种直观手段吸引幼儿注意力，丰富幼儿的直接经验和感性知识，帮助幼儿形成正确的概念，获取知识和技能，发展智力。贯彻这一原则，幼儿教师要根据幼儿不同年龄的发展水平，运用各种形象的手段，从具体的、有情节的事物向无情节的事物过渡，从实物类型的直观向图片、模型等过渡，因为图形直观比实物直观更具有概括性，它能缓和幼儿现有概括水平与提出的教学任务之间的矛盾，是形象思维向抽象思维过渡的有效形式。

（五）启发性原则

启发性原则是指教学活动中幼儿教师必须善于启发诱导，充分调动幼儿学习的主动性和积极性，激发幼儿的求知欲望和探索精神，引导幼儿积极地思考，提高幼儿主动获取知识和运用知识的能力。幼儿的年龄特点决定其还不能把学习的社会意义转化为学习的内在动机，其学习的主动性和积极性，是与他们的兴趣、爱好、好奇心、求知欲望等紧密相联的。因此，要求幼儿教师善于启发诱导，引导幼儿注意仔细观察周围的事物，组织安排幼儿参加丰富多彩的活动，寓教育于具体、生动、形象与兴致勃勃的活动之中，促使幼儿对周围事物和现象产生热爱、兴趣、好奇心，产生吸取知识的需求和内在动机，主动地开动脑筋，思考问题。要培养幼儿初步的抽象能力和创造能力，充分调动幼儿运用已有的知识，使其通过自己的智力活动去获得更多的知识和技能。

（六）趣味性原则

趣味性原则是指在教学活动中，幼儿教师必须使各教学环节充满趣味，以引起幼儿浓厚的学习兴趣，激发幼儿学习的积极性和求知欲，使幼儿在愉快的气氛中，带着喜悦的情绪，全身心地投入活动中去，获取知识和技能。

幼儿时期，认识的发展尚处于无意性占优势的阶段，幼儿的学习往往受兴趣支配，而兴趣的产生主要来自周围环境的影响和刺激，受好奇心理的支配。只有教育教学的内容、活动形式、方法等符合幼儿的特点，使幼儿能接受并产生感兴趣的刺激，才能激发幼儿参加活动的主动性和积极性，产生强烈的求知欲望。这就要求幼儿园的教育教学活动必须结合幼儿的特点进行，以活动全过程各个环节的趣味性来激发幼儿学习的兴趣性和主动性、积极性，让幼儿在整个活动中保持较持久的注意力，身心处于最活跃的状态，内在的潜能得到充分的发挥。

（七）安全性原则

安全性原则是指幼儿教师在组织教学活动时要始终以幼儿的健康、安全为前提。任何有害幼儿身心安全的教学都是不允许的。幼儿教师在选择教学活动的内容时，要设想到实施过程，要提前预见是否会出现不安全的因素。幼儿教师在选择教学活动的方式方法时，要考虑活动对象的身心特点和年龄特点，确保万无一失，如运用游戏法、操作练习法等方法时，要充分检查材料、环节是否安全。

三、幼儿园教学活动的组织形式

幼儿园教学活动时间较短，只占幼儿一日活动的一小部分，其组织形式一般为集体教学、分组教学和个别教学三种。集体教学活动是幼儿在同一时间、同一地点以同样的方式学习同样内容的组织形式，是幼儿园活动中常见的形式之一，是我国长期存在的教学组织形式。分组教学活动是由幼儿教师根据教学需要，或者依据幼儿的不同水平、不同兴趣把全班幼儿分成两个以上的小组，根据各组特点分别开展教学活动。个别教学活动是幼儿教师通过一对一等形式，根据幼儿个体的兴趣需要、不同能力水平开展的有针对性的教学活动，一般包括具有特殊才能或发展障碍幼儿的个别教育，以及个别幼儿自由选择的区域活动。

四、幼儿园教学活动的常用方法

幼儿园教学活动的方法是指幼儿教师为了完成一定的教学任务，达到一定的教学目的，在教学活动中采取的办法。

（一）以直接感知为主的教学方法

以直接感知为主的教学方法是幼儿教师在教育过程中配合讲述、讲解，向幼儿展示实物、教具或示范性实验和表演，借以说明与印证所讲授知识的一种方法。

1.观察法

观察法是指幼儿教师有计划、有目的地引导幼儿感知客观事物的一种方法。它包括幼儿在幼儿教师指导下有目的地进行的观察和幼儿自发的观察两种类型，也包括个别物体观察、比较性观察、长期系统性观察等形式。这是科学领域、艺术领域等教学的主要方法。

> **真题再现**
>
> 【单项选择题】在科学活动"奇妙的气味"中，教师准备了分别装有水、食醋、酱油等液体的瓶子，请幼儿看一看，闻一闻。幼儿在活动中使用了什么方法？（　　　）（2021年上半年国家教师资格考试"保教知识与能力"真题）
>
> A.实验　　　　B.参观　　　　C.观察　　　　D.讲述
>
> 参考答案：C。

2.演示法

演示法是指幼儿教师在教学中向幼儿出示各种实物、教具、模型进行示范性操作的一种方法，常与讲述法、谈话法一起使用。运用演示法的要点是选择恰当的时机，激发幼儿的新鲜感，使全体幼儿都能看清演示的对象，把注意力集中在对象的主要方面，辅以简明扼要的讲解和谈话，使演示的事物与所学的知识紧密结合，将个别的知识归纳成为完整的知识。演示要技巧熟练、造型准确、程序正确、动作清楚、速度适宜。演示的时间要短，根据需要可面向全班、小组或个人进行。

笔记栏

3. 示范法

示范法是指幼儿教师通过自己的语言、动作所做的教学表演，为幼儿提供具体模仿的范例。幼儿教师为幼儿提供多种多样的模仿对象（动作、语言、声音、图画、剪纸或典型事例），引导幼儿进行模仿学习。在语言活动、科学活动的教学中，幼儿教师经常运用语言示范，发展幼儿叙述、描写、创造性讲述及朗诵能力；在美工、音乐、体育教学中则通过动作示范帮助幼儿掌握学习内容和动作。

（二）以语言为主的教学方法

以语言为主的教学方法是指幼儿教师通过讲述和讲解，向幼儿描绘情境、叙述事实、解释概念、说明道理，使幼儿直接获得知识的教学方法，主要包括讲解、谈话、讨论等具体方法。

1. 讲解法

讲解法是指幼儿教师通过口头语言向幼儿解释和说明知识、材料、规定、要求等的教学方法。运用讲解法的要点是抓住重点、难点和关键，深入浅出，必要时可适当重复。幼儿教师讲解的语言要准确、清晰、简练、形象、生动、通俗易懂，符合幼儿的接受水平和理解能力，能引起幼儿的兴趣，引导幼儿思考问题。

2. 谈话法

谈话法也称问答法，是指以提问、答问、讨论等方式进行教学的方法。幼儿教师可以通过提问，引导幼儿运用已有的知识经验自由地表达自己的感受和体验，借以获得新知识或检查知识、巩固知识。这种方法容易集中幼儿的注意力，激发幼儿积极的思维活动，发展语言表达能力，提高教学效果。谈话法包括启发式谈话、再现谈话、讲授谈话等形式。运用谈话法的要点是：要在幼儿已有的知识经验基础上进行；所提的问题须经过周密思考，要围绕主题紧扣教学目的，具体明确，富有启发性，既要面向全体幼儿，又要照顾个别幼儿的水平；问题要有逻辑性，以引起幼儿步步深入思考；教会幼儿注意听清问题，培养幼儿回答问题的能力和良好的习惯；要注意耐心倾听幼儿的回答，及时肯定、补充，做出明确的结论；鼓励幼儿质疑。

3. 讨论法

讨论法是指使幼儿在幼儿教师的指导下就某种问题、现象互相启发、交换看法以获取知识的一种教学方法。讨论的具体方式可以灵活多样，有成对交换意见、分小组讨论、全班讨论。与前两种方法相比，讨论法能给幼儿更大的空间和自主性，幼儿有更多的机会表达自己的意见，而且还可以从同伴中听到各种不同的意见，培养分析问题、解决问题的能力，以及口头表达的能力。

（三）以实践为主的教学方法

以实践为主的教学方法是指幼儿教师在教育教学活动中，创设以幼儿为主体的实践活动，在活动中训练幼儿的各种感官，并使其进一步理解知识、巩固技能、加深记忆的一种教学方法，包括练习、操作、游戏等具体方法。

1. 练习法

练习法是指幼儿教师通过多次重复活动帮助、辅导幼儿，使幼儿熟练地掌握知识和技能的一种方法。它是巩固新知识，形成技能技巧和习惯的基本方法。运用练习法的要点是：使幼儿明确练习的目的、任务和具体要求，在理解的情况下自觉练习；运用正确的练习方法，伴随讲解和示范，指出难点和易犯的错误，使幼儿获得有关练习方法和实际运用的清晰表象；根据练习材料的性质和幼儿的年龄特点，适当分配练习的分量、次数和时间；练习的方式要多样化，以提高练习的兴趣，避免单调、乏味的重复；练习中要先求正确后求熟练，逐步提高要求，及时评价指导，让幼儿知道练习的结果；加强个别辅导，及时纠正错误，以免形成习惯后不易纠正，对能力差的幼儿要多给予练习的机会和具体的帮助。

2. 操作法

操作法是指使幼儿通过亲自动手操作直观教具，在摆弄物体的过程中进行探索，从而获得知识、经验和技能的一种教学方法。操作可以是个体的，也可以是集体的，常结合游戏、练习等方法使用。幼儿教师运用操作法要注意：明确操作的目的，为幼儿提供充足的操作材料，一般人手一份；给幼儿充分的操作时间去摆弄物体，去思考和探索，以达到操作的目的，充分发挥教具、材料的作用，切忌走过场；在幼儿动手操作之前，应向幼儿说明操作的目的、要求和具体的操作步骤、方法；在幼儿操作的过程中，观察幼儿的操作情况，及时发现问题，引导幼儿积极思考和探索；最后讨论操作的结果，帮助幼儿将他们在操作中获得的感性经验予以整理归纳，明确概念；操作应根据不同的教学内容及不同的幼儿年龄提出不同的要求。

3. 游戏法

游戏法是指幼儿教师通过有规则的游戏活动开展教学的一种方法。运用游戏法来组织教学能够引起幼儿学习的兴趣，调动幼儿活动的主动性、积极性，以取得良好的教学效果，是深受幼儿欢迎的一种教学方式。运用游戏法的要点如下。

（1）游戏的内容要健康，要有益于幼儿的身心发展。

（2）根据不同的教育目标和教育内容选择、创编不同形式的游戏。

（3）重点指导幼儿遵守游戏规则，克服困难，独立或与同伴合作完成游戏。

（4）根据游戏的内容及形式的不同，采用不同的指导方法。

（5）在游戏中要注意培养幼儿之间的合作、谦让、友爱、互助等优秀品质。

真题再现

【单项选择题】在"秋天的树"美术活动中，教师不适宜的做法是（　　）。（2016年上半年国家教师资格考试"保教知识与能力"真题）

A. 让幼儿按照教师的范画绘画

B. 组织幼儿观察幼儿园的树

笔记栏

C.提供各种树的照片组织幼儿讨论

D.引导幼儿观察有关树木的名画

参考答案：A　尊重幼儿自发的表现和创造，并给予适当的指导。幼儿绘画时，不宜提供范画，特别不应该要求幼儿完全按照范画来画。故本题选A。

五、幼儿园教学活动的设计

幼儿园教学活动设计是指幼儿教师在尊重幼儿身心发展的特点与规律，以及了解和掌握幼儿现有水平和发展需求的基础上，对教学活动的目标、内容、实施步骤的预期方案。幼儿园教学活动设计由两部分组成：一是对幼儿园教学活动的整体设计；二是具体教学活动的计划设计，即编写教案。

（一）幼儿园教学活动设计的类型

在幼儿园教学活动中，有时要求幼儿教师在活动前进行预先设计，即在分析本班幼儿目前知识能力发展特点和需要的基础上，结合教育目标的要求，选择合适的教育内容和方法，设想活动的进程、步骤、可能出现的问题及解决方法等；有时则要求幼儿教师在教学活动现场进行生成设计，即在开展教学活动的过程中，密切关注幼儿的活动情况，针对幼儿在教学过程中出现的问题、现象，及时调整原来的计划，为接下来要进行的有针对性的教学活动而临时设计，这种设计既可以是对预先设计中某个环节的临时调整，也可以是幼儿教师针对教学活动的具体情况而进行的临时设计，这种设计很考验教师的教学机智；有时是在活动结束后，幼儿教师根据教学活动中幼儿的实际表现进行反思，对已完成的教学计划进行修改和补充，其目的是更好地组织下一次教学活动。

（二）教学活动设计的具体步骤

1.确定活动的目标

确定教学活动目标有两个依据：一是要遵循我国教育的总目标；二是要符合幼儿生理、心理发展的需要与水平，不能脱离幼儿实际。制定幼儿园教学活动目标要注意：对目标进行科学分解，使活动目标具有可操作性；教学目标的表述全面、准确；保持教学目标的一致性和连贯性。

2.选择活动内容

幼儿教学活动目标是通过活动内容来实现的，活动内容是活动目标的载体。因此，确定了教学活动目标之后，必须广泛搜集有关材料，有比较地选择那些符合幼儿实际的、富有趣味性的教学活动内容；或者对预定的内容进行加工、改造、创新，以增添活动的趣味性和实用性，发挥幼儿的想象力和创造力，使幼儿更为积极地投入活动中去，为他们的全面发展打下坚实基础。

3.选择教学方法和教学组织形式

针对不同的教学活动内容，幼儿教师应科学、有效地选择并运用教学法，以保证幼儿生动、活泼、主动地学习。组织教学活动时选择和使用哪些教学方法，要根据目标和幼儿的年龄特点来决定。一般来说，在教学活动中应综合运用各种方法，以取得良好的教学效果。组织教学活动应将集体教学、分组教学和个别教学三种组织形式有机地结合起来。

4.教学活动方案的结构与书写要求

（1）活动目标。活动目标是指某一次具体活动中，幼儿应获得哪些情感体验与方法，得到哪些方面的能力的发展，增进哪些知识和技能等。

（2）活动准备。活动准备是指为保证活动顺利进行，在该活动开展之前所必须做的精神和物质方面的准备。精神准备是指幼儿具有开展此活动所需要的知识与经验，即此活动必须是幼儿可以接受的。物质准备则包括活动场地的选择与布置，教具的选用与制作，有关设备、设施、器材的配备等。

（3）活动过程。活动过程包括开始部分、基本部分、结束部分，是活动方案的主体。开始部分的主要任务是创设情境、导入活动，以激发幼儿参与活动的兴趣。基本部分是幼儿教师引导幼儿主动参与活动，积极探索，以实现活动目标的过程。结束部分的主要任务是小结幼儿活动的情况，可以采用幼儿自评、互评和教师评价相结合的方法客观评价其表现。

（4）活动延伸。活动结束之后，幼儿教师还可以组织其他活动促使该活动目标更好地达成。例如，主题活动"秋游"，在开展社会活动"我们秋游去"之后，再及时组织延伸活动——"秋游真快乐"谈话，将社会环境和人际、自然环境、自我及语言领域的活动有机结合，在活动中相互渗透目标，使幼儿积累丰富的经验，更好地为主题目标服务。当然也可以把活动延伸到社会和家庭中去。延伸活动属于机动部分，是幼儿园教学活动连续性的具体体现。

六、幼儿园教学活动的组织策略

（一）活动目标应具有针对性和可操作性

幼儿园教学活动目标的设定应遵循针对性原则，通过某一具体的教学活动来促进幼儿某方面能力或行为的发展。在制定活动目标时，应结合教学内容，从幼儿的实际出发确定活动目标，切忌泛泛而谈，与活动内容和幼儿的实际学情相脱离。

（二）活动准备应符合幼儿身心发展的特点

教学活动的准备应根据幼儿的年龄特征和身心发展的特点，向幼儿提供符合教学目标和教学内容的适宜材料。幼儿教师还应在教学活动之前有计划地列出准备材料的数量以及分配、使用的方式。

（三）活动内容应符合幼儿的兴趣和已有经验

活动内容的选择应从幼儿兴趣出发，在幼儿积极、主动的参与中展开，所设的主题应贴近幼儿的实际生活经验，内容的选择只有符合幼儿的已有经验才能唤起他们探究的兴趣。在选择教学内容的时候，幼儿教师还应注意知识、经验之间的衔接，促进幼儿相关知识、经验、态度、技能之间的融会贯通，协调发展。

真题再现

【单项选择题】从生活中选择幼儿感兴趣的事物和问题作为教学内容的主要原因是（　　）。（2021年下半年国家教师资格考试"保教知识与能力"真题）

A.教师容易制作教具　　　　B.便于教师教学

C.符合家长的希望　　　　　D.符合幼儿的学习特点

参考答案：D　选择幼儿感兴趣的事物和问题能激发幼儿的好奇心和积极性。

（四）活动过程应考虑完整性和互动性

幼儿园教学活动的过程一般包括开始、过程和结束三个基本部分。活动过程中，幼儿教师应根据以上环节的顺序依次展开，强调活动过程的完整性。在此过程中，师幼之间的互动是活动得以顺利进行的关键，幼儿教师应充分考虑师幼之间如何借助语言和非语言方式进行互动。

（五）活动反思应实施个人与集体相结合的方式

幼儿教师在教学活动结束后除了进行个人反思，还应该加强集体反思，这是与同伴一起观察教育实践，或与他们就实践中的问题进行对话和讨论的一种合作、互动式的研究方式，通过大家的集体反思，有助于找出活动中的亮点，指出活动中的弱点。集体反思可以达到合作共进的效果，能够逐步提高反思的效率和质量。

情境回顾

第四节　幼儿园的游戏活动

情境导入

有规则的游戏

大班的王老师发现：在户外体能游戏活动中，喜欢玩汽车轮胎的幼儿似乎越来越少了。她百思不得其解，就求助于经验丰富的冯老师。通过现场观

📝 笔记栏

察冯老师发现，王老师在堆放汽车轮胎的场地边设置了三张"玩轮胎示意图"。通过和王老师交流，冯老师指出正是由于这三张规定了玩法的图，造成了幼儿日益不喜欢玩轮胎，她建议王老师撤下图示，放手让幼儿自己想怎么玩就怎么玩。之后喜欢玩轮胎的幼儿又渐渐地多了起来。

思考：你从材料中得到了什么启示？幼儿园游戏活动的指导要求主要体现在哪些方面？

📽 知识梳理

一、幼儿游戏的特征

一般认为，游戏是幼儿追求快乐的一种行为，是幼儿主动参加、以娱乐为主要目的，通过模仿和想象，反映周围现实生活的一种独特的社会活动。

💬 拓展资料

六种解释游戏产生原因的传统游戏理论

剩余精力说：德国思想家席勒认为，动物在生活需要之外还有剩余精力，游戏就是动物剩余精力所进行的活动，在于从游戏中得到快乐。英国思想家斯宾塞认为，身体健康的幼儿在维持正常的生活之外，还有剩余精力，剩余精力的发泄就产生游戏。

松弛说：德国拉察鲁斯、帕特里克认为，游戏不是发泄精力，而是在工作疲劳后恢复精力的一种方式，幼儿在紧张的学习后为娱乐而游戏。

生活预备说：德国心理学家格罗斯认为，游戏是本能的动作，高等动物生活条件复杂，幼小时必须经过训练才能适合生活的需要，游戏就是为将来的生活做准备。

生长说：美国阿普利登认为，游戏是幼儿能力发展的一种模式，游戏是生长的结果，是机体练习技能的一种手段。美国奇尔摩认为，游戏是练习生长的内驱力。

复演说：美国心理学家霍尔认为，游戏是个体再现祖先的动作和活动，游戏让个体摆脱原始的不必需的本能动作，为当代复杂的活动做准备。

成熟说：荷兰生物学家、心理学家拜敦代克认为，游戏是幼儿操作某些物品以进行活动，不是单纯的一种机能，而是幼稚动力一般特点的表现。游戏不是本能，而是一般欲望的表现。

资料来源：朱宗顺，陈文华. 学前教育学[M]. 北京：北京师范大学出版社，2012：131.（引用时有修改）

（一）自主性

幼儿游戏以活动本身为目的，游戏不要求一定达到外在的任务和目标，也没有严格的程序和方式，在游戏中玩什么、怎么玩、需要什么材料、在什么地点、和哪些人玩等，都是由幼儿自己决定的。他们在游戏中充分地体验游戏带来的愉快和乐趣，全身心地投入游戏，始终处于积极、主动的活动状态，这正是游戏的魅力所在。幼儿是在没有任何外在压力的情况下，自主、自由地做自己喜欢的事情。如果游戏失去了自主性的特征，由教师精心安排，幼儿必须完成教师布置的任务，表面上看幼儿是在参与游戏，实际上，幼儿并没有真正地玩游戏。所以，只有充分尊重游戏者的意愿，发挥游戏者的主动性，才是真正的游戏。

（二）虚构性

游戏不是幼儿的真实生活，每个幼儿在做游戏时，都清楚地知道只是"玩玩"，游戏只是一种愿望和要求的满足，是一种获得愉快体验的手段。幼儿在游戏中利用模仿、想象来创造性地整合和表现周围生活，他们可以把日常生活暂时抛弃，也可以不受日常生活的约束，这种虚构、不真实的情境深深地吸引着幼儿。

同时，幼儿游戏又是其生活的写照，反映其知识经验。游戏的内容、情节、规则及其行为方式都具有社会性的特征，但又不是真实生活的翻版，它是幼儿在假想的情景下反映生活的活动。游戏中的角色、情节、玩具、材料均具有明显的虚构性，幼儿在虚构的游戏情景中反映周围的现实生活。

（三）趣味性

游戏是一种娱乐活动，游戏中具体形象的角色，变幻的情节内容，新奇甚至滑稽的玩具，对幼儿来说都是有趣的，能激起他们良好的情绪，吸引他们主动参加甚至可以重复地玩。幼儿以参加游戏活动的过程和获得愉快为目的，总是在情绪积极时才做游戏，通过游戏活动又获得更大的快乐。

（四）具体性

幼儿游戏虽是虚构的、想象的，但这种虚构与想象又是非常具体的。如小医生打针时，针筒虽是玩具，但它是具体的材料；医生操作玩具针管给病人打针的动作虽是假的，但它的操作性游戏动作是实际动作；医生虽是一种假扮的角色，但角色所表现的人物又是具体的；游戏中的具体语言对游戏者之间的交往和形成各种关系起着重大作用。游戏中有角色、语言、动作、玩具，幼儿可以身体力行，实际地模仿、练习，非常具体。

由游戏的本质特征，可以给游戏下一个操作性的定义：游戏是幼儿喜爱的、自愿的、主动的、亲身体验的活动，是幼儿通过模仿和想象反映周围现实生活、给幼儿带来愉悦感的活动。

二、幼儿游戏与幼儿园活动的关系

在学前教育中，幼儿园的游戏无所不在，几乎是幼儿园教学活动、生活活动等各类活动得以进行的最好载体。

《规程》明确规定，幼儿园应当贯彻"以游戏为基本活动，寓教育于各项活动之中"的原则和要求。《纲要》指出："幼儿园教育应尊重幼儿的人格和权利，尊重幼儿身心发展的规律和学习特点，以游戏为基本活动，保教并重，关注个别差异，促进每个幼儿富有个性的发展。""以游戏为基本活动"是指幼儿园要将游戏作为基础性的、主导性的活动，将游戏作为对幼儿进行全面发展教育的重要形式。这就以法规条文的形式将游戏放到了幼儿园活动的中心位置。

《规程》规定："幼儿园应当因地制宜创设游戏条件，提供丰富、适宜的游戏材料，保证充足的游戏时间，开展多种游戏""幼儿园应当根据幼儿的年龄特点指导游戏，鼓励和支持幼儿根据自身兴趣、需要和经验水平，自主选择游戏内容、游戏材料和伙伴，使幼儿在游戏过程中获得积极的情绪情感，促进幼儿能力和个性的全面发展"。《指南》指出："幼儿的学习是以直接经验为基础，在游戏和日常生活中进行的。要珍视游戏和生活的独特价值，创设丰富的教育环境，合理安排一日生活，最大限度地支持和满足幼儿通过直接感知、实际操作和亲身体验获取经验的需要，严禁'拔苗助长'式的超前教育和强化训练。"

《指南》在教育建议中特别提到：经常与幼儿玩拉手转圈、秋千、转椅等游戏活动，让幼儿适应轻微的摆动、颠簸、旋转，促进其平衡机能的发展；鼓励幼儿进行跑跳、钻爬、攀登、投掷、拍球等活动，以及跳竹竿、滚铁环等传统体育游戏，发展幼儿动作的协调性和灵活性；结合生活实际对幼儿进行安全教育；在绘画和游戏中做必要的书写准备等。幼儿园的活动一般包括生活活动、教学活动、游戏活动，其中游戏活动是最常见、最受幼儿喜爱、最适合幼儿年龄特点和心理发展特点的活动，游戏本身又是幼儿基本的学习方式和交往方式。同时，生活活动、教学活动等基本都是以游戏为活动形式，游戏贯穿于幼儿园活动的各部分、各环节。

🐦 真题再现

【论述题】幼儿园集体教学活动和游戏的含义分别是什么？试述两者的区别与联系。（2019 年上半年国家教师资格考试"保教知识与能力"真题）

三、我国幼儿园游戏活动的常见分类

我国幼儿园的游戏活动主要是按照游戏的教育作用来分类的，具体地分成两大类六小项：一类是创造性游戏；另一类是规则性游戏。

幼儿游戏代表性分类理论

笔记栏

（一）创造性游戏

创造性游戏主要是指幼儿按自己的意愿自编、自玩的游戏。开展创造性游戏一般有两种情况：一种情况是幼儿完全自发地游戏，包括游戏发起、主题确定、成员分工、游戏展开等都是幼儿自主，幼儿教师可以适当指导；还有一种情况是幼儿教师控制游戏环境，幼儿在有限的条件下根据自己的兴趣爱好选择，自由游戏，也有人称之为自选游戏。具体而言，创造性游戏包括角色游戏、表演游戏、结构游戏。

1. 角色游戏

角色游戏是幼儿通过扮演角色，运用想象，创造性地反映个人生活印象的一种游戏，通常有一定的主题。角色游戏是幼儿期最为典型、最有特色的一种游戏。角色游戏有两个非常明显的特点：一是幼儿对社会现实生活的印象是角色游戏的源泉，幼儿角色游戏中的主题、角色、情节、材料的使用等都来自幼儿社会生活的经验，是对幼儿生活经验的一种反映，社会经验越丰富，角色游戏的水平就越高；二是想象活动是角色游戏的支柱，角色游戏虽然来源于生活，但高于生活，幼儿在进行角色游戏时加入了自己的想象，丰富了角色和情节。

2. 表演游戏

表演游戏是幼儿按照故事、童话的内容，分配角色，安排情节，通过动作、表情、语言、姿势等来进行的游戏。它包括表演游戏剧、桌面导演游戏、木偶游戏及皮影游戏等。表演游戏有固定的情节，需要幼儿按情节做出相应的表演来进行游戏。表演游戏需要幼儿先理解故事的内容、情节，再做出相应的表演，因此对低年龄幼儿有一定难度，进行游戏时要充分考虑到幼儿的游戏能力。

真题再现

【单项选择题】幼儿通过塑造角色表现文艺作品内容的游戏是（　　）。（2021年上半年国家教师资格考试"保教知识与能力"真题）

A. 角色游戏　　B. 结构游戏　　C. 智力游戏　　D. 表演游戏

参考答案：D　在表演游戏中，幼儿所扮演的角色是文艺作品中的角色，游戏的情节内容也是反映文艺作品的情节内容。

3. 结构游戏

结构游戏是幼儿利用各种不同的材料，通过手的创作活动来构造物体或建筑物，反映现实生活的游戏。例如，用积木堆房子、拼图、堆沙、堆雪人等都是结构游戏。结构游戏也来源于幼儿的生活经验。

（二）规则性游戏

规则性游戏是指在教学实践中，幼儿教师依据一定的教育任务设计编订的，一般都有游戏的目的、玩法、规则和结果四个部分，其中游戏规则是游戏的核心。这类游戏大都由幼儿教师组织，用在幼儿园教学活动中，又称为教学游戏。具体而言，规则性游戏包括智力游戏、体育游戏和音乐游戏。

1. 智力游戏

智力游戏是以生动有趣的形式使幼儿在积极愉快的情绪中来增进知识和发展智力的游戏。智力游戏有丰富的内容，并有很多种类。按游戏的作用来分主要包括以下几种：一是感官游戏，如"听听是谁的声音""奇妙的口袋"等；二是比较异同的游戏，如"哪一个不一样""哪里错了"等；三是分类游戏，如把几种物品按颜色、形状、大小、性质、作用等标准来分类；四是推理游戏，如A比B高，B比C高，谁最矮，谁最高等；五是记忆游戏，如记忆两张画的异同、记数字等；六是计算游戏，如比多少、看谁算得快等；七是语言游戏，如绕口令、谜语等；八是纸牌和棋类游戏。当然，还可以从其他角度来区分智力游戏的种类。

2. 体育游戏

体育游戏是以促进幼儿身体发育和机能协调发展为主要目的与内容的游戏，可以促进幼儿的各种生理器官和系统的发育，促进骨骼和肌肉的成熟，加速身体的新陈代谢，并能培养幼儿勇敢、坚强、遵守规则等优良品质。体育游戏大多是规则游戏，如"贴烧饼""木头人""老狼老狼几点了"等，有一些体育器械游戏，如滑滑梯、拍皮球、踢毽子，其规则的特点不是很突出，但在几个人玩时，也包含某种规则。

3. 音乐游戏

音乐游戏是指幼儿在音乐伴奏或歌曲伴唱下进行的游戏，它把音乐和动作有机地结合起来，主要作用是发展幼儿的音乐感知能力、记忆力、想象力、表现力和身体动作，如"许多小鱼游来了""抢椅子""老猫睡觉醒不了"，等等。这种游戏生动有趣，受到幼儿的欢迎。

真题再现

【单项选择题】幼儿赛跑、下棋一般属于（　　　）。（2020年下半年国家教师资格考试"保教知识与能力"真题）

A. 表演游戏　　　　B. 建构游戏　　　C. 角色游戏　　　D. 规则游戏

参考答案：D　规则游戏是指幼儿按一定的规则进行的、带有竞赛性质的游戏。题干中幼儿赛跑、下棋都是具有一定规则的竞赛性质的游戏，故此题选D。

四、幼儿园游戏对幼儿的意义

（一）促进幼儿身体的发展

在幼儿园游戏中，幼儿身体处于积极的活动状态。几乎所有的游戏都有身体运动，使幼儿身体的各种器官得到活动，促进机体的新陈代谢，骨骼和肌肉的成熟，以及神经系统的发育。例如，以跑、跳、钻、爬、攀登等为主要动作的体育游戏，能锻炼幼儿的大肌肉活动能力；插塑、串珠、搭积木等结构游戏，能发展幼儿手部小肌肉的活动能力和手眼并用、协调的能力。在户外进行的游戏中，幼儿直接接触到充足的阳光、新鲜的空气，能增强幼儿对环境变化的适应能力，促进身体健康。游戏给幼儿带来愉快和满足，幼儿游戏时总是快乐的，轻松愉快的情绪对幼儿的身心健康发展有积极作用。

（二）促进幼儿认知的发展

幼儿园游戏对幼儿语言、智力和创造力的发展具有独特作用。

1. 促进幼儿语言的发展

幼儿园游戏提供了许多运用语言的机会。在游戏中，幼儿常常需要将视觉信息、听觉信息，以及主观感受、愿望或要求转换成语言，也就是他们想把听到的、看到的、想到的说出来，运用语言表达自己的想法，所以幼儿园游戏能激发幼儿语言的积极性，激发幼儿的表达欲望，也可以使幼儿从中学习和理解他人的语言。例如，在《小熊请客》的故事表演游戏中，幼儿可模仿作品中每一角色的语言，来表现他们的性格特征：扮演小熊的幼儿语言憨厚、热情；扮演小猫咪和小花狗、小公鸡的幼儿，用鄙视的态度对待狐狸，用亲切、礼貌的语言对待好朋友；扮演狐狸的幼儿则尽力表现出狡猾、贪婪的特征。

2. 促进幼儿智力的发展

幼儿园游戏为幼儿提供了智力发展的最佳途径。游戏扩展并加深了幼儿对周围事物的认识。例如，通过游戏材料的运用，可以习得材料在生活中的用途；通过材料的颜色，可以认识色彩；通过游戏材料的质地，可以认识软硬及促进感知觉的发展；通过扮演的角色，可以习得生活中各种职业的作用。再如，幼儿通过结构游戏构造生活中见到的建筑、物体，通过回忆可以促进幼儿记忆力的发展，通过事先的构思及游戏中的思考可以促进幼儿思维能力的发展。

3. 促进幼儿创造力的发展

创造力是产生新思想、创造新事物的能力。游戏具有象征性，是一种充满创造性的活动。游戏过程中产生的问题，能够激发幼儿的思考，从而将已有的知识经验以独特的方式重新加以组合。例如，将红绿纸片剪成圆形，变成了马路上的红绿灯；收集树枝树叶插在橡皮泥中，变成了树；用各种纸盒拼装成各种各样的汽车。

角色游戏对幼儿想象力和创造力的发展具有重要作用。在游戏中角色和所使用的材料都是假的，如在医生和病人游戏中，幼儿需要把自己想象为医生或病人；在娃娃家游戏中，幼儿需要把长方体想象为床等。游戏中情节也不是固定的，需要幼儿发挥想象来丰富故事的情节。同样一种物品在不同游戏中可以充当不同的东西，这样幼儿的发散性思维最容易被激发，比如积塑条可以是老爷爷的拐杖，可以是火

笔记栏

车的铁轨，可以是护士的注射器，还可以是警察的警棍，等等。

（三）促进幼儿社会性的发展

社会性是人作为社会的一员在活动时所表现出的有利于集体和社会发展的特性。幼儿正处于从"自然人"向"社会人"转变的时期，游戏与幼儿社会性发展密切相关，它是幼儿以后能否成功地适应社会的关键所在。

1. 促进幼儿社会交往能力的发展

在游戏中，幼儿所扮演的角色都是人们现实生活角色的缩小版，幼儿通过对自己所扮演角色的理解进行游戏。例如，在娃娃家的游戏中，幼儿扮演"妈妈"，不仅给"孩子"喂饭、穿衣，也特别疼爱"孩子"。再如，幼儿扮演"教师"，不仅模仿教师上课，带"孩子"做游戏，也模仿教师关心、爱护学生。另外，各种游戏都是有规则的，幼儿必须严格遵守规则，才能保证游戏的顺利进行。在游戏过程中，幼儿逐渐了解了"我的"和"你的"之间的区别，并不断减少在游戏中以自我为中心的行为，学会公正地评价自己和同伴的行为举止，并严格遵守游戏规则。

2. 锻炼幼儿的意志品质

持久性和自制力的提高是幼儿意志品质发展的主要标志。一次游戏往往需要幼儿全身心地投入才能完成。活动顺利完成后，幼儿会从中得到乐趣，成人的表扬、鼓励能增强他们的成功感、自尊心，以及克服困难、坚持良好道德行为的自信心。在游戏中，幼儿能克服困难，坚持把事情做到底，毅力、耐心、坚持性得到了发展，意志得到了极大的锻炼。

3. 发展幼儿的道德感与责任感

游戏可以促进幼儿道德意识的萌发，唤起潜在的道德感，逐渐形成道德行为。在游戏中，幼儿可以学会合作、团结、与人为善、和睦相处等基本的人与人之间的伦理关系，能为其成长为一个有道德的人奠定基础。游戏是对幼儿进行道德教育的良好载体和资源，蕴含着道德教育的契机，具有道德意识萌发甚至道德行为形成的价值。例如，在"公共汽车"的游戏中，幼儿通过角色扮演给老人和抱小孩的人让座，能萌发幼儿"让座"的道德意识，这样在实际生活中，当遇到老人和抱小孩的人时幼儿会主动让座，从而养成良好的道德行为。

（四）促进幼儿情感的发展

1. 丰富幼儿的情绪体验

游戏的内容和形式灵活多样，幼儿在游戏中体验着各种情绪情感。在娃娃家游戏中，扮演父母的幼儿体验着父母对孩子的关心与爱护，给"孩子"做饭、喂饭，为"孩子"穿衣服、盖被子，给"孩子"洗澡，送"孩子"上学。随着游戏主题的发展和构思的复杂化，幼儿的情绪情感体验更丰富、更深刻。在"医院"游戏中，幼儿会像医生一样给"病人"听诊、开药，嘱咐"病人"按时吃药。当"护士"的幼儿不仅给"病人"量体温、打针，还主动搀扶"病人"，让"病人"好好休息。

游戏中的情感体验有利于幼儿同情心的发展。在"理发店""商店"中当服务员的幼儿，尽职尽责地为"顾客"服务，客人的感谢使他们的满足感溢于言表。在表演游戏中，幼儿深深地体验着故事中人物的喜、怒、哀、乐。在竞赛性游戏中，幼儿经历着紧张，体会着紧张后的放松。总之，游戏使幼儿体验各种情绪情感，学习表达和控制情感的不同方式。

2. 发展幼儿的美感

美感是由审美的需要是否获得满足而产生的情感体验，幼儿美的体验有一个社会化的过程。游戏就是幼儿感受美、创造美的一种特殊审美活动。在游戏中，幼儿反映着自然和社会生活中的美好事物，表演着艺术作品中的美好形象，使用着艺术语言，进行着音乐和美术等艺术活动，装饰和美化着自己的游戏环境，这些活动都有助于培养幼儿对自然、社会、艺术的审美能力，发展幼儿的美感。例如，在结构游戏中幼儿需要先回忆生活中见过的美的事物，然后再用游戏材料去重塑这些美的事物，这样就可以令幼儿在生活中积极发现美、欣赏美，然后幼儿再用手中的材料再现美、创造美，通过这些环节，幼儿的美感可以得到发展。

3. 消除幼儿的消极情绪

游戏为幼儿提供了表现自己各种情绪的机会。幼儿的愤怒、厌烦、紧张等不愉快情绪，在游戏中得以发泄、缓和。以弗洛伊德为代表的游戏精神分析理论认为，游戏是幼儿的精神发泄，游戏可以补偿现实生活中不能满足的欲望，再现那些难以忍受的体验，缓解心理压力，减少紧张和忧虑。游戏是幼儿消除生活情境中产生的忧虑和紧张感，向自信和愉快情感过渡的方法。

例如，害怕打针的幼儿，可以通过在角色游戏中扮演护士给娃娃打针，给自己的同伴打针，来克服由真正的经历带来的害怕感，控制这些恐惧的情感。这就是所谓"游戏治疗"对幼儿不良性格的改善。

总之，游戏在幼儿的成长过程中是不可或缺的一部分，它对于幼儿的成长具有重要的价值，要充分发挥这些价值就必须清楚地了解各类游戏的特点、作用，并结合幼儿的实际情况，使各类游戏在学前教育中得到更好的运用，使幼儿的学习、生活游戏化，以最终实现幼儿的全面发展。

🐦 真题再现

【单项选择题】关于自发性游戏的正确观点是（　　）。（2022年上半年国家教师资格考试"保教知识与能力"真题）

A.幼儿园游戏不包括自发性游戏

B.自发性游戏不需要教师指导

C.教师组织的游戏比自发性游戏有价值

D.自发性游戏具有多种教育价值

参考答案： D　自发性游戏的教育价值是多种多样的，如自发性游戏能够使幼儿更好地表达和发展自我，能够让外界更好地获取幼儿的生命与发展信息，能够更好地促进幼儿与外部环境的有机融合。

五、幼儿园游戏的指导要求

（一）丰富幼儿的生活经验

幼儿游戏源于幼儿的生活。丰富幼儿的生活经验，可以使幼儿游戏的主题与内容更加多姿多彩。走进自然、社会，外出参观、劳动，看电影、图书……所有这些都能丰富幼儿生活经验，引发幼儿游戏的灵感，并使幼儿灵活地使用游戏材料。

（二）创设良好的游戏环境

幼儿是积极的学习者，能主动探索环境，在与材料和同伴的互动中积极建构自己的认知结构。《纲要》也明确规定："幼儿园的空间、设施、活动材料和常规要求等应有利于引发、支持幼儿的游戏和各种探索活动，有利于引发、支持幼儿与周围环境之间积极的相互作用。"因此，幼儿园和家庭须充分利用空间，利用各种物质资源，营造自由、轻松的游戏氛围，创设有利于幼儿游戏的环境。

（三）观察与支持幼儿游戏

教育者只有认真地观察幼儿游戏，才能有力地支持幼儿游戏，正确地评价游戏。对幼儿游戏的观察可以这样进行：观察幼儿的游戏兴趣与需要，了解幼儿的认知水平、个性特点、动作技能、社交能力等，及时提供幼儿所需要的帮助，必要时可参与幼儿的游戏，以幼儿游戏伙伴的身份支持幼儿的游戏。

（四）评价与反思幼儿游戏

幼儿游戏评价可以从幼儿的角度和游戏的本身价值是否得到发挥两个角度进行。从幼儿的角度来说，评价游戏应指向幼儿多大程度实现了自己，关注幼儿在游戏中情感的投入程度、发现并解决问题的能力、思维的敏捷性、创造性，以及幼儿参与游戏的自主性和独立性等方面。从游戏本身价值体现角度来看，评价游戏应关注每次游戏潜在教育价值的发挥程度。幼儿游戏的最大意义，在于通过游戏使幼儿身心能够得到发展。对幼儿游戏的评价过程，也是游戏反思的过程。幼儿教师作为游戏活动的引导者、合作者、支持者，应反思自己在幼儿游戏中的角色、引导策略等。幼儿作为游戏活动的实践者，也可以反思自己的游戏，不过幼儿反思是通过自己的游戏过程体验来实现的。幼儿的身心发展也正是通过在游戏过程中问题的出现、冲突与矛盾的爆发、解决策略的探索与验证来实现的。幼儿园游戏活动的过程，既是幼儿教师判断幼儿认知水平、寻求恰当的方法促进幼儿认知发展的过程，同时也是幼儿自身在反思与实践中成长的过程。

情境回顾

真题再现

【材料分析题】中班角色游戏中，有幼儿提出要玩"打仗"游戏。他们在材料柜里翻出好久不玩的玩具吹风机当"手枪"，仿真型灯箱当"大炮"，"哒哒哒"地打起来，玩得不亦乐乎。李老师看见此情景非常着急，连忙阻止："这是理发店的玩具，不能这么玩。"

参考解析

问题：（1）李老师的阻止行为是否合适？请说明理由。

（2）如果你是李老师，你会怎么做？（2020年下半年国家教师资格考试"保教知识与能力"真题）

第五节 幼儿园其他类型的活动

情境导入

亲子运动会

再过几天，就是六一国际儿童节了！星星幼儿园决定举办一次别开生面的亲子运动会。这几天，李老师忙得不可开交，她不仅要准备运动会所需的物品，幼儿的服装、道具，检查运动场地的安全事宜，还要通知本班幼儿的家长，请他们务必抽出时间参加这次运动会。

思考：幼儿园节日活动对幼儿有哪些教育意义？幼儿园亲子活动对幼儿及其家庭有哪些教育意义？

知识梳理

一、幼儿园区域活动

（一）幼儿园常见的活动区及主要功能

幼儿园常见的活动区及主要功能如表6-2所示。

表6-2　幼儿园常见的活动区及主要功能

活动区	主要功能
语言区	通过对图书、图片、头饰、手偶等的观察、操作、拼摆并进行讲述，发展幼儿的观察能力和语言表达能力
美工区	通过撕、贴、剪、画、捏、做等美术操作表现活动，发展幼儿的动手操作能力，以及欣赏美、表现美和创造美的能力
科学区	通过各种科学小游戏、小实验、小制作及数学操作活动，培养幼儿对科学探索的兴趣，发展幼儿的数学能力和动手操作等能力
建构区	利用积木、积塑、易拉罐、纸盒等进行的建构游戏活动，培养幼儿的空间知觉，发展幼儿的空间想象力、动手操作及交流合作能力
角色游戏区	通过模仿各种社会活动，有助于幼儿学习各种社会性行为，发展交往能力，习得社会行为规范，促进社会性的发展
益智区	通过棋类活动、拼图活动、语言活动、感官活动等益智类游戏活动，发展幼儿的思维能力及动手操作能力等
表演区	通过各类表演活动，发展幼儿的表现能力和想象力，加深对文艺作品的理解，体验表演活动的乐趣等

在区域活动的开发与创设过程中，可因地制宜地利用园内楼道、走廊、过道、楼梯角落等一切可以利用的立体空间，设置公共游戏区，打造富有童趣的、充满教育的、立体的、丰富的园内环境。同时根据教育目标和幼儿发展水平，各班级可创设具有开放性、操作性、多变性、实用性的区域环境，投放不同层次的活动材料，让幼儿按照自己的意愿和能力，以操作、摆弄、探索、表现为主的方式进行个别化的自主学习活动。充分发挥幼儿的主体性，有效地促进幼儿的自主发展。

（二）区域活动的特点

区域活动让幼儿变"被动"为"主动"，让幼儿教师变"灌输"为"启发"，是幼儿园不可或缺、深受幼儿喜爱的一种活动形式。其特点主要如下。

（1）区域活动中幼儿可以自选活动内容，幼儿教师干预较少。

（2）区域活动是幼儿自主的活动，幼儿在没有压力的环境中玩耍与操作，能生动、活泼、自主、愉快地活动，潜移默化地学习，更多地体验到成功的乐趣。

（3）区域活动形式灵活，或为小组活动的形式，或为个体活动的形式，能为幼儿提供更多的自由交往和自我表现的机会，增进同伴之间的相互了解。

（三）区域活动的设计

区域活动设计是指区域功能筹划、区域空间规划、活动材料的选择、区域活动规则的制定等一系列的过程。幼儿的许多游戏是在区域中展开的，幼儿教师要在活动区中投放幼儿感兴趣的材料，并努力让活动具有游戏性和情境性。很多幼儿教师将活动区作为分组教学的场所和延伸教学的场所，十分强调区域活动的学习功能，这在发挥幼儿教师主导作用和体现幼儿学习差异性上有其合理性。在主题教学中，幼儿教师可以充分利用区域活动，将幼儿自主探索和操作的内容与区域互动融为一体。这种融合能极大地拓宽幼儿视野，增长幼儿知识经验，提高幼儿活动的积极性。

（四）区域活动的指导策略

区域活动的指导大体分为两个阶段，即过渡阶段和自主阶段，幼儿教师在这两个阶段的任务和指导方式有所不同。一般来说，过渡阶段以介绍材料玩法、建立规则为主；自主阶段以观察幼儿、调整互动为主。当然，区域活动的指导不是绝对的，也可以依据幼儿的兴趣和能力先自主活动，再在活动中不断探索新玩法，调整规则与材料。区域活动的指导策略具体如下。

1. 为幼儿创设宽松、和谐、自由的活动氛围

在区域活动中，当幼儿开始游戏时，幼儿教师要注意充分尊重幼儿，让他们按自己的意愿，自主选择、自由交换游戏内容，创设宽松、和谐、自由的活动氛围，保证区域活动时间和空间，激发幼儿探索的欲望，培养幼儿的自主性和创造性。

2. 成为幼儿活动中的观察者与支持者

当幼儿自主选择操作材料时，幼儿教师不仅应成为幼儿游戏的好伙伴、好搭档，还应当成为一位细心的观察者，了解幼儿在活动中遇到的问题，要信任幼儿，耐心等待，要学会以多种角色出现给予幼儿适宜的帮助与指导，尽量不要打扰幼儿的自然行为过程，给幼儿留下充分的探索、质疑的时间和空间。通过观察和参与游戏，幼儿教师才能从幼儿的操作中发现新问题，产生新思考，生成新课程，从而使下一次的材料投放有新的目标并更具针对性。

3. 对幼儿评价以鼓励为主，实施开放式评价

区域活动结束时，幼儿教师要在观察、反思整个区域活动的基础上，以谈话的形式实施全班整体评价，让幼儿在互相学习、互相展示、补充讲述的过程中促进自我意识的形成、自尊心的建立、自信心的发展、个性的张扬，也可以让幼儿自我评价。例如，幼儿教师可以引导幼儿讲述自己玩了什么游戏，是怎样玩的，要充分尊重幼儿，让幼儿自我介绍，并进行表扬与鼓励。

4. 教育幼儿收拾和整理玩具材料

为了材料取用方便，同时也为了养成幼儿良好的习惯，每次活动结束后所有区域的活动材料的收拾整理，要引导幼儿积极参与，可以采取各区域专人负责，也可以让幼儿轮流当材料负责人，统筹安排整理。材料的整理需要注意两个方面：一是材料要分门别类收拾，便于幼儿今后的使用与归还；二是要求幼儿收拾整理时细心观察，如将坏的材料做上标记，将下次所需材料画在专用本上等，以便教师根据标记和记录及时调整、补充，使之更具有目的性、趣味性和可操作性。

5. 与日常教学活动有机结合

幼儿之间存在着明显的个体差异，幼儿教师可以借助设置自由、开放的区域活动来促进每位幼儿综合素质的提高，可将日常未完成的教学内容、幼儿感兴趣的教学活动作为活动延伸部分在区域活动中继续进行，满足幼儿的活动欲望，巩固掌握相关的知识经验。

区域活动需要幼儿教师在正确的儿童观、教育观的指导下，大胆实践，及时反思，不断总结提升，以提高设计和指导的艺术。

二、幼儿园节日活动

（一）常见的节日活动

幼儿园的节日活动是指教育者利用节日活动中的人、事、物，有目的、有组织、有计划地对幼儿施以积极影响，促进其发展的过程。对于幼儿园来说，常见的节日活动主要有六一国际儿童节、元旦等国际通行节日；也有我们的传统节日，如端午节、中秋节；还有国内或当地特色节日，如国庆节、泼水节。

（二）节日活动的教育途径

1. 寓节日教育于幼儿园一日活动之中

节日教育应在幼儿园各个环节活动中相互渗透，有机结合，既要与儿歌、故事、谈话等语言活动相结合，也要与美术、音乐等艺术活动相结合，还要与生活游戏活动相结合。例如，角色游戏"拜年"，通过游戏再次让幼儿感受春节那种祥和、喜庆、欢乐的气氛；学会说一些吉祥话、祝福语。除了将节日教育与课程教育相结合，还可以结合节日，组织开展一些专题性的节庆活动，如中秋赏月活动。通过集体庆祝活动，培养幼儿的交往能力、表现能力，体验过传统节日所带来的喜悦心情。

2. 寓节日教育于环境创设之中

《规程》特别强调了教育环境的重要性，提出了创设良好教育环境的要求。环境不仅是物质的、精神的，而且还是活动的，各种各样的活动构成了幼儿丰富的学习与成长世界，环境对幼儿起着潜移默化的作用。可见，节日教育应把握好环境这一教育因素，积极创设和利用节日环境，使环境发挥应有的节日教育功能。

3. 寓节日教育于亲子活动之中

幼儿园应该和家长联系，相互沟通，共同架起一座节日教育的桥梁，家园一致，使节日教育产生良好的教育效益。例如，节前向家长宣传节日要点、习俗，节后要有针对性地组织幼儿开展游戏、讨论，或让幼儿和家长一起来幼儿园，进行以节日为主题的游戏活动，通过亲子活动把幼儿对有关节日的所见所闻转化为其内在经验。例如，中秋节亲子活动——幼儿园请家长和幼儿共同聆听有关中秋节的传说，品尝月饼、绿豆糕、葡萄、苹果等，在有趣的节日游戏中体会中秋节的含义，即中秋节是团圆的节日、思念亲人的节日、愉快的节日。

（三）节日活动的组织和指导要求

1. 应紧扣节日活动性质、主题及年龄班特点

不同的节日活动，其性质和主题有所不同。例如，五一国际劳动节应紧扣"劳动"这个主题，清明节应体现"缅怀先辈或革命烈士"的主题，重阳节要体现"敬老""孝顺"的主题，等等。开展这些活动不能用抽象术语，要用一些通俗易懂的话

来解释。例如,在五一国际劳动节开展系列主题活动"我会穿衣服"(社会活动)。对于不同年龄班的幼儿,同样的节日活动,其要求应有所不同。例如,同样是庆祝三八国际劳动妇女节,小班活动主要是情感上的目标;大班活动,除了情感目标,还要在行动上体现对妈妈的爱。

2. 设计、组织的节日活动形式多样、内容丰富

无论是哪一种节日活动,其形式都可以多样化,如集中教育活动、游戏活动、生活活动。从内容来看,要注意内容的广泛性。如端午节活动(大班),教师可以要求幼儿和家长首先搜集与端午节相关的资料,开展"粽子里的故事"(语言领域),丰富幼儿的相关知识;还可以安排"小粽子跳跳跳"(健康领域)、"包粽子"(音乐活动)、"快乐的粽子节联欢会"(社会活动)等。有条件的幼儿园还可以开展亲子活动,如家长和幼儿一起包粽子。还可以参观或者观看一些与端午节相关的历史古迹、影像资料等。

3. 注重幼儿的全过程参与

在节日活动的参与性上要体现幼儿全过程的参与,即从活动的设想、筹备、开展、活动的反馈与评价等,都要体现幼儿的参与。通过参与活动的设计,以及活动过程中的亲身体验,幼儿对活动的体验会更深刻,教育价值很大。

4. 注重节日活动的延伸

幼儿园一年当中节日活动总的数量并不多,节日活动持续的时间并不长,多数只有一周甚至更短,幼儿教师应设法将这些活动所体现出的精神、象征意义渗透到平常的教育活动与一日生活当中,扩大节日活动的教育功能,而不是让节日活动仅仅停留在短暂的、有限的"节日"时间里。

除了在幼儿园开展这些节日活动,幼儿教师还应把活动的教育影响延伸到社区、家庭,充分挖掘家庭和社区资源,扩充节日活动的广度与深度。例如,重阳节,一些社区开展了各式各样的活动,如为老人提供义务健康咨询、体检,与老人联欢活动等,幼儿也可以参与到相应的活动中,进一步体会对长辈要孝敬和尊重。

三、幼儿园亲子活动

(一)亲子活动的概念、分类与特点

1. 亲子活动的概念

广义的亲子活动是由大人(主要是幼儿的父母)和幼儿一起参加的活动。这种活动可以在任何一种场所进行,不仅仅包括幼儿园内的活动,也包括机构以外的在家庭和社区等的活动。狭义的亲子活动专指幼儿园与家庭共同创建的一种教育活动,要求幼儿教师牢固树立家园合作的思想,主动与家长合作,有目的、有计划、有组织地引导家长和幼儿在幼儿园内开展活动。它以幼儿、幼儿教师及家长的互动为核心内容,以建立和谐的亲子关系、师幼关系、家园合作关系,促进幼儿身心和谐健康发展,促进家园共育为宗旨,以提高幼儿园教育质量,形成最大教育合力为目标。

2. 亲子活动的分类

根据国内领先的亲子活动的分类，亲子活动可以分为户外亲子活动、亲子体验、家庭游戏等。具体表现为宝宝爬行比赛、小小搬运工比赛、宝宝扭扭车比赛、宝宝保龄球比赛、宝宝生日会、亲子读书会、户外郊游、亲子体验等内容。

3. 亲子活动的特点

（1）多元主体性。在幼儿园的亲子活动中，教师、家长、幼儿都是活动的主体，都应积极参与活动。

（2）多向互动性。多元主体性决定了幼儿园亲子活动的多向互动性，促使师幼间、亲子间、幼儿间、教师与家长间积极交流、互动。

（3）全面教育性。幼儿园亲子活动的目的最终要落实到幼儿身心的健康和谐发展上，促进幼儿的全面发展。

（二）亲子活动的教育作用

1. 有助于教师因材施教

幼儿教师可以通过对亲子互动的观察，更清楚地了解到幼儿的个体发展特点和个体需要，及时了解到家长的幼儿观、教育观及对幼儿的指导方式方法，并及时调整自己的教育理念与方法，更好地做到因材施教。

2. 有助于家长教育素养的提升

在亲子活动中，家长的参与让家长教育成为可能，幼儿教师可以将所掌握的比较先进的育儿理念教给家长，改变家长传统的、老旧的育儿观念，提高家长的育儿能力，提高其教育素养。同时，在亲子活动中，家长能更直接地了解幼儿在幼儿园的表现，正确地评价幼儿的发展水平。

3. 有助于激发幼儿的潜能

家长的到来，能让幼儿感受到幼儿园如家庭般温暖，幼儿会产生更强的安全感和大胆探索的勇气。同时，幼儿教师与家长都是幼儿生活中最重要的人，幼儿大多会在意成年人对自己的活动表现的评价，正面的评价会让幼儿产生较强的成就感。幼儿在安全的心理氛围下，易于产生自由感，也乐于与同伴互动，进行合作学习。

（三）亲子活动的组织与指导要求

1. 活动设计应符合幼儿的年龄特点，充满趣味性

设计亲子活动时，应考虑到幼儿的年龄特点，建立一种科学化、游戏化、亲情化和互动化的课程体系，吸引家长和幼儿愉快地参与活动，减轻家长的重重顾虑，使家长感受到幼儿在玩中也学到了本领。通过参与实实在在的活动，家长和教师的配合会更加亲密、协调，从而更有效地促进家园互动、相互交流。

2. 亲子活动应重视家长在活动中的主动性

幼儿教师在活动前，要让家长明确活动的目的和要求；在活动过程中，要鼓励家长提出问题，开展有针对性的指导；在活动结束后，对家长回家后完成任务的情

况要进行必要的检查，鼓励家长举一反三，创编更新的活动形式和方法。幼儿教师还要引导家长关注幼儿的成长变化，对幼儿的发展有更充分的认识和理解。

3.亲子活动应加强幼儿教师的指导作用

（1）提供过程指导。幼儿教师在亲子活动的全过程中，都应注意发挥指导者的作用。亲子活动前一周左右，幼儿教师要做好亲子活动的动员和宣传，让家长充分重视此项活动，使家长了解活动的时间、目的和内容。亲子活动时，幼儿教师要密切关注幼儿和家长在活动中的表现和反应，敏感地觉察到他们的需要，做到心中有数，及时地、有目的地适当给予他们帮助与指导。亲子活动结束后，幼儿教师要对活动开展情况、幼儿和家长的表现做出评价。

（2）给予家长指导。在亲子活动中，幼儿教师要给予家长以下几个方面的指导：第一，让家长认识到自己在活动中的主体地位，做幼儿学习的合作者；第二，让家长在活动中信任幼儿，给幼儿充分的动手时间，培养幼儿的能力；第三，让家长多鼓励幼儿，使幼儿体验到成功的快乐。

4.根据家长和社区的需求开展多样化的亲子活动指导

亲子活动的方式是多种多样的，除了开设一般的亲子活动课程，还可以根据家长的不同需求开展丰富多彩的亲子活动。例如，"亲子郊游""亲子俱乐部""亲子运动会""亲子游艺大会""爸爸妈妈聊天室"等。亲子活动能增进幼儿园与家长的广泛联系，能以更丰富多样的方式服务于社区的幼儿家庭。

亲子活动以其生动、活泼、有效、实用的教育形式，为家长和幼儿提供了丰富的教育环境、和谐的心理环境，以及家长经验交流的机会，是幼儿园教育活动的重要类型，也是幼儿园教育的延伸。我们应倡导亲子互动，增强家园合力，共促幼儿成长。

情境回顾

复习强化

一、单项选择题

1. "提高幼儿生活自理的能力"属于（　　）的目标。
A.幼儿园生活活动　　　　　　B.幼儿园教学活动
C.幼儿园区域活动　　　　　　D.幼儿园亲子活动

2. "一看、二摸、三问"属于（　　）的内容。
A.幼儿园生活活动　　　　　　B.幼儿园教学活动
C.幼儿园区域活动　　　　　　D.幼儿园亲子活动

3. 对幼儿园入园活动幼儿教师主要任务叙述错误的一项是（　　）。
A.接待幼儿和家长　　　　　　B.晨间检查
C.组织集体活动　　　　　　　D.组织幼儿开展自由活动

4. 幼儿教师在教学中向幼儿出示各种实物、教具、模型进行示范性操作的教学方法属于（　　　）。

　　A.讲解法　　　　　　B.演示法　　　　　　C.练习法　　　　　　D.操作法

　　5.下列选项中，不属于幼儿园教学活动组织形式的是（　　　）。

　　A.集体活动　　　　　B.同伴活动　　　　　C.分组活动　　　　　D.个别活动

　　6.华盛顿儿童博物馆的格言：我听见就忘记了，我看见就记住了，我做了就理解了。这主要说明了在教育过程中应（　　　）。

　　A.尊重儿童的个性　　　　　　　　B.培养幼儿积极的情感体验

　　C.重视儿童学习的自律性　　　　　D.重视儿童的主动操作

　　7.幼儿园应坚持以（　　　）为基本活动的原则。

　　A.一日活动　　　　B.区角活动　　　　C.游戏　　　　　　D.保育

　　8.幼儿通过扮演角色，运用想象，创造性地反映个人生活印象的游戏是（　　　）。

　　A.智力游戏　　　　B.结构游戏　　　　C.角色游戏　　　　D.体育游戏

　　9.积木游戏一般属于（　　　）。

　　A.智力游戏　　　　　B.结构游戏　　　　C.角色游戏　　　　D.体育游戏

　　10.望远镜、温度计、电池、电珠、电线、磁铁等供幼儿观察与实验的材料应投放到幼儿活动室的（　　　）。

　　A.语言区　　　　　　B.科学区　　　　　　C.美工区　　　　　　D.表演区

　　11.幼儿园以班为单位组织开展的全园庆"六一"大型活动属（　　　）。

　　A.亲子活动　　　　B.节日活动　　　　C.生活活动　　　　D.教学活动

　　12.在亲子活动中，幼儿教师不仅是活动材料的提供者、活动组织的引导者，还应是家长和幼儿的（　　　）。

　　A.监督者　　　　　　B.指挥者　　　　　　C.联系者　　　　　　D.合作者

二、简答题

　　1.简述幼儿园活动的类型。

　　2.简述幼儿园各年龄班生活活动的阶段目标。

　　3.简述幼儿园教学活动的常用方法。

　　4.简述幼儿园教学活动的组织形式。

　　5.简述幼儿园区域活动的指导策略。

　　6.简述幼儿园亲子活动的意义。

参考答案

三、论述题

　　1.结合实例，说明如何有效地开展幼儿园生活活动。

　　2.结合实例，论述幼儿园如何实施"以游戏为基本活动的原则"。

　　3.结合实例，论述幼儿园常见的节日活动及组织指导的基本要求。

第七章
幼儿园环境及其创设

沟渠通浚，屋宇洁净，无秽气，不生瘟疫。

——〔元〕《周书秘奥营造宅经》

学习目标

本章导入

▶ **知识目标**

1. 了解幼儿园环境的概念、类别及特征。

2. 理解幼儿园环境创设的目标、意义及原则。

▶ **能力目标**

能提出幼儿园物质环境和精神环境的创设策略。

▶ **素质目标**

通过幼儿园物质环境和精神环境创设的学习，培养创新意识，提升创新能力。

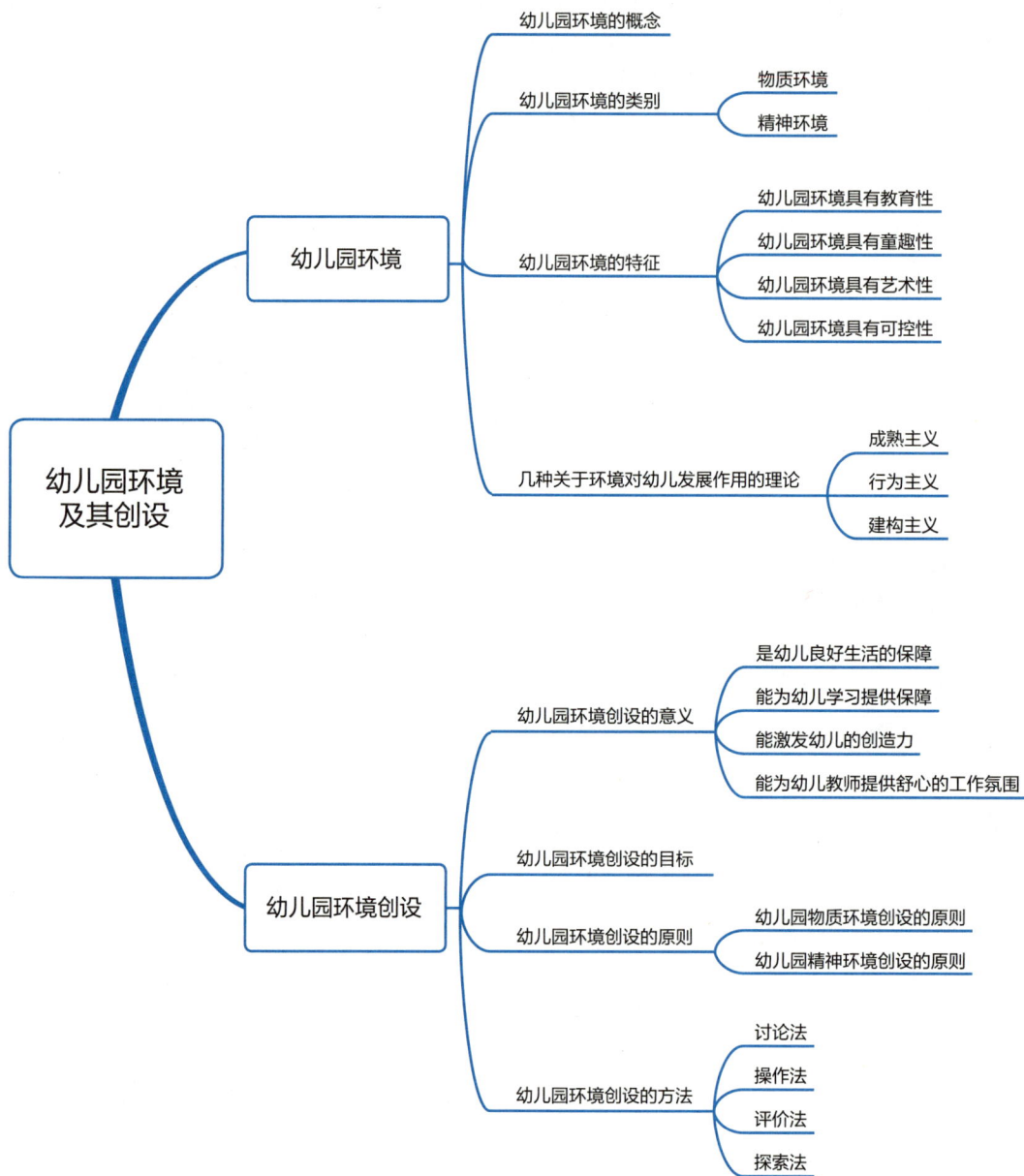

知识导图

```
幼儿园环境
及其创设
├── 幼儿园环境
│   ├── 幼儿园环境的概念
│   ├── 幼儿园环境的类别
│   │   ├── 物质环境
│   │   └── 精神环境
│   ├── 幼儿园环境的特征
│   │   ├── 幼儿园环境具有教育性
│   │   ├── 幼儿园环境具有童趣性
│   │   ├── 幼儿园环境具有艺术性
│   │   └── 幼儿园环境具有可控性
│   └── 几种关于环境对幼儿发展作用的理论
│       ├── 成熟主义
│       ├── 行为主义
│       └── 建构主义
└── 幼儿园环境创设
    ├── 幼儿园环境创设的意义
    │   ├── 是幼儿良好生活的保障
    │   ├── 能为幼儿学习提供保障
    │   ├── 能激发幼儿的创造力
    │   └── 能为幼儿教师提供舒心的工作氛围
    ├── 幼儿园环境创设的目标
    ├── 幼儿园环境创设的原则
    │   ├── 幼儿园物质环境创设的原则
    │   └── 幼儿园精神环境创设的原则
    └── 幼儿园环境创设的方法
        ├── 讨论法
        ├── 操作法
        ├── 评价法
        └── 探索法
```

第一节 幼儿园环境

情境导入

孟母三迁

孟子小的时候和母亲住在墓地旁边。有一天，孟子和邻居的小孩一起学着大人跪拜、哭泣的样子，玩起办理丧事的游戏。孟子的妈妈看到了，就皱起眉头："不行！我不能让我的孩子住在这里！"于是，孟子的妈妈就带着孟子搬到市集。到了市集，孟子又和邻居的小孩学起商人做生意和屠宰猪羊的事。孟子的妈妈知道了，又皱起眉头："这个地方也不适合我的孩子居住！"于是，他们又搬家了。这一次，他们搬到了学校附近。每月阴历初一这个时候，官员到文庙，行礼跪拜，互相礼貌相待，孟子见了之后都学习记住。孟子的妈妈很满意地点着头说："这才是我儿子应该住的地方呀！"于是他们定居在了这个地方。

思考："孟母三迁"是最早的选择幼儿教育环境的故事，你从材料中学到了什么？

知识梳理

一、幼儿园环境的概念

人与环境有着密切的联系，人是社会环境的产物，环境是人类生存条件的综合。《荀子·劝学》有"蓬生麻中，不扶而直"的论断，足见良好的环境对于人健康成长的重要性。幼儿园环境可以理解为支持与影响幼儿教师与幼儿在园活动的一切条件的总和，其概念有广义与狭义之分。广义的幼儿园环境，既包括幼儿园内部的小环境，又包括园外的家庭、社会、自然、文化等大环境。狭义的幼儿园环境，是指在幼儿园中，对幼儿身心发展产生影响的物质与精神要素的总和，即专指幼儿园的内部环境。幼儿园的内部环境，是特别为幼儿的身心发展而创设的，其建筑、地理位置、绿化、设施、玩具材料、图书、师生关系的营造等都有特别的教育意义。因此，为幼儿创设良好的环境是幼儿园教育活动中的一项重要内容，也是必不可少的教育途径。

二、幼儿园环境的类别

幼儿园环境按其性质可分为物质环境和精神环境两大类。

（一）物质环境

广义的物质环境是指对幼儿园教育产生影响的一切自然环境与社会环境中物的要素的总和，如自然风光、城市建筑、社区绿化、家庭物质条件、居室空间和装饰等。狭义的物质环境是指幼儿园内对幼儿发展有影响作用的各种物质要素的总和，如园舍及装饰、设备材料、幼儿园空间的设计与利用、各种游戏材料和教具等。

物质环境是幼儿园教育赖以进行的物质基础，会影响幼儿的行为表现。物质环境的好坏与教育质量关系密切。如果一个幼儿园缺乏起码的物质条件，让几十名幼儿挤在一个狭小活动室里，又没有可操作的玩具材料，不用说教育，就连幼儿的安全、健康也得不到保证。相反，一个良好的物质环境能陶冶幼儿的性情，激发幼儿的好奇心，鼓励幼儿的探索行为，使幼儿在操作和摆弄各种材料的过程中，学习知识，获得各种社会行为，实现个人的发展。

（二）精神环境

广义的精神环境是指对幼儿园教育产生影响的整个社会的精神因素的总和，主要包括社会政治、经济、文化、艺术、道德、风俗习惯、人们的生活方式、人际关系等。狭义的精神环境是指幼儿园内对幼儿发展产生影响的一切精神要素的总和，如幼儿园中幼儿教师的教育观念和行为、文化氛围、师幼关系等。

幼儿园的精神环境虽是一种无形的环境，却对幼儿的发展，特别是对幼儿情感、社会性、个性品质的形成和发展具有十分重要的作用，是影响幼儿园教育质量的一个重要因素。

幼儿园物质环境和精神环境对幼儿发展都起着重要的作用，相对而言，幼儿园精神环境对幼儿的影响更为深远。在具备了基本的物质条件后，对幼儿园教育起重要作用的是精神环境。

三、幼儿园环境的特征

（一）幼儿园环境具有教育性

幼儿园作为专门的幼儿教育机构，其环境创设与其他非教育机构有显著区别。它是根据幼儿园教育的目标及幼儿的发展特点有目的、有计划、有组织地精心创设的。因为在幼儿园教育中，环境创设不仅是美化的需要，更是教育者实现教育意图的重要中介。

例如，在幼儿园图书角铺上柔软的地毯、放上舒适的坐垫、矮架上整齐地排列着各种图书，这样的环境布置无声地告诉幼儿，他可以坐在地毯上悠闲地读书，但不能大声喧哗，而且读后应把书整齐地放回书架。

（二）幼儿园环境具有童趣性

在幼儿园环境创设中，不管是建筑物、学具玩具、运动娱乐器械等设施的造型，还是墙饰、景点的色彩等都要符合幼儿的审美情趣，其造型要有童趣的特征。童趣是幼儿园的核心灵魂，不重视它，就没法吸引幼儿去关注幼儿园的一切，教育目标就难以实现，就会阻碍幼儿的身心发展。创设者要了解幼儿的心理、生理和审美特征，要尊重、理解幼儿的欣赏需求，主动寻求并创设出更加适合幼儿视觉感受的形象造型、色彩及环境氛围。

（三）幼儿园环境具有艺术性

幼儿园环境应具有突出的艺术性，保证幼儿在积极美好的环境中受到熏陶，从而激发幼儿感受美、体验美的能力和表现美、创造美的情绪，因而幼儿园环境应美观大方，能让幼儿们在纯美的色彩的无数次浸染之后，变得懂美爱美起来，让他们的双手在制作美、创造美的过程中，变得灵巧起来，让他们的心灵在无数次欣赏美之后，变得纯净美好起来。

（四）幼儿园环境具有可控性

幼儿园的内部环境与外部环境相比具有可控性，即幼儿园内环境的构成处在教育者的控制之下，具体表现在以下两个方面：一方面，社会上的精神、文化产品，各种幼儿用品等在进入幼儿园前，必须经过幼儿园精心筛选，以有利于幼儿发展为选择标准。另一方面，幼儿教师要根据教育的要求及幼儿的特点，有效地调控环境中的各种要素，维护环境的动态平衡，使之始终保持在最适合幼儿发展的状态。例如，幼儿在玩球类游戏时，如果想让幼儿练习拍球的技能，则应给幼儿每人准备一个球。如果想让幼儿学习分享、轮流与等待，那么几个幼儿玩一个球就比较妥当。

人的活动是决定幼儿园内部环境质量的关键因素，其中在人的要素中，幼儿教师是幼儿园中对幼儿发展影响最大的因素。例如，在物质环境的创设上，即便幼儿园物质环境一般，如果幼儿教师热爱教育事业，拥有正确的价值观与专业态度，在教育实践中克服重重困难，因地制宜，自己动手，创造条件，美化环境，利用废旧物品制作玩教具，根据季节的变化及时把大自然中富有特点的事物组织到幼儿园教育中去，幼儿的各方面也能得到很好的发展。相反，如果幼儿教师的教育观念不正确，把美观、漂亮作为评价环境好坏的主要标准，就会盲目追求豪华高档的硬件设备，结果装备好而教育质量也未必高。

作为支持与影响人的活动的外部条件，人们的活动总是在一定的环境中进行的，环境可谓无所不在。瑞吉欧教育工作者把环境看作"第三位老师"，"孟母三迁"的故事、"近朱者赤，近墨者黑"的古语，也同样让我们深刻地体会到幼儿园环境对幼儿的重要性。

四、几种关于环境对幼儿发展作用的理论

（一）成熟主义

美国心理学家格塞尔提出了成熟理论。成熟主义认为，儿童的发展是一个顺序模式展开的过程，这个模式是由机体成熟预先决定的。但不排除环境对儿童的发展起着支持、影响作用，即环境所起到的作用是为发展提供适当的时机。

福禄培尔强调儿童身心发展的顺序性和"自我活动"的原理。他强调为儿童准备适合他们年龄和经验的丰富环境，让儿童在环境中去正确观察、认识事物的特性、相互关系、时间与空间关系等，由外在事物引发内在能力，进而将儿童内在的东西表现出来，发挥其潜能。

蒙台梭利非常重视环境的作用，她在《蒙台梭利方法》中声称，"环境无疑在生命的现象中是第二位的因素，它能改变，包括助长和抑制，但它从来不能创造"。她坚信环境对人心智、心理发展起着举足轻重的作用，所以她指出，"把头等重要性归因于环境问题，这形成了我们教育方法的特点"。她强调，儿童内在潜能是在环境的刺激、帮助下发展起来的，我们在学前教育中应注重创设"有准备的环境"。

（二）行为主义

行为主义认为，个体的心理发展是环境影响或塑造的结果，人的所有行为都是对环境刺激的反应，有什么样的环境就有什么样的心理和行为。儿童的行为与发展具有可塑性和可控制性，可以通过外部因素的影响来塑造与修正儿童的行为。

新行为主义者看到了在行为前后环境因素仅起着潜在的可能性，要想让环境的影响作用成为现实就必须考虑人自身对其的选择、组织和加工。由于行为主义片面夸大环境和教育在儿童心理发展上的作用，受到了很多人的批判，但它对学前教育环境的创造和利用具有重要意义。

（三）建构主义

以皮亚杰为代表的认知发展理论亦非常重视环境的作用。皮亚杰坚持以内因和外因相互作用的观点来研究儿童的认知发展。他认为，儿童是在与周围环境相互作用的过程中，逐步建构起关于外部世界的知识，从而使自身认知结构得到发展。认知发展学派把幼儿看作积极主动的学习者，幼儿积极主动地探索周围环境，与周围环境中的人和事物相互作用，建构起自己对周围环境中的人与事物的认识和理解。即便是很小的婴儿，也在不断努力地弄懂周围世界。儿童的生活就是在环境中不断社会化、不断学习、不断完善的过程。

美国著名的心理学家布朗芬布伦纳用生态系统理论说明了环境与学前儿童发展的关系，并逐渐引起教育界的重视。他认为，个体发展处在直接环境（养育环境）到间接环境（社会文化）之间的几个环境系统中，每个系统都会通过一定的方式对个体的发展产生影响。各系统之间、系统与儿童个体之间发生交互作用，这种作用导致儿童不同的发展水平。儿童既是环境的产物，也是环境的生产者，其发展的过

程就是同环境系统相互作用的过程。这启发人们重视各环境系统对幼儿发展的影响，研究儿童与环境相互作用的各因素，为儿童身心健康发展创造最优的环境条件。

第二节　幼儿园环境创设

▶ 情境导入

让幼儿哭闹的一幅画

慧慧最近不喜欢去幼儿园，每次到幼儿园门口都哭闹不休，入园需要家长和老师轮番劝诫，最后由老师抱着进入班级教室。班主任经过观察，发现慧慧不愿意来幼儿园的原因是幼儿园大厅有一幅画，远远望去很像一头牛在用牛角抵一个小男孩，这幅画使慧慧非常害怕。了解过情况之后，幼儿园将大厅里的那幅画换成了一幅非常温馨、可爱的卡通画。此后慧慧每天都盼着去幼儿园和小朋友玩耍。

思考：材料中涉及幼儿园物质环境创设的哪几项原则？

▶ 知识梳理

一、幼儿园环境创设的意义

（一）是幼儿良好生活的保障

幼儿园是幼儿重要的生活环境。幼儿园生活，是幼儿从家庭走向社会的第一个台阶，幼儿园生活环境的质量，包括幼儿在园的生活条件和人际关系等，不仅影响幼儿在园生活的质量，而且直接影响幼儿身心各方面的发展，影响幼儿对幼儿园的情感与态度。

（二）能为幼儿学习提供保障

幼儿园也是幼儿重要的学习环境。幼儿是在环境中学习，通过与环境的相互作用而获得发展的。不同的环境，可以给幼儿不同的学习经验，对幼儿的发展产生不同的影响。在幼儿园这个集体生活的环境中，幼儿可以学习如何与家庭成员以外的人相处，学习如何与同龄伙伴交往、共同生活与游戏，学习与体验人与人之间交往的基本的社会行为规范。在幼儿教师的支持、帮助与引导下，幼儿也在学习与体验探索周围环境，发现问题与解决问题，形成对周围环境中的各种事物与现象的初步认识态度，学习不依赖成年人的帮助，独立地行动与做事，萌发美感和对于体育活动的兴趣。

（三）能激发幼儿的创造力

幼儿不是幼儿园环境的主要创造者，但也不是消极的旁观者和享用者，而是环境创设的积极参与者和互动者。在环境创设的过程中，幼儿教师可结合幼儿特点指导幼儿参与环境的设计、动手制作材料和布置环境等过程，从而激发幼儿的创造力。

（四）能为幼儿教师提供舒心的工作氛围

幼儿园不仅是幼儿生活与学习的环境，也是幼儿教师工作的环境。幼儿教师的工作态度与能力，与幼儿园的工作环境状况有关。一个有利于幼儿教师学习与发展的环境，才有可能成为有利于幼儿学习与发展的环境。在幼儿园工作的每一个人（包括园长与教职工），都在参与幼儿园环境的创造，这种环境反过来又影响着每个人的工作，影响着幼儿教师和幼儿在园生活与学习的质量。

🐦 **真题再现**

【论述题】什么是幼儿园环境？为什么幼儿园教育中要强调创设良好的幼儿园环境？请联系实际说明。（2017年下半年国家教师资格考试"保教知识与能力"真题）

二、幼儿园环境创设的目标

正如美国著名教育家杜威在《民主主义与教育》中所宣称的，"我们从来不是直接地进行教育，而是间接地通过环境进行教育"，尤其对于人的早期教育来讲，与周围环境的相互作用是个体心理发展的基本途径。通过创设适宜的环境对幼儿实施教育影响，是幼儿教育的基本途径。

进行幼儿园环境创设，首先要解决创设目标的问题。《纲要》中对幼儿园环境创设做了如下要求，我们可以将其看作我国幼儿园环境创设的总目标。

环境是重要的教育资源，应通过环境的创设和利用，有效地促进幼儿的发展。

（1）幼儿园的空间、设施、活动材料和常规要求等应有利于引发、支持幼儿的游戏和各种探索活动，有利于引发、支持幼儿与周围环境之间积极的相互作用。

（2）幼儿同伴群体及幼儿教师集体是宝贵的教育资源，应充分发挥这一资源的作用。

（3）教师的态度和管理方式应有助于形成安全、温馨的心理环境；言行举止应成为幼儿学习的良好榜样。

（4）家庭是幼儿园重要的合作伙伴。应本着尊重、平等、合作的原则，争取家长的理解、支持和主动参与，并积极支持、帮助家长提高教育能力。

（5）充分利用自然环境和社区的教育资源，扩展幼儿生活和学习的空间。幼儿园同时应为社区的早期教育提供服务。

可以看出，以上幼儿园环境创设的目标既关注了幼儿发展的物质环境，又关注了精神环境；既考虑了环境对幼儿发展的引导作用，又考虑到了幼儿主动性的发挥；既看到了幼儿园内部环境对幼儿发展的影响，又看到了园外环境对幼儿发展的作用。

三、幼儿园环境创设的原则

幼儿园环境创设的原则就是幼儿教师在创设幼儿园环境时应遵循的基本要求，这些原则贯穿于环境创设的各项工作之中，对环境创设的每一步都具有指导作用。

（一）幼儿园物质环境创设的原则

1. 安全卫生性原则

安全卫生性原则主要是指幼儿园的园舍建筑、设施设备、活动场地、玩教具等有形的物质条件必须符合国家颁布的相关卫生标准和安全标准，对幼儿的身体或心理没有危险和安全隐患，以及不造成幼儿畸形发展。安全的幼儿园环境是适合幼儿发展的必备条件，只有在安全的环境里，幼儿的生命健康才能获得保障，幼儿才可能获得自由、快乐的发展。因此，安全卫生性原则是创设环境的首要依据和基本条件。

> **真题再现**
>
> 【单项选择题】幼儿园创设物质环境时首先应考虑的要求是（　　）。（2022年上半年国家教师资格考试"保教知识与能力"真题）
>
> A.经济性　　　B.安全卫生性　　　C.功能性　　　D.美观性
>
> **参考答案：** B。

2. 适宜性原则

适宜性原则是指幼儿园的所有物质条件都要从保障与促进幼儿身心顺利和健康发展出发，要与幼儿发展水平、年龄特点、兴趣爱好、个性特征等相互匹配、同步、协调，要能满足幼儿全面发展的需要。因为"发展"是幼儿阶段的第一要务，促进幼儿身心发展是幼儿园工作的中心工作。

3. 丰富性原则

丰富性原则是指幼儿园要依据《纲要》提出的幼儿发展目标，为全体幼儿提供足够的、多种多样的可供获取的知识信息、情感体验及活动技能等富含教育价值的物质条件。幼儿园要做到没有一处无用的环境，只有生活在这样的教育环境中，幼儿的潜能才能得到最大程度的、全面的发挥。遵循环境创设的丰富性原则，就要从幼儿活动的空间、方式和材料等方面进行全面的考量与设计。

4. 平衡性原则

平衡性原则是以丰富性原则为基础的补充性原则。也就是说，幼儿园物质环境创设不仅要考虑内容的丰富多样，更要关注环境中各种内容之间及其各种教育功能之间的相对平衡和全面。在环境创设中应注重以下几个方面的平衡：一是身体发展与心理发展的平衡；二是智力因素与非智力因素的平衡；三是各种感官发展的平衡；四是知识的平衡与系统。

5. 效用性原则

效用性原则就是指要以最小的投入换取最大的产出。此处的"投入"涵盖创设环境所需耗费的人力、物力、财力、时间和精力等资源。具体应从以下几个维度进行创建：一是简易，二是近便，三是相关与结合、分隔与边界，四是多功能。

真题再现

【单项选择题】幼儿园环境创设中，使用易于识别的生活行为规则标识图，其最主要的目的是（　　）。（2017年上半年国家教师资格考试"保教知识与能力"真题）

A. 美化环境　　　　　　　　B. 便于幼儿看图说话

C. 便于幼儿认识各种符号　　D. 便于幼儿习得生活技能和行为准则

参考答案：D　幼儿园的环境创设往往隐含着教育意图。在幼儿园环境中，使用易于幼儿识别的生活行为规则标识图的目的是便于幼儿习得生活技能和行为准则。故本题选D。

6. 动态性原则

动态性原则是指幼儿园物质环境创设要从空间、内容、材料、规则等方面关注环境的不断变化和生成。传统的幼儿园物质环境材料多是一些静止不动、陈列式的材料，或是观赏性的装饰物品。这样的环境无法满足幼儿的需求，更不能和幼儿互动。因此，在创设幼儿园物质环境时应遵循动态性原则，物质环境都应尽量体现"动"的形式，有这样的环境才能和幼儿随时随地进行互动。

7. 主体性原则

主体性原则就是幼儿园物质环境的创设应尊重幼儿在环境中的设计、支配、管理的主体地位。主体性原则一方面强调幼儿在环境创设与使用中的主体地位，另一方面强调幼儿在环境创设中表现出来的自主性、能动性和创造性。

8. 启发性原则

幼儿园物质环境创设中的启发性原则，就是要使环境能够引发幼儿思考，培养幼儿的思维能力和主动探索的能力。启发性原则是在教育中最多被提到的教学原则。教学中的启发原则是以幼儿教师为主导，而环境中的启发性原则完全是以幼儿为主体，幼儿自主选择具有启发性的环境。

9. 挑战性原则

挑战性原则就是要使环境能够挑战幼儿的已有能力，并让幼儿的能力得到更好的发展。幼儿园物质环境创设遵循挑战性原则可从以下几个方面实施：一是创设富有挑战性的问题情境，构建探究的阶梯；二是提供多种层次的挑战，适合不同水平的幼儿；三是在保障安全的基础上，多些探险活动。

10. 开放性原则

开放性原则是指创设幼儿园物质环境时不应"闭门造车"，而应在空间、内容、方式和参与者等诸方面都体现出开放的理念，形成开放的幼儿园环境系统。只有给幼儿创设开放的环境，才能让幼儿在开放的世界生活。当然，对于托班、小班幼儿来讲，他们身体的自控和管理能力较差，太开放的空间会让他们感到不知所措、无所适从，因此可以对他们实行开放与半开放相结合的方式。例如，活动时的空间是开放的，以便幼儿对材料、玩具进行选择，在活动结束后或在环境转换时，开放的环境可转换为半开放的环境。

（二）幼儿园精神环境创设的原则

1. 多关注原则

"关注"既指用眼睛看某人、某事，也指关心重视，用实际行动去对待某人、某事。幼儿教师在实施这一原则时也要做到两个层面的关注：不仅要注意到每个幼儿的发展变化，也要及时、敏感地为每个幼儿提供必要的帮助。幼儿特别喜欢被人关注，有时为得到关注甚至不惜挨批评。有些幼儿喜欢搞恶作剧，很大程度上是为了引起幼儿教师和其他幼儿的注意。而批评确实也是幼儿教师对幼儿的一种关注，但这是一种消极的关注，对幼儿心理健康成长是不利的。积极的关注则有利于幼儿心理健康成长。可以说，幼儿教师的一个眼神、一个微笑、一个拥抱、一句问候都是对幼儿积极关注的方式。这些表情、动作、言语或者态度等都传达着幼儿教师对幼儿的热爱、重视、认可、支持、接纳、肯定等信息。这是建立良好师幼关系的基础。

2. 多尊重原则

当今的中外教育家都将尊重幼儿作为一切教育的根本和依据，从把幼儿作为与成年人一样拥有基本权利的人来尊重，到尊重幼儿的天性；从尊重幼儿的生理特征、个性特征，到尊重幼儿的精神。由此衍生出诸多命题——尊重人权、尊重人格、尊重个性、尊重兴趣、尊重习惯等。多尊重原则就是要在幼儿发展的各个方面都给予重视并认真对待。

3. 多接纳原则

多接纳是一种平等公正的态度，一种宽容博爱的情怀。幼儿教师在营造精神环境时，无论面对的幼儿是聪明的还是迟钝的，健康的还是有缺陷的，富足的还是贫穷的，顽皮的还是乖巧的，都应以平等的态度、无私的情怀去真心接纳每一位幼儿。幼儿教师的不公正态度是幼儿最不能忍受的，不利于和谐师幼关系的建立。

4. 多肯定原则

多肯定主要是指对幼儿的言行、情感等多给予正面的评价、积极的引导，少一些否定的评价和消极的惩罚。幼儿教师对幼儿要充分肯定个体的成功面，给予个体自尊和自信，使其用积极的因素克服消极的因素，变被动的接受批评为内心的自我反省，最大限度地避免"批评"所带来的负面效应。

5. 多信任原则

多信任原则就是幼儿教师从教育观念和态度上能够相信幼儿的能力，并在与幼儿互动中能够有目的地鼓励幼儿自发地、有价值地主动探究和解决问题。对幼儿的多信任是建立良好师幼关系的基础。信任幼儿，才能给幼儿学习的空间和机会。信任幼儿，让幼儿形成对周围世界的信任感，也能帮助幼儿建立自信。

6. 多赏识原则

马斯洛的需要层次理论认为，人类除了最基本的生命需要、安全需要，更高层次的需要就是对爱、尊重、肯定、认可等的需要。精神环境营造中的多赏识原则是以人性为基础，满足幼儿内心的高层次需要，以建立和塑造幼儿健全的人格及健康的心理，进而使幼儿得到最大程度的全面发展。

7. 多支持原则

幼儿园精神环境的营造要遵循多支持原则，一般认为有两层含义：一是支撑、维持；二是提供帮助。支持有不同的方式，幼儿教师可以通过语言、行动、暗示等方式对幼儿实行直接的帮助或间接的保护。所谓的多支持就是幼儿教师要在幼儿的天性、学习、情感和自我评价等方面都给予充分的保护和必要的帮助。

8. 多互动原则

在幼儿园中，幼儿的认知、情感、社会性等方面是在与幼儿教师的有效互动中逐步发展起来的。促进幼儿全面发展，既要关注幼儿教师与幼儿之间互动的数量，也要关注其质量。因此，多互动原则就是指在营造幼儿园精神环境时，幼儿教师应与幼儿在有效的互动中建立良好的师幼关系，以促进幼儿身心全面发展。

9. 多自由原则

从心理学上分析，学习是个体对情境的反应，而且是积极主动的反应。幼儿园的实践证明，幼儿在自由、自主的游戏和探索活动中，学习得最积极，表现得最具创造性。因此，遵循多自由原则就是在营造精神环境时要充分考虑给予幼儿自由的时空和充分的选择机会，让幼儿在"自由"的心理氛围中学习、探索。

10. 多自主原则

自主就是"自己做主，自我管理，不受他人支配"。自主应是在活动中进行的，没有活动，自主也就无从体现。幼儿能力和个性的发展深受活动内容与活动方式的影响，幼儿的创造性也必须通过活动得以发展和表现，离开了自主自由的活动，其创造性就不复存在了。因此，多自主原则就是幼儿教师为幼儿营造宽松自由的心理环境，让幼儿在自我管理的活动中进行自主学习，以满足幼儿的自主需要并激发幼儿的创造潜能。

四、幼儿园环境创设的方法

幼儿园环境创设的方法多种多样，下面择要介绍几种基本方法。

（一）讨论法

幼儿教师与幼儿之间、幼儿与幼儿之间的讨论是贯穿于整个环境创设过程的，包括对环境主题的选择、区域空间的布局、学习材料的选择与投放、区域活动规则的形成、环境的调整等内容的讨论。讨论法的运用能让幼儿参与幼儿园环境的创设，并在适当听取幼儿意见的基础上，创设出幼儿心目中的幼儿园环境，有利于提高幼儿参与环境创设的程度。

（二）操作法

操作法是幼儿教师和幼儿根据讨论达成共识，动手操作完成空间布局、材料搜集、制作及其投放，并开展活动的过程。在操作过程中，幼儿的动手能力和创造能力得到锻炼，幼儿亲自体验到制作的乐趣的同时，还提高了爱护学校公共设施的意识。操作法是目前幼儿参与环境创设的最普遍的方法。

（三）评价法

评价法是对环境的教育价值和适宜性等进行评估的方法。它是幼儿园教育评价的一个方面，也是对幼儿园环境进行调整的依据。幼儿园的环境创设不是一蹴而就的，需要在创设的过程中不断地进行评价、调整与修订，从而找到最合适的幼儿园环境创设方式。

（四）探索法

探索法是根据环境评估的结果对幼儿园环境的空间布局、活动区设置和材料投放等进行探索性调整的过程。探索法注重探索研究精神的培养，可以在某些环节留出空白区域，引导幼儿大胆想象。

情境回顾

真题再现

【简答题】作为幼儿教师，如何在保教活动中营造良好的心理氛围？（2017年上半年国家教师资格考试"保教知识与能力"真题）

笔记栏

复习强化

一、单项选择题

1.狭义的幼儿园环境是指在幼儿园中，对幼儿身心发展产生影响的（　　）的总和。

　　A.物质要素　　　　　　　　　　B.精神要素

　　C.园外要素　　　　　　　　　　D.物质和精神要素

2.下列不属于幼儿园物质环境因素的是（　　）。

　　A.幼儿园游戏材料　　　　　　　B.幼儿园楼道装饰

　　C.幼儿园教具　　　　　　　　　D.幼儿园园风

3.下列不属于幼儿园精神环境因素的是（　　）。

　　A.教育观念　　　　　　　　　　B.幼儿教师的年龄

　　C.幼儿教师的行为　　　　　　　D.幼儿教师和幼儿的关系

4.幼儿园的环境主要是为实现（　　）服务的。

　　A.美化幼儿园　　　B.幼儿美育　　　C.教育目的　　　D.教学目标

5.下列与幼儿园环境创设的意义关联度不大的是（　　）。

　　A.是幼儿良好的生活保障　　　　B.为幼儿学习提供保障

　　C.激发幼儿创造能力　　　　　　D.满足幼儿家长期望

6.美国著名教育家杜威曾说："我们从来不是直接地进行教育，而是间接地通过环境进行教育。"这说明了（　　）的重要性。

　　A.直接教育　　　B.间接教育　　　C.环境创设　　　D.教育者

7.下列不属于幼儿园环境创设原则的是（　　）。

　　A.多关注原则　　B.适宜性原则　　C.政府导向原则　　D.安全卫生性原则

8.（　　）是以丰富性原则为基础的补充性原则。

　　A.平衡性原则　　B.适宜性原则　　C.多样性原则　　D.安全卫生性原则

二、简答题

1.简述幼儿园环境的类别。

2.简述幼儿园环境的特征。

3.简述幼儿园环境创设的总目标。

4.简述幼儿园环境创设的主要方法。

参考答案

三、论述题

1.结合实例分析幼儿园环境创设的原则。

2.分析幼儿园环境创设的意义。

第八章
幼儿园班级管理

其身正，不令而行；其身不正，虽令不从。

—— 〔战国〕《论语·子路》

学习目标

本章导入

▶ 知识目标

1. 理解幼儿园班级管理的概念、目的、内容、原则与方法。
2. 了解幼儿园班级管理的过程，以及各类班级的常规管理。

▶ 能力目标

能够主动学习班级管理知识并具备班级管理能力。

▶ 素质目标

通过幼儿园班级管理知识的学习，提升幼儿保育和教育知识素养。

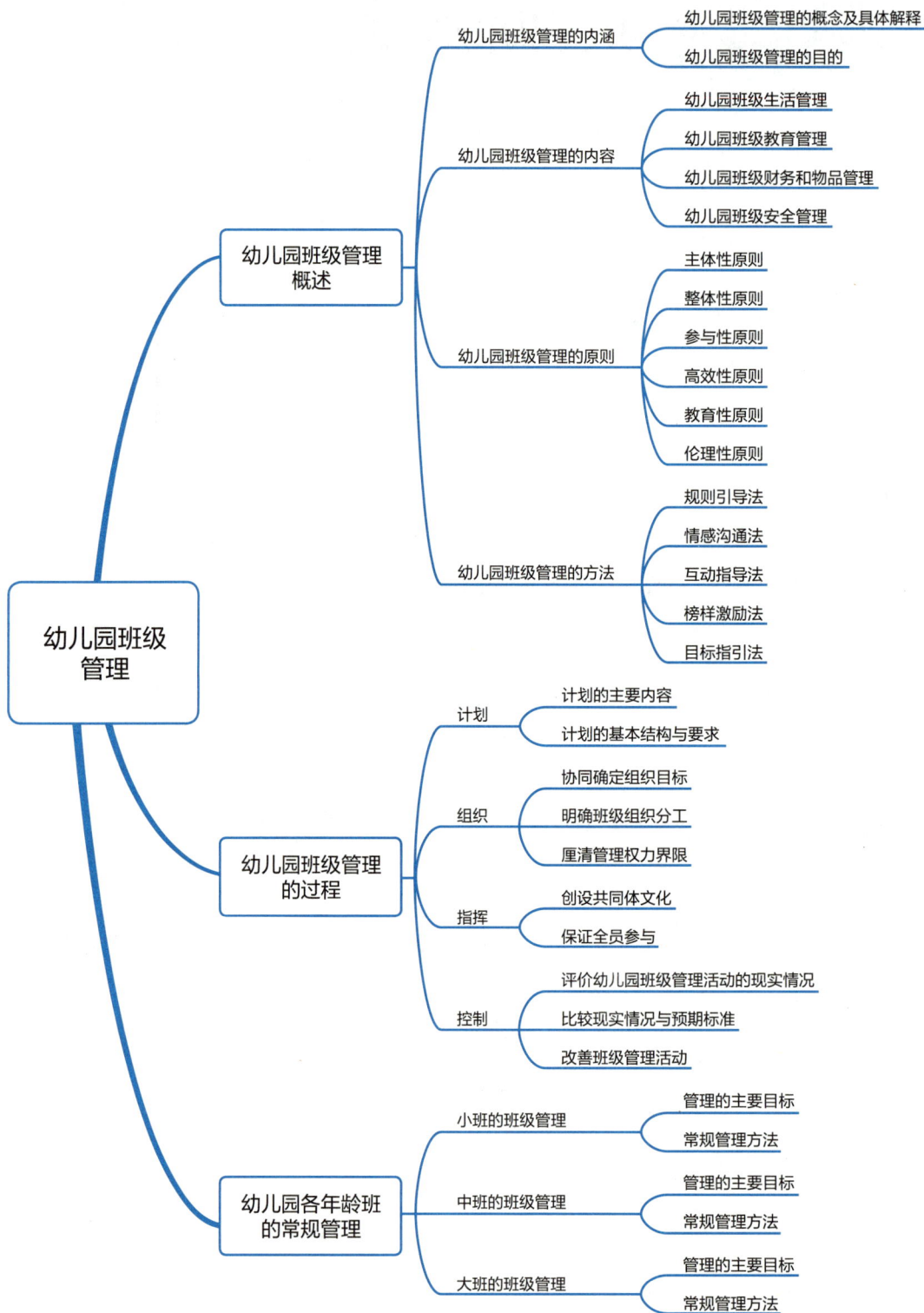

知识导图

幼儿园班级管理
- 幼儿园班级管理概述
  - 幼儿园班级管理的内涵
    - 幼儿园班级管理的概念及具体解释
    - 幼儿园班级管理的目的
  - 幼儿园班级管理的内容
    - 幼儿园班级生活管理
    - 幼儿园班级教育管理
    - 幼儿园班级财务和物品管理
    - 幼儿园班级安全管理
  - 幼儿园班级管理的原则
    - 主体性原则
    - 整体性原则
    - 参与性原则
    - 高效性原则
    - 教育性原则
    - 伦理性原则
  - 幼儿园班级管理的方法
    - 规则引导法
    - 情感沟通法
    - 互动指导法
    - 榜样激励法
    - 目标指引法
- 幼儿园班级管理的过程
  - 计划
    - 计划的主要内容
    - 计划的基本结构与要求
  - 组织
    - 协同确定组织目标
    - 明确班级组织分工
    - 厘清管理权力界限
  - 指挥
    - 创设共同体文化
    - 保证全员参与
  - 控制
    - 评价幼儿园班级管理活动的现实情况
    - 比较现实情况与预期标准
    - 改善班级管理活动
- 幼儿园各年龄班的常规管理
  - 小班的班级管理
    - 管理的主要目标
    - 常规管理方法
  - 中班的班级管理
    - 管理的主要目标
    - 常规管理方法
  - 大班的班级管理
    - 管理的主要目标
    - 常规管理方法

<table>
<tr><td>第一节</td><td>幼儿园班级管理概述</td></tr>
</table>

▶ 情境导入

班级管理的体会

　　魏老师在幼儿园工作已经好多年了，对幼儿园班级管理的工作深有体会。她说："幼儿园的班集体就像一个大家庭，几十个孩子都要老师负责，班级管理需要细心、细心、再细心。老师要时时处处站在为幼儿负责的高度，细心观察幼儿的表现，及时发现和消除不安全因素，防止意外事故发生，确保幼儿的安全。例如，细心的老师会告诉孩子不拉手跑，手不能插裤兜里，抬起头，慢慢走；游戏活动时会检查孩子的鞋带有没有系好，这看似小事其实不小——如果孩子绊倒摔伤了怎么办？只要细心去观察，就能及时将可能出现的隐患彻底消除。"

　　思考：上述材料体现了幼儿园班级管理中的哪一项管理内容？幼儿园班级管理还有哪些方面的内容？

▶ 知识梳理

一、幼儿园班级管理的内涵

（一）幼儿园班级管理的概念及具体解释

1. 幼儿园班级管理的概念

　　班级是幼儿园开展教育教学活动的基本组织形式，也是幼儿园行政管理的最基层单位，更是幼儿共同生活、学习和社会交往的重要场所。

　　幼儿园班级管理是幼儿教师与行政人员遵循国家的学前教育政策、法规，按照幼儿身心发展规律和保教工作规律，采用科学的工作方式和管理手段，通过组织、计划、实施、调整等环节，将人、财、物、时间、空间、信息等要素合理组织起来，为实现国家规定的学前教育目标而进行的保教组织管理活动。

2. 幼儿园班级管理概念的具体解释

　　幼儿园班级管理的概念包含如下几层意思。

　　（1）幼儿园班级管理的主体是人，可以是一个人，也可以是一群人。

　　（2）幼儿园班级管理是通过计划、组织、实施、调整等环节来实现的。

（3）幼儿园班级管理的对象是幼儿园的人、财、物、时间、信息等。不同的管理活动，其管理对象不同，可以是人，或人和其他因素的综合。其中最重要的工作是对人的管理，即对班级中幼儿、教师和家长的管理。

（4）幼儿园班级管理的基本环节包括组织、计划、实施、调整等。班级管理是通过这些环节来实施的，各个环节相对独立又相互配合，共同构成了一个螺旋上升的整体关系，有利于班级管理的正常开展。

（5）幼儿园班级管理是有目标的活动，管理的最终目的是实现管理目标。

（二）幼儿园班级管理的目的

1. 内在目的

幼儿园班级管理的内在目的是把幼儿培养成个体生活的主体和社会生活的主体。幼儿园班级管理中最重要的和最直接的管理对象是幼儿。幼儿既是自然存在的生命体，又是社会存在的生命体。因此，对幼儿进行管理，首先，要了解幼儿的自然天性，遵循人的发展规律，把幼儿培养成个体生活的主体；其次，要让幼儿在自然的基础上获得人的生命的自由，把幼儿培养成社会生活的主体。

2. 外在目的

幼儿园班级管理的外在目的是形成办园特色，打造办园品牌。班级管理水平会直接影响幼儿园的教育教学质量，进而影响幼儿园的声誉。因此，做好班级管理工作对于幼儿园来说意义重大。一所幼儿园要想得到社会的认可，就要办出自己的特色。特色是在幼儿园的发展过程中形成的。一所幼儿园的发展必须通过幼儿园的班级管理来实现。因此，实施幼儿园班级管理并积极探索班级管理新方法，不断提升班级管理水平，使班级管理工作由规范化模式逐步走向特色化的管理轨道，是形成办园特色的关键。

二、幼儿园班级管理的内容

结合幼儿园工作实际，幼儿园班主任的职责主要如下：一是制订和执行班级教育工作计划；二是开展适宜的教育活动；三是做好卫生保健工作；四是重视家园合作；五是积极学习、参与研究；六是定期总结、接受检查指导。要成为合格的幼儿园班级管理教师，就要主动、积极地承担以上职责，在不断学习、研究、总结和园长指导的基础上，根据班级特点制订适合于本班的教育工作计划，积极配合、联系保育员和家长，有效开展适宜于幼儿和本班实际的教育活动，以促进幼儿身心和谐发展，完成班级管理工作任务。

幼儿园班级管理一般由生活管理、教育管理、财务和物品管理、安全管理及其他管理组成。其中，其他管理包括家园交流管理、班级交流管理、幼儿社区活动管理等。其他管理工作服务于幼儿的生活管理和教育管理。

（一）幼儿园班级生活管理

1.幼儿园班级生活管理的含义

幼儿园班级生活管理是为了保证幼儿的身体正常发育、心理健康成长，幼儿教师围绕幼儿在园内的起居、饮食等生活方面的需要而进行的管理工作。它是保育工作的主要内容，也是顺利进行班级管理和教育教学的必要条件。没有科学规范的生活管理，幼儿就无法开展各种有目的、有规则的教育与游戏活动。

2.幼儿园班级生活管理的内容

（1）学期初的工作。一是填写班级幼儿名册，填写幼儿家庭情况登记表，明确家园联系方法。二是家访并调查幼儿家庭教养情况，初步了解幼儿生活习惯，做好记录。三是安排幼儿个人用的床、毛巾架、水杯格，写上姓名并做好便于幼儿识别的标记。四是初步布置活动室环境，安排室内桌椅，准备活动设施等。五是观察幼儿一日生活的言行举止，并记录分析。六是依据幼儿一日生活表现的观察分析与家访调查，制订班级幼儿生活管理的计划和措施。

（2）学期日常工作。一是每日根据幼儿一日生活程序履行生活管理的职责。二是每日做好幼儿上午入园、下午离园的交接记录。三是每日保管好幼儿生活用品。四是每日做好班内外幼儿活动场地的清洁工作和各项设备的安全检查。五是每周对活动玩具进行消毒，更换生活用品。六是每周检查班级幼儿生活管理计划的实施情况。七是每周初，班级教师碰头，总结上周经验，调整本周幼儿生活管理的工作内容与措施，分工负责。八是观察幼儿生活行为，记录好其表现。九是对幼儿计划免疫、疾病、传染病情况进行登记。十是做好体弱幼儿的生活护理。

（3）学期末的工作。一是汇总平日对幼儿生活表现的记录，做好对幼儿生活情况的小结。二是总结班级幼儿生活管理工作，总结成绩与找出问题。三是向家长汇报幼儿生活情况小结，指导家长对幼儿假期生活进行管理。四是整理室内外环境，对集体用品、材料进行清点登记。

（二）幼儿园班级教育管理

1.幼儿园班级教育管理的含义

班级幼儿教师对教育过程进行精心设计与组织，对教育结果进行细致评估，在班主任（主班）教师带领下对班级幼儿进行调查研究，这一系列的工作称为幼儿班级教育管理。幼儿园班级教育管理对明确幼儿教育目标、优化幼儿教育方法、提高幼儿教育效果起着非常重要的作用。它保证了教育方法的科学化和教育过程的有效性。

2.幼儿园班级教育管理的内容

（1）开学初教育管理工作。一是结合家访和对幼儿进行的了解与观察分析，完成对班级幼儿发展水平的初步评估，并做好分析记录。二是根据幼儿情况及班级条件，制订详细的幼儿教育计划。三是根据教育教学计划，征集或领取幼儿的绘画、

笔记栏

手工材料、卡片、游戏工具等，预先设计好幼儿作品的存放处和幼儿教育档案，布置好班级教育教学的小环境。四是班级幼儿教师共同制订各项教育活动的组织形式及基本常规，建立班级教育活动的运转机制。

（2）学期日常教育常规管理。一是每日事务。检查教育教学计划，了解当日活动内容，准备好当日班级教育活动所需的材料，掌握好材料的分配情况。二是每周工作。提前两周，根据年级教研组备课计划，制订周教育进度与各活动安排，制订班级每日教育教学活动方案；根据教育教学活动方案，做好一周教具、学具材料的搜集与制作；每周末整理幼儿的学习用品，做好归类归档工作；对幼儿一周的学习表现记录在册；写教育笔记。三是每月工作。月初制定好月教育目标、月教育教学活动进度；召开班级教师会议，研究班级教育工作的具体内容和措施，协调分工与配合；做好个别幼儿教育的计划与修订措施。月末整理各种教育材料与资料；根据教育内容适当调整活动室安排，更新教育环境布置。

（3）学期末工作。一是整理教育活动方案、教育笔记和幼儿作品档案。二是做好幼儿全学期的评估工作，写好幼儿发展情况及表现的小结。三是完成教师自身的评估，总结个人教育目标的实现、教育方法的运用情况。四是清点教育教学活动材料并登记归档。

（三）幼儿园班级财务和物品管理

1. 班级财务管理

所谓班级财务管理，是指在幼儿园总经费的统筹规划下，班级教师对所划拨的班级经费进行预算、使用与结算的管理过程。班级财务管理的模式包括幼儿园统一管理的模式和分配到班级管理的模式。班级财务管理的方法主要如下。

（1）完善班级财务管理制度。班级教师依据整个幼儿园的财务管理制度，制定本班的财务管理制度，并且严格执行，规范行事，及时增删调整，使得班级财务制度更加完善，运作更加科学。

（2）合理预算、审批与开支。班级教师在班级预算编制时应坚持"量入为出、统筹兼顾、保证重点、收支平衡"的原则，保障幼儿在园的生活及教育教学活动的顺利进行。

（3）自觉接受多方督导和监管。班级教师在执行财务制度时应严格管理、明细账目、公开透明、相互监督，除班级保教人员之间的相互监管，也要接受园方的财务监督。对于要收取的费用，一定要经过家委会讨论通过，定期向家长公布账目，做到公开、透明，赢得家长的信任。

2. 班级物品管理

班级物品管理可以分为班级设施设备管理、班级用品管理和班级教育资料管理。

班级设施设备管理包括班级内外的所有设施设备，如钢琴等教学设施。幼儿园对于这些设施设备的管理都有全园性的规章制度。

班级用品一般指供幼儿在生活学习活动中使用的低值易耗品，包括幼儿玩具、读物、洗漱用品及班级装饰品等。这些物品易消耗，因此要妥善保管、合理安排、摆放得当，给幼儿一个整齐有序的环境，同时也方便幼儿教师教学使用。

班级教育资料包括教育笔记、观察计划、个案分析、家长工作记录本、家庭访问卡等，它是幼儿教师教育工作的财富，也是幼儿教师工作评估的依据，这些材料的书写要规范，属于个人的自己保管，属于班里的专门保管。

（四）幼儿园班级安全管理

1. 幼儿园班级安全管理的内容

幼儿从入园开始，一天的生活都要在幼儿园中度过，幼儿在园的生活大致可分为晨检、盥洗活动、进餐、午睡等环节。从安全角度对一日生活活动进行划分主要有以下几个方面：饮食和卫生安全、睡眠安全、心理安全。

（1）饮食和卫生安全。饮食和卫生安全主要是指由于幼儿年龄较小，其生活自理能力、自我控制能力及自我安全防范意识都较为薄弱，再加上抵抗力也不如成年人，因此，在进食环节尤其要注意卫生安全，幼儿园要确保食物的新鲜、卫生，幼儿教师要确保幼儿在进餐前有序洗手，以及在进餐过程中不要被食物烫伤。同时，在日常生活中还应该培养幼儿个人的卫生习惯，如注意饭前便后洗手，不乱用其他小朋友的水杯和毛巾，勤换衣服，勤修指甲等。

（2）睡眠安全。睡眠安全指的是幼儿在园午睡这一阶段的安全保障，午睡是幼儿养成良好生活习惯的一个重要行为。在午睡过程中，确保幼儿按时有序地午睡是保障安全的前提。幼儿教师在组织幼儿午睡过程中应提醒幼儿睡前如厕解便，防止尿床。午睡过程中有幼儿离床解便的，幼儿教师应跟随，防止幼儿摔伤。值守幼儿午睡的过程中，幼儿教师不得擅离职守，应随时巡视以观察幼儿有无异常情况。结束午睡起床也是容易出现意外伤害事故且容易被忽视的阶段，此阶段幼儿教师一定要分工合作，可让一名幼儿教师有序组织整理完内务的幼儿先行进入教室，其他幼儿教师组织剩余幼儿在寝室继续整理内务。

（3）心理安全。心理安全主要受物质环境及精神环境的影响，给幼儿创设有爱的、温馨的、稳定的物质环境及精神环境是每个幼儿教师的责任。幼儿身心都处于弱势地位，有着极度不安全感，幼儿教师要学会关心爱护幼儿，正确引导他们，让幼儿始终处于被接纳、被关怀、被尊重的状态中，争取让每一个幼儿都有健康安全的心理。

2. 幼儿园一日生活安全管理制度的建立

严格的一日生活安全管理制度是确保幼儿园各项活动安全有序进行的保障，对于每一项活动都应该建立相应的操作规程，明确责任人，确保幼儿在园受到无微不至的关心与照顾，保障幼儿在园健康快乐成长。幼儿园应该在安全管理制度建立的同时制定一套行之有效的奖惩制度，针对没有严格按照管理制度执行的幼儿教师予以相应的处罚。幼儿安全无小事，只有幼儿教师真正将幼儿的安全放在心上，把制度落到实处，才有可能最大限度地避免安全事故的发生。

3.幼儿园意外伤害

（1）幼儿园意外伤害发生的原因。幼儿园意外伤害是指在幼儿园日常教学、生活活动的过程中，在没有预知的情况下，各种突发因素造成的对幼儿身体伤害的事件。幼儿的年龄特点决定其在这个时期好奇心特别重，喜欢对周围新奇的事物进行探索，也乐于参与到游戏当中去，但是安全防护意识、自我保护能力还相对较弱，不能正确预见将要发生的危险，也不能理解自身不当行为将会带来的危害，更无法及时应对各种突发意外事件，因而很容易造成在园的意外伤害事故。

（2）幼儿园常见的意外伤害。一是创伤和出血，二是异物堵塞，三是烧烫伤，四是脱臼。

（3）幼儿园意外伤害的预防。首先，要重视宣传工作，要让全园教职工认识到安全的重要性，引起思想上的高度警惕，同时也要对家长及幼儿进行安全教育工作，整体提高各个方面的安全意识。其次，应该建立健全幼儿园相关的安全管理制度，并在日常教育、生活活动中严格按照制度规定认真落实。最后，幼儿园还应在事前制定好各类意外伤害事故的应急预案，如防火预案、防毒预案、突发事件应急预案等，并在园内定期开展各类意外事故的安全防范演习活动。

幼儿入园离园
安全管理

（4）幼儿园意外伤害的处理。幼儿教师要严格按照预案的要求进行处理，根据事件当下的情况做出精准的判断，果断及时地对受伤害幼儿进行救治，同时确保其他幼儿的安全，争取把损失降到最低。之后，幼儿教师还要与家长沟通，客观坦诚地告知事件原委。面对无理取闹的家长，幼儿教师要学会保留证据，依法进行处理。

幼儿园班级管理除了以上的管理内容，还有许多相关的其他管理，如家长工作管理、社区活动管理等。这些管理工作或弥补上述管理内容的不足，或加强上述管理内容的效果，是幼儿园班级常规管理的重要组成部分。缺少这些工作，就是不完全的管理活动，班级管理也无法高效进行。

🐦 真题再现

【论述题】试述幼儿园班级管理工作的主要内容。（2020年下半年国家教师资格考试"保教知识与能力"真题）

三、幼儿园班级管理的原则

幼儿园班级管理原则是对幼儿园班级进行必要管理时必须遵循的普遍行为准

则。它对幼儿园班级的全面管理具有重要的指导意义。

（一）主体性原则

主体性原则是指在幼儿园班级管理活动中，既要尊重幼儿教师作为管理者的主体地位，也要充分保障和尊重幼儿的权利与利益。《纲要》指出："幼儿园教育应尊重幼儿的人格和权利，尊重幼儿身心发展的规律和学习特点。"遵循主体性原则应注意的要点如下：一是明确幼儿教师对班级管理的职责和权利；二是作为班级管理者的幼儿教师应充分了解并把握班级的各种管理要素；三是幼儿教师应正确地理解和处理与作为被管理者的幼儿之间的关系。

（二）整体性原则

整体性原则是指班级管理应该是面向全体幼儿并涉及班内所有管理要素的管理。《指南》指出，要关注幼儿学习与发展的整体性，尊重幼儿发展的个体差异，理解幼儿的学习方式和特点，重视幼儿的学习品质。整体性原则保证了班级全体幼儿的共同进步而不是部分幼儿的超常发展，确保班级各种管理要素得到充分的利用。

遵循整体性原则应注意的要点如下：一是幼儿教师对班级的管理是对班集体整体的管理，应把全班幼儿作为一个系统、一个整体来对待；二是幼儿教师应充分利用班集体这个整体的熏陶作用和约定作用；三是班级管理不仅是对人的管理，还涉及对物、时间、空间等要素的管理。

💬 **拓展资料**

皮格马利翁效应

暗含期待效应又叫皮格马利翁效应，或称罗森塔尔效应。它是一种经过美国教育心理学家罗森塔尔的实验验证的期待效应。

这种效应最早见于德国一位数学教师冯·奥斯坦所表演的马戏。冯·奥斯坦养了一匹马叫汉斯，这匹马能根据冯·奥斯坦的各种微妙姿势——期待的外部表现——通过敲击其蹄子进行许多数学运算。这件事发生在 1904 年，曾经轰动欧洲。罗森塔尔将这种效应取名为皮格马利翁效应，该名称源自一个希腊神话。相传古代塞浦路斯岛国国王皮格马利翁热恋自己雕刻的少女雕像，久而久之，他的真挚感情感动了上帝，上帝使雕像产生灵感，少女真的活了起来。罗氏之所以这样命名，是因为他认为聪明的汉斯与多情的雕像体现了同一种效应。但皮格马利翁的名字更为典雅，所以用了此名。

这项研究的宗旨在于纠正教师的偏见，证明教师的期望对幼儿的学习成绩的影响。实验者先对一所学校进行智力测验，然后在每班中挑选出平时受教师歧视的贫穷家庭背景的幼儿，但挑选的标准并不是智力测验的分数。当研究者将所挑选幼儿的名单交给各位任课老师时却被告知，这是一些特殊的幼儿，具有潜在发展的可能性。一个学期以后，研究者把这部分幼儿（实验组）与其他幼儿（控制组）做了对比，结果发现，实验组幼儿的智商比控制组提高得快得多。一年后进行第三次测验，其结果仍然如此。研究者在结论里指出，由于教师真的以为这些幼儿是特殊幼儿，于是不知不觉地便给予特别的注意，以更为友善的态度亲近他们，以更多时间关注他们的学习，由此对这些幼儿产生了激励作用。其结果便是他们的成绩沿着教师期望的方向不断地提高。这里必须具备一个前提条件，即研究者在教师面前具有高度权威性，使教师对研究者的结论采取信赖的态度，否则不可能出现教师期待。

资料来源：齐桂林，白丽辉. 学前教育学[M]. 南京：东南大学出版社，2015：91-92.（引用时有修改）

（三）参与性原则

参与性原则是指幼儿教师在管理过程中不以管理者的身份高高在上，而是以多种形式参与到幼儿的活动之中，在活动中民主、平等地对待幼儿，与幼儿共同开展有益的活动。幼儿教师的参与有利于为幼儿创设一个宽松而安全的环境，有利于创设和谐的师幼互动环境，而良好的环境对于幼儿的身心发展至关重要。

遵循参与性原则应注意以下要点：一是幼儿教师参与活动应注意角色的不断变化，以适应幼儿活动的实际需要；二是在某种场合幼儿教师参与活动要根据幼儿的需要，取得幼儿的许可；三是在参与活动中，幼儿教师的指导和管理要适度。

（四）高效性原则

高效性原则是指幼儿教师进行班级管理时，要以最少的人力、物力和时间，尽可能地使幼儿获取更多、更全面、更好的发展，使班级呈现更健康的精神面貌。

遵循高效性原则应注意的要点如下：一是班级管理目标的确定要合理，计划的制订要科学；二是班级管理计划的实施要严格而灵活；三是班级管理方法要适当，管理过程要重视检查反馈。

（五）教育性原则

教育性原则是指幼儿园班级管理活动都应有利于幼儿园教育目标的实现。教育性原则又细分为以下几个原则。

1. 保教管合一的原则

幼儿园作为对幼儿开展保教活动的基本单位，保育活动、教育活动和管理活动相辅相成，融为一体。

2. 价值性原则

幼儿园班级管理活动不同于工商业等其他管理活动，不仅需要坚持管理的科学化和高效化，也需要满足和体现国家、社会及个体的价值诉求。

3. 生命性原则

幼儿园班级管理活动需要让幼儿园班级内幼儿教师和幼儿的生命本性得以显现，生命潜力得以发挥，生命能力得以释放。

（六）伦理性原则

所谓伦理性原则，是指在幼儿园班级管理活动中所体现的人际关系需要符合伦理要求。幼儿园班级管理中涉及多层面、多维度的关系体系，其中师幼关系和同伴关系是这一关系体系中重要的两个维度。

幼儿教师和幼儿的关系是教育者和受教育者的关系，以及发展成熟个体与尚处于发展中的个体的关系。幼儿教师需要接受幼儿、倾听幼儿、关怀幼儿，与此同时，幼儿也需要对幼儿教师的关怀予以回应。

同伴关系是同龄人或心理发展水平相当的个体在交往过程中建立和发展起来的一种人际关系，这种人际关系是平行、平等的，不同于个体与家长或与年长个体间交往的垂直关系。同伴关系的平行性决定了公平和平等是在处理同伴关系中必须遵循的重要原则。

四、幼儿园班级管理的方法

幼儿园班级管理的方法是指为了实现班级管理目标而采取的实践活动方式的总称。为了确保班级中各项管理工作的有效实施，使幼儿掌握一定的生活常规和知识技能，达到幼儿园保教目标，幼儿教师必须掌握一定的班级管理方法。

（一）规则引导法

规则引导法是班级管理中最直接和最常用的管理方法，是指用规则引导幼儿行为，使其与集体活动的方向和要求保持一致，确保幼儿自身安全和他人安全，保障活动秩序的一种管理方法。

规则引导法的实施应注意以下几点：一是要注意规则的科学性和合理性；二是要引导幼儿在实践活动中掌握规则；三是要确保规则不能反复变化。

（二）情感沟通法

情感沟通法是指幼儿教师根据幼儿情绪情感的特点，通过激发和利用师生间、幼儿间及幼儿对环境的情感，以促进幼儿产生积极行为的方法。

情感沟通法的实施应注意以下要点：一是在日常生活中和教育中，要观察幼儿的情感表现，有针对性地解决幼儿的情感发展问题；二是要经常对幼儿进行移情训练，使幼儿能从他人角度考虑问题，为幼儿将来的亲社会行为打下基础；三是要保持和蔼可亲的形象，与幼儿形成良好的师生互动关系。

🐦 **真题再现**

【单项选择题】田田因为想妈妈哭了起来，冰冰见状也哭了。过了一会儿，冰冰边擦眼泪边对田田说："不哭不哭，妈妈会来接我们的。"冰冰的表现属于

笔记栏

什么行为？（　　）（2020年下半年国家教师资格考试"保教知识与能力"真题）

A.依恋 　　　　B.移情 　　　　C.自律 　　　　D.他律

参考答案： B　题干中冰冰边擦眼泪边安慰田田，与田田产生情感共鸣和同情心，是幼儿移情能力的体现。

（三）互动指导法

互动指导法是指幼儿教师、同伴、环境等相互作用的方法。班级活动的本质是幼儿参与的、同指向的对象发生相互作用的活动，即班级活动过程就是幼儿和不同对象互动的过程。幼儿教师要尊重幼儿活动的主体性，引导幼儿主动、积极、有效地与人交往，实现教育活动的目标。

互动指导法的实施应注意以下要点：一是对幼儿指导的适当性；二是对幼儿指导的适时性；三是对幼儿指导的适度性。

（四）榜样激励法

榜样激励法是指利用幼儿爱模仿、易受暗示的心理特点，通过树立榜样并引导幼儿学习榜样，以及规范幼儿行为，从而达成管理目的的方法。

榜样激励法的实施应注意以下要点：一是选择的榜样应健康、形象、具体，可以是幼儿身边的同伴，也可以是幼儿感兴趣的或者具有典型性的故事或人物，其前提是幼儿通过努力可以做到榜样的行为；二是班级集体中榜样的选择要公正、具有权威性，同时要发挥幼儿教师以身作则的作用；三是对幼儿表现的行为及时做出反应，好的行为予以表扬强化，不好的行为及时纠正，以促进幼儿不断规范自身行为。

🐦 **真题再现**

【单项选择题】下列选项中属于实施正面教育原则方法的是（　　）。（2021年下半年国家教师资格考试"保教知识与能力"真题）

A.树立榜样 　　　　　　B.只表扬不批评

C.纠正错误 　　　　　　D.对幼儿的错误不予理睬

参考答案： A　正面教育，就是用正确的思想观点，对幼儿实施教育。树立榜样能有效激励幼儿。

（五）目标指引法

目标指引法是幼儿教师以行为结果为目标，引导幼儿的行为方向，规范幼儿行为的一种管理方法。

目标指引法的运用应注意的要点：一是目标要明确；二是目标要切实可行，要具有吸引力；三是目标与行为的联系要清晰可见；四是对个人目标和集体目标加以明晰，并努力实现这两种目标的结合。

情境回顾

第二节 幼儿园班级管理的过程

情境导入

各司其职

某幼儿园小班要重新划分教室，某教师刚想发表意见，转念一想，这事是由班主任负责的，应该听班主任的安排。事后该教师了解到各班班主任已经开过几轮会议，做出了细致的考量。

思考：从分工明确的角度分析材料中教师的行为。

知识梳理

幼儿园班级管理可以从宏观和微观两个层面予以理解。在宏观层面，幼儿园班级管理是指幼儿园管理者对幼儿园各个班级的管理过程，它的立足点是幼儿园。在微观层面，它是指在班级内部的管理活动，立足于具体班级。实际上，幼儿园的总体战略目标和发展规划的实现依赖并体现于具体的班级管理过程中。因此，本节分析的是微观层面的幼儿园班级管理过程。其包括计划、组织、指挥、控制四个基本环节。

一、计划

幼儿园班级管理计划，是指根据幼儿培养的需要和幼儿身心发展的特点而制订的关于促进幼儿身心健康发展的班级工作行动方案。

（一）计划的主要内容

1.对幼儿身体健康发展的管理

（1）饮食卫生和营养。饮食卫生一方面指幼儿园饮食服务方面的卫生，如餐具的清洁消毒、食品的质量和清洁、食堂工作人员的个人卫生等；另一方面指幼儿的饮食卫生，如饭前便后洗手，不吃脏东西等。饮食营养指幼儿园对幼儿饮食的营养搭配，如一日一周的膳食安排，每餐每天的品种配备及饮食量等。

（2）生活习惯。这主要包括幼儿起居、洗漱，进食、如厕、活动等方面的行为及卫生习惯。例如，起居中的按时作息、穿着自理，洗漱、如厕中的自理和讲卫生等。

（3）安全、保健及疾病预防。一是日常生活中的安全保健活动，如幼儿衣物的增减，幼儿的人身安全等。其中幼儿人身安全管理是幼儿园班级管理的重要内容，要引起保教人员的高度重视。二是疾病防治、疫苗接种。三是幼儿园的环境卫生。

（4）机体动作。幼儿阶段是人身体发育的关键时期。我们要注意幼儿身体、形体及动作等方面的管理和训练，为幼儿身体的健康、健美发展打下基础。

2. 对幼儿心理健康发展的管理

（1）智力训练。幼儿智力训练主要指对幼儿注意力、记忆力、思维力、想象力、语言表达能力和操作能力等方面的管理训练。从班级管理的角度看，主要是配合班级教育活动的开展，组织一些有利于幼儿智力发展的活动。

（2）知识启蒙。知识启蒙有两个方面的含义：一是学习一些简单的知识，认识了解最常见的事物及其最基本的特征，并且以具体形象为最基本的观察和认识对象。二是培养幼儿对知识的兴趣。对幼儿来说，兴趣的培养比对知识的学习更为重要。因此，幼儿园班级管理要重视活动的开展，使幼儿从中受到知识启蒙教育。

（3）情感陶冶和性格培养。在幼儿园班级管理中，情感陶冶和性格培养应包括情境感染、情绪体验和性格培养等基本方面，涉及幼儿的情感、态度、人品、个性等具体内容。在当前社会环境下，情感陶冶显得十分重要。例如，当前孩子的娇生惯养、不知感恩等现象比较普遍，幼儿园班级管理应该强化这些方面的纠正教育。

3. 幼儿园班级与家庭、社区的联系

幼儿园、家庭、社区都是幼儿园教育的组成部分。幼儿园班级是幼儿园与家庭、社区联系的纽带，是一个中心环节。因此，幼儿园班级管理计划要有班级和家庭及社区联系、配合的内容。

（二）计划的基本结构与要求

1. 计划的基本结构

（1）题目。这部分主要表述以下问题：什么园、什么班、什么阶段。例如，"实验幼儿园小（1）班2022年下学期班级管理工作计划"。

（2）情况分析。这部分主要表述以下问题：一是人数，涉及年龄、男女生数等内容。二是生源，说明生源地、家庭情况、地域情况等。三是素质，分析全班幼儿身心素质的基本情况，这是情况分析的主要内容。四是幼儿园条件等。

（3）指导思想。这部分主要表述以下问题：贯彻什么教育目的、遵循什么管理思想、达到什么管理效果。内容撰写要简明。

（4）任务和目标。这部分要根据国家与幼儿园的基本要求、班级实际情况及幼儿身心发展的需要有条理地、准确地表达要完成什么任务、达到什么目标。其内容表述要有条理、明了和具有科学性。

（5）基本工作。这部分是在遵循上述内容的前提下所设计的工作内容，主要说明要做哪些事，可以采用条理性的文字来表述。也可以既有条理性文字，也有解释说明的文字。表述要清楚明白。

（6）基本措施。这部分要说清楚采用哪些手段、方式、途径和办法来完成上述

基本工作和任务。要求采取的措施符合幼儿的接受水平，实用有效，便于操作。文字表述要有条理和清楚明白。

（7）时间进度安排。这部分要将前面的任务、基本工作和基本措施要求等内容具体分解安排到班级管理本阶段的各个时间点上，是班级管理工作的行事历。主要项目有：什么时间、什么工作和活动、具体事宜、措施要求、责任人。要求表述具体，表述形式宜采用表格式。

（8）其他事项。这部分可表述其他未尽事宜，如注意事项、开支预算等。

2.幼儿园班级管理计划制订的基本要求

（1）体现国家、幼儿园对幼儿管理教育的基本要求。幼儿园班级管理作为幼儿园教育的组成部分，一方面要执行国家对学前教育的基本要求，另一方面要执行幼儿园对班级、对幼儿的管理要求。

（2）符合幼儿年龄阶段身心发展的特点。

（3）体现保育和教育相结合的基本原则。

（4）具有可操作性。班级管理计划要结合实际，因地制宜，这样的计划才可行，才能行之有效。例如，幼儿的社区活动，在不同城市和乡村都有很多不同。

二、组织

组织是指通过角色安排、任务分配等维持正常运转的过程。幼儿园班级管理活动的组织需要经过以下步骤。

（一）协同确定组织目标

幼儿园班级管理的目标具有多样性和层级化的特点，这就决定了目标的完成需要幼儿园班级管理的不同环节、班级中的不同个体共同参与完成。例如，"培养幼儿自主性"这一目标，就需要系统和全面地贯穿于幼儿园的保育活动和教育活动中，需要保育员和教师的相互配合。虽然幼儿园班级管理的空间限定在幼儿园之内，但是其管理理念的实现需要家庭和社会的参与及配合。

（二）明确班级组织分工

分工明确是指幼儿园班级管理人员的权责分明。一方面，班级管理人员应明确自身的职责和权利。另一方面，幼儿园班级管理人员应知晓他人的职责和权利，从而避免班级管理人员之间相互推诿、权责不清的现象。幼儿园班级管理的主要人员是教师和保育员，目前多数幼儿园的分工形式是两名教师、一名保育员，部分幼儿园还实行各人员的轮班制度，即固定周期之内各人员轮流交换工作。

（三）厘清管理权力界限

在幼儿园班级管理中，若权力过于集中在单个幼儿教师，则会导致个人权威的过度泛滥。而过分分权的幼儿园班级管理制度又会陷入责任推诿、效率低下的窘境。因此，在幼儿园班级管理中应该恰当处理权力过分集中和权力过分分散的问题。

学前教育概论

笔记栏

三、指挥

指挥和组织具有不同的价值定位，组织涉及幼儿园班级的系统运作，而指挥是幼儿园班级管理者领导幼儿园班级其他成员的过程，是幼儿园班级管理者带领幼儿园全体成员齐心协力地执行班级管理计划、实现班级管理目标的过程。在幼儿园班级管理中担任指挥角色的是幼儿园主班教师。

（一）创设共同体文化

主班教师指挥幼儿园班级其他成员不能依赖于权力的强制措施，而需要充分调动幼儿园班级其他成员的自主性和主动性，而班级中的其他成员唯有在对幼儿园班级产生归属感和认同感的状况下，才会自发地融入和参与幼儿园班级管理活动之中。

（二）保证全员参与

幼儿园班级管理活动繁多，主班教师若事必躬亲，必然会应接不暇于各种事务，而导致心力交瘁。因此，主班教师需要充分调动家长、教师及幼儿的参与性和积极性。此外，副班教师、保育员应该有明确的权责划分。通过多方参与实现幼儿园班级管理的良性运转。

四、控制

控制的实质是幼儿园管理者调控幼儿园班级管理活动，避免使其偏离于预期目标和计划。一般而言，控制需要经过以下三个步骤。

（一）评价幼儿园班级管理活动的现实情况

幼儿园管理者评价幼儿园班级管理活动需要通过多种手段收集信息、分析信息，进而确定幼儿园班级管理活动的现实发展状况，以及存在的问题。收集班级管理信息的方式包括个人观察、口头汇报及书面汇报等多种形式。在实践中，每一种方式均各有利弊。例如，个人观察随意性较大，但是能够获得较为真实的信息；口头汇报主观性较强，但是能够获得有关班级管理不同主体的较为深层次的看法；书面汇报较为正式，但是往往会遗漏和忽略较为真实的信息。因此，评定幼儿园班级管理的质量需要综合运用多种搜集信息的方法。

（二）比较现实情况与预期标准

幼儿园班级管理的现实情况必定难以与预期标准完全吻合，但是，现实情况与预期标准的偏差需要限定在一定范围之内，若与预期标准相差甚远或者完全偏离预期标准的轨道，则需要反思并改善幼儿园班级管理活动。

情境回顾

（三）改善班级管理活动

幼儿园班级管理是一个反思性实践的过程，在确定幼儿园班级管理的现实情况，以及其与预期的幼儿园班级管理目标的差距之后，则需要调节幼儿园班级管理活动。首先，需要反思幼儿园班级管理的问题与成因。其次，需要反思幼儿园班级

170

管理的预期目标，即幼儿园班级管理计划和目标的制定是否科学，是否符合幼儿园班级的现实，等等。

第三节 幼儿园各年龄班的常规管理

▶ 情境导入

不同年龄班的幼儿

小班时，幼儿多是各玩各的，真正意义上的同伴交往很少。到了中班，幼儿对同伴交往更加渴求，更需要进行真正的同伴互动，但在与同伴互动的过程中，他们在分辨是非、解决冲突和自控能力方面又往往比大班幼儿差很多，因此常常有人说中班是"最闹腾、最操心"的年龄班。

思考：如何理解中班幼儿的调皮捣蛋的行为，针对这种情况如何进行班级管理？

▶ 知识梳理

《规程》指出："幼儿园规模应当有利于幼儿身心健康，便于管理，一般不超过360人。幼儿园每班幼儿人数一般为：小班（3周岁至4周岁）25人，中班（4周岁至5周岁）30人，大班（5周岁至6周岁）35人，混合班30人。寄宿制幼儿园每班幼儿人数酌减。幼儿园可以按年龄分别编班，也可以混合编班。"

下面介绍各年龄班级管理的主要目标及常规管理的方法。

一、小班的班级管理

（一）管理的主要目标

刚入园的幼儿身体发育水平尚低，生活自理能力较差，一般也缺乏集体生活的常识和经验，加之与亲人分离的焦虑，幼儿园环境、教师、同伴的陌生感，很多幼儿会出现不同程度的入园不适应。因此，小班班级管理的目标主要有以下几方面。

1. 做好幼儿的生活照料

小班幼儿入园后没有了家人时时刻刻的跟随和照顾，加上缺乏生活自理能力，很容易产生焦虑和难以适应的情况。此时的幼儿，更需要幼儿教师悉心做好照料工作，保证幼儿身体健康，和情绪上安定愉快。

2.帮助幼儿入园适应

幼儿教师要通过开学前家访，提前接触幼儿，消除其陌生感；家园联系，指导家长提前做好入园准备；创设温馨如家的班级环境；营造温暖亲切的班级氛围；提供丰富的游戏玩具；开展各种有趣的游戏活动等，以帮助幼儿尽快适应幼儿园生活。

3.培养幼儿常规意识

小班幼儿来到幼儿园这个新的家庭，要学习遵守幼儿园的各项活动常规。因此，幼儿教师可采用各种生动有趣的教育形式开展常规教育。做好家园沟通，取得家长的配合支持，循序渐进地引导幼儿养成常规意识，形成良好的生活、学习习惯。

4.引导幼儿主动参加集体活动

幼儿教师可以通过开展丰富多彩的集体游戏活动、准备幼儿喜欢的玩具材料等方式，让幼儿慢慢走出"自我封闭"的状态，愿意和同伴一起玩，喜欢参加集体活动，体验集体生活的快乐。

（二）常规管理方法

1.生活活动常规管理

（1）儿歌渗透。儿歌具有内容浅显、篇幅精巧、语言活泼、结构明快等特点，符合小班幼儿心理接受水平。幼儿在儿歌中习得良好的行为习惯，这种习得方式正是抓住了幼儿的兴趣点。将儿歌渗透到教育中，实现寓教于乐。

（2）隐性指导。小班幼儿思维的直觉行动性与具体形象性并存。在此阶段，幼儿大多通过与外界事物的接触来感知世界，事物的外在特征是幼儿认知的来源，摸、看、听、闻等行为成为其认知的主要途径。加之幼儿以无意注意与无意记忆为主，教师应充分把握这一特点，利用环境加以引导，让环境成为幼儿无声的"教师"。

（3）融入游戏。游戏的自主性、愉悦性、互动性正符合幼儿的兴趣与发展需求，是对幼儿进行常规教育的良好手段，幼儿通过游戏与同伴及环境相互作用，使自身能力得以发展。

（4）家园合作。幼儿是在环境中互动发展的个体，除幼儿园的环境，家庭环境也影响到幼儿常规行为的发展。因此，教师应注重与家长的联系合作，将幼儿园的各类活动延伸至家庭，充分调动起家长参与的积极性，形成家园合作的合力。

2.教学活动常规管理

（1）培养兴趣。兴趣是最好的老师，以兴趣为引导，幼儿能自主地投入教师创设的活动中。新奇的图片、朗朗上口的歌曲、好玩的游戏、有趣的故事都是引发幼儿学习兴趣的导入形式。

（2）丰富形式。这一阶段的幼儿是通过动作与环境的相互作用获取信息的。教师可根据幼儿的这一特点，将原本单一的教学活动与游戏活动、体育活动、参观活动相结合，真正实现幼儿的"从做中学"。

（3）随机教育。情绪易受到支配，注意力易分散，以无意记忆为主，这些都是小班幼儿认识过程中的主要特点。幼儿教师应抓住随幼儿关注点变化而产生的教育机遇，灵活变通现有的活动计划，以幼儿的关注点为导向，顺势进行引导和教育。

3. 游戏活动常规管理

（1）注重观察。幼儿教师只有通过细致的观察，才会发现幼儿的游戏兴趣与需要，切实地了解当前游戏中所存在的问题，并及时调整游戏的环境支持，适时介入游戏，进而做出适宜的管理与指导。

（2）丰富经验。幼儿教师应通过各类活动不断丰富幼儿的生活经验，集体教学活动、社会参观活动、家园合作等都是丰富幼儿生活经验的良好途径。

（3）创设环境。幼儿教师应该为幼儿提供一种接近于真实情境的游戏场景及游戏材料，例如在区角活动中提供逼真的娃娃、餐具、听诊器、注射器等玩具，以此激发幼儿的想象力和动手能力。

（4）灵活评价。教师应灵活地根据每位幼儿的能力水平、个性特征及兴趣需求做出差异性评价。对于能力较强的幼儿，教师的评价应以激励其发展创造力为主；而对于那些能力稍弱的幼儿，教师的评价是为了建立与提高其自信心。

二、中班的班级管理

（一）管理的主要目标

中班幼儿已经适应并喜欢上了幼儿园的集体生活。他们掌握了幼儿园的各项活动常规，在人际交往方面有明显的愿望和行动，伙伴相对稳定，并且有了承担责任、完成任务的意识。同时，他们具备了一定的自主意识，尤其是在游戏当中，他们可以自主选择和决定游戏的主题、分配角色、设计情节，但在规范意识、自控能力等方面比较欠缺，也经常会出现冲突。因此，中班班级管理的目标主要为：做好中班时期的家长工作，家园双方共同对幼儿的常规进行巩固，对交往能力进行提升和强化，指导幼儿自主、有序地开展活动，让幼儿学习自我管理和自我控制。

（二）常规管理方法

1. 生活活动常规管理

（1）分阶段管理。在中班的前期阶段，幼儿自控能力仍然较差。因此教师在这一阶段须采用辅助提醒的方式进行管理，旁敲侧击地对幼儿的行为进行规范。同时，幼儿的荣誉意识也进一步加深，教师可根据幼儿的这一特点采取竞赛激励的管理方法。在中班的后期阶段，教师可采用体验欣赏法来培养幼儿的常规生活能力。

（2）规则内化。在常规教育的实践过程中，教师要以积极主动的态度去挖掘幼儿内在的潜力，让他们在内在自由的基础上遵循各种规则和标准。

（3）发挥榜样示范作用。中班幼儿思维的最大特点是具体形象性，因而相比枯燥的说教，具体、生动的榜样示范教育更符合其心理需求。同时，爱模仿、易受暗示等特点也在中班年龄阶段幼儿身上表现明显，因而教师的榜样、同班幼儿的榜样成为幼儿常规学习最直接的动力。

（4）强化幼儿良好行为。在生活活动常规管理中，教师要对幼儿的良好行为进行鼓励与强化，特别是当幼儿出现了良好的规则意识或形成了良好的行为时，教师要给予及时的评价，采用多种方式鼓励幼儿，以强化、巩固幼儿的良好行为。

2. 教学活动常规管理

（1）生活中渗透。生活是经验的来源，生活蕴含了教育契机。幼儿的生活丰富多彩，教师应从日常生活入手，发现幼儿成长的机遇，促进其发展。

（2）加强师幼互动。随着语言系统及社会性的不断发展，中班幼儿间互动的频率较小班时有了大幅度提高。但此阶段的幼儿仍以无意注意为主，有意注意仍不稳定，实行单纯的上课说教并不能很好地吸引幼儿注意。教师应根据幼儿的身心特点，灵活采用集体、小组、个别等组织形式开展各类活动，为幼儿的交往提供机会，使他们在交流分享中丰富经验，真正成为彼此的"老师"。

（3）合理进行评价。教师应将幼儿看作不断成长的、具有差异性和独立性的个体，用发展的眼光看待幼儿的每一次进步。同时，教师也要对幼儿的发展进行过程性评价，重视幼儿在每一阶段所取得的成绩，及时强化幼儿的良好品行，对于发展稍迟缓的幼儿要给予耐心的鼓励与引导，正确看待其发展过程。

3. 游戏活动常规管理

（1）创设交往机会。幼儿教师应多为幼儿提供合作交往的机会，在满足幼儿社会性发展需求的同时促进幼儿的社会性交往，进而促进其交往技能的提升。

（2）适时介入引导。幼儿教师对于幼儿游戏的管理与指导应把握适时的原则，并始终把自己的身份定位于游戏者而非管理者。当幼儿在游戏中处于主动地位时，幼儿教师应扮演配角，根据幼儿的游戏行为做出反应；而当幼儿的游戏出现问题时，幼儿教师应适时介入，以幼儿玩伴的身份引导幼儿的游戏活动。

（3）关注评价过程。幼儿教师将评价的关注点由游戏结果转移到游戏过程，注重在过程中幼儿的生成性表现。幼儿教师评价的内容可以是幼儿在游戏中所表现出的创造、合作、分享、互助等能力及良好行为，也可以是幼儿在游戏中所遇到的困难或问题。针对幼儿的能力发展，幼儿教师应给予充分的鼓励与肯定；而对游戏中的问题，幼儿教师可以与幼儿展开评议。

三、大班的班级管理

（一）管理的主要目标

大班是从幼儿园到小学的过渡阶段。大班阶段班级管理的目标是做好幼小衔接的相关工作，其中要特别重视对幼儿自我管理能力、自我服务能力的培养，帮助幼儿做好自我行为、生活及物品的管理，提升幼儿的人际交往和适应能力，为幼儿升入小学、融入新的具有挑战性的环境做好准备。

（二）常规管理方法

1. 生活活动常规管理

（1）针对性管理。随着年龄的增长，以及在园经验的积累，大班幼儿的各项能力均得到了极大的提升。因此，在大班年龄阶段，教师的指导内容与方法从起初的面面俱到进而转变为"对症下药"，生活活动常规管理的针对性与目的性增强。

（2）提高自觉性。随着年龄的增长，大班幼儿的自理能力不断提高，不仅自己的事情能自己做，而且还能帮助其他幼儿。教师可在班级设立值日生为大家服务，通过当值日生，幼儿的责任意识增强了，交往意识与动手能力也都有所提高。

2. 教学活动常规管理

（1）鼓励引导。教师在进行大班教学管理时应注意自身的语言和态度，适时给予幼儿鼓励，帮助幼儿发现自己的长处，防止幼儿自卑心理的产生。

（2）促进实践。教师可以将以教师为主导的教育内容转化为以幼儿为主导的活动实践，让幼儿在实践中学习，在实践中发展。

3. 游戏活动常规管理

（1）促进创造性发展。为了满足大班幼儿的游戏活动需要，教师除提供能反映细节特征的玩具材料，也要多为大班幼儿准备丰富多彩的半成品及废旧物材料，同时鼓励幼儿参与游戏材料的制作。

（2）促进独立性发展。在大班幼儿的游戏活动常规管理中，教师可选择适度放手，将解决问题的权利交给幼儿，这样便将原本阻碍游戏进程的问题转化成一个促进幼儿独立性发展的契机。

（3）鼓励相互评价。大班幼儿的社会经验相对丰富，语言表达能力及思维能力也有了一定提高，此时教师可转换评价的主导身份，鼓励幼儿开展自我评价，教师也可鼓励幼儿自己提出问题与大家讨论，通过幼儿间的互动来进行评价。这种来自同伴群体的经验交流更容易被幼儿接受和理解，从而使这些经验更好地被幼儿吸收。

从入园第一天起，幼儿的发展与成长便依赖于教师班级管理。因此，幼儿教师有必要深入了解班级管理的理念，采取适当的班级管理策略；而班级管理的复杂多变性，也促使幼儿教师持续不断地去探索和接受挑战。

情境回顾

复习强化

一、单项选择题

1.整个幼儿园工作都是通过（　　）的工作来实现的。

A.教师　　　　B.幼儿　　　　C.保育员　　　　D.各个班级

2.幼儿园班级管理中最重要的和最直接的管理对象是（　　）。

A.制度　　　　B.计划　　　　C.幼儿教师　　　　D.幼儿

175

3. ( ) 是为了保证幼儿的身体正常发育、心理健康成长，幼儿教师围绕幼儿在园内的起居、饮食等生活方面的需要而进行的管理工作。

A.生活管理   B.教育管理   C.财务管理   D.物品管理

4. ( ) 原则是指班级管理应该是面向全体幼儿并涉及班内所有管理要素的管理。

A.主体性   B.整体性   C.参与性   D.时效性

5. 下列不属于幼儿园班级管理方法的是 ( )。

A.规则引导法   B.理论说教法   C.互动指导法   D.榜样激励法

6. 幼儿园班级管理方法中的"情感沟通法"的基础是幼儿教师对幼儿的 ( )。

A.引导   B.激励   C.指导   D.爱

7. 幼儿园班级管理的过程包括以下四个基本环节 ( )。

A.分析、计划、指导、控制   B.分析、计划、组织、总结

C.计划、实施、调整、总结   D.计划、组织、指挥、控制

8. 在幼儿园班级管理中担任指挥角色的是 ( )。

A.主班教师   B.保育员   C.配班教师   D.体育教师

二、简答题

1. 简述幼儿园班级管理的目的。

2. 简述幼儿园班级管理的方法。

3. 简述幼儿园班级生活管理的内容。

4. 简述幼儿园班级管理的过程。

三、论述题

1. 结合实例，分析理解幼儿园班级管理的原则。

2. 结合实例，分析理解幼儿园小班常规管理方法。

参考答案

第九章

幼儿园与家庭、社区的合作及幼小衔接

> 尊师以重道，爱众而亲仁。
>
> ——〔明〕《增广贤文》

学习目标

本章导入

▶知识目标

1. 了解家庭教育、社区教育的概念和特点。
2. 理解家园合作的原则。
3. 理解幼儿园与社区合作的内容和途径。
4. 理解幼小衔接工作的基本原则和内容。

▶能力目标

1. 能指导家长做好幼儿入园前的准备工作。
2. 能提出幼儿园和家庭、社区合作的策略。
3. 能指导家长做好幼儿入小学前的准备工作。

▶素质目标

通过幼儿园与家庭、社区的合作及幼小衔接，具备与他人、他部门有效合作的意识，能正确认识和对待幼儿园教育中的"小学化"现象，具备正确的教育观。

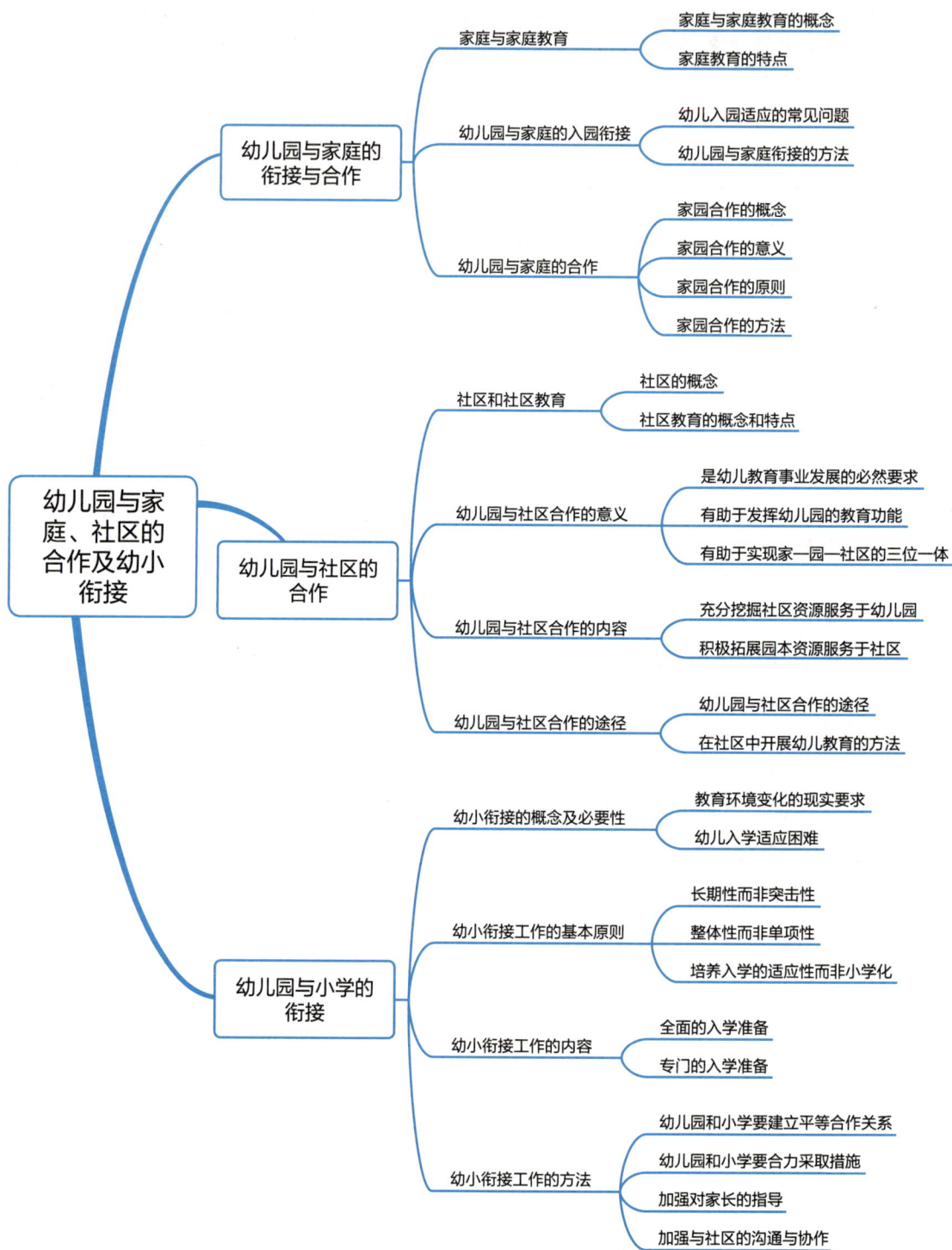

知识导图

幼儿园与家庭、社区的合作及幼小衔接

幼儿园与家庭的衔接与合作
- 家庭与家庭教育
  - 家庭与家庭教育的概念
  - 家庭教育的特点
- 幼儿园与家庭的入园衔接
  - 幼儿入园适应的常见问题
  - 幼儿园与家庭衔接的方法
- 幼儿园与家庭的合作
  - 家园合作的概念
  - 家园合作的意义
  - 家园合作的原则
  - 家园合作的方法

幼儿园与社区的合作
- 社区和社区教育
  - 社区的概念
  - 社区教育的概念和特点
- 幼儿园与社区合作的意义
  - 是幼儿教育事业发展的必然要求
  - 有助于发挥幼儿园的教育功能
  - 有助于实现家—园—社区的三位一体
- 幼儿园与社区合作的内容
  - 充分挖掘社区资源服务于幼儿园
  - 积极拓展园本资源服务于社区
- 幼儿园与社区合作的途径
  - 幼儿园与社区合作的途径
  - 在社区中开展幼儿教育的方法

幼儿园与小学的衔接
- 幼小衔接的概念及必要性
  - 教育环境变化的现实要求
  - 幼儿入学适应困难
- 幼小衔接工作的基本原则
  - 长期性而非突击性
  - 整体性而非单项性
  - 培养入学的适应性而非小学化
- 幼小衔接工作的内容
  - 全面的入学准备
  - 专门的入学准备
- 幼小衔接工作的方法
  - 幼儿园和小学要建立平等合作关系
  - 幼儿园和小学要合力采取措施
  - 加强对家长的指导
  - 加强与社区的沟通与协作

第一节 幼儿园与家庭的衔接与合作

情境导入

家庭教育指导服务的法律规定

2021年10月23日，第十三届全国人民代表大会常务委员会第三十一次会议通过《中华人民共和国家庭教育促进法》。该法第三十九条规定："中小学校、幼儿园应当将家庭教育指导服务纳入工作计划，作为教师业务培训的内容。"

思考：本法将哪项服务纳入了幼儿教师业务培训的内容？请就此谈一谈家园合作的意义。

知识梳理

一、家庭与家庭教育

（一）家庭与家庭教育的概念

家庭是具有婚姻、血缘或收养关系的人长期居住在一起的共同群体。《中华人民共和国家庭教育促进法》第二条指出："本法所称家庭教育，是指父母或者其他监护人为促进未成年人全面健康成长，对其实施的道德品质、身体素质、生活技能、文化修养、行为习惯等方面的培育、引导和影响。"

（二）家庭教育的特点

家庭教育与其他教育机构教育的根本差异在于它是建立在血缘关系基础上而不是建立在某种契约关系基础上的。这种由先天决定的血缘关系个体无法自主选择，因此，家庭教育呈现出以下显著特征。

1. 亲情性

家庭成员对幼儿的教育是建立在由血缘关系产生的亲情基础上的，因此，父母爱幼儿通常是无条件的，而幼儿在与父母的朝夕相处中也会对父母自然而然地生发出一种深深的依恋之情。这种强烈的爱一方面可以使父母对幼儿的教育相对容易进行，另一方面易使父母形成对幼儿的偏爱。当幼儿出现不恰当行为时，父母容易觉察不到，或是放任纵容。

2.随机性

父母（或其他监护人）与幼儿在一起生活的时间很长，在生命的最初几年可谓形影不离，幼儿的教育由此可以随时进行。父母可以在幼儿一日生活的各个环节与情境中发现教育契机，对幼儿施加影响，促使幼儿获得一些知识或经验，形成或改变一定的行为习惯、道德品行与审美情趣。因此，家庭教育具有随机性。

3.复杂性

家庭教育具有复杂性。在对幼儿的教育上，由于许多幼儿由祖辈带养，父母与祖辈存在教育观念上的巨大差异，因此，通常不能忽略祖辈成员对幼儿的影响，而父母之间由于成长经历、文化背景不同也有不同的教育主张。

4.渗透性

家庭教育是在日常生活中悄无声息地进行的，是在家庭成员的日常交流中、与幼儿的交流互动中和在点点滴滴的日常生活琐事中，通过与父母及其他家庭成员的交往与活动，以及家庭成员的言谈举止、待人接物、劳动与生活方式等来实现的。

二、幼儿园与家庭的入园衔接

幼儿进入幼儿园是其进入社会的第一步，对幼儿的一生具有重要影响。由于家庭和幼儿园的教养环境、成人的教养态度及教养方式、成人和幼儿的关系、幼儿的角色地位等不同，幼儿入园后必然会出现一些不适应。

（一）幼儿入园适应的常见问题

入园适应是指幼儿对幼儿园环境与生活的逐渐习惯化过程。幼儿在入园适应过程中，会出现分离焦虑、不适应集体生活等常见问题。

1.分离焦虑

分离焦虑是指幼儿与母亲或照顾自己的熟悉的人分离时，面对陌生人或陌生环境而产生的紧张情绪和不安的行为。幼儿入园初期常见的各种不良情绪，如哭闹、拒食、拒睡、食欲变化，和睡眠结构紊乱、排便习惯改变、伺机出逃、时刻跟着某个人、坐立不安、不断重复同一要求、呆坐且默默不语等，都属于"分离焦虑"的表现。严重的"分离焦虑"不利于幼儿的身心健康，如出现抵抗力下降、频繁感冒等。因此，帮助幼儿克服入园时的"分离焦虑"，顺利渡过入园关，具有重要的现实意义。

> 🐦 **真题再现**
>
> 【单项选择题】初入幼儿园的幼儿常常有哭闹、不安等不愉快的情绪，说明这些幼儿表现出了（　　）。（2017年上半年国家教师资格考试"保教知识与能力"真题）
>
> A.回避型状态　　　B.抗拒性格　　　C.分离焦虑　　　D.黏液质气质
>
> **参考答案**：C。

2. 不适应集体生活

幼儿从家庭到幼儿园，可能会不适应集体生活，表现为生活自理能力差、不会自己吃饭、午睡要人陪、不懂大小便要上厕所、人际交往能力差、不会和其他幼儿友相处、争抢玩具、不让他人玩玩具等。这是过去家庭生活经验的反映。幼儿需要学习在幼儿园这一集体中如何生活。

分离焦虑和对集体生活的不适应，是幼儿面对陌生环境的自然反应，幼儿教师应当理解和接纳幼儿的这些表现，不能把这些表现当作幼儿在行为习惯上的"问题"，或者视若无睹，让幼儿"自然适应"。家庭与幼儿园的共同努力，可以帮助幼儿更好、更快地适应新的生活与要求，对幼儿园生活产生积极的感受。

（二）幼儿园与家庭衔接的方法

1. 家庭方面为幼儿做好入园准备工作

（1）生活自理能力方面的准备。入园前家长要依据幼儿园生活，培养幼儿最基本的生活自理能力。逐渐调整幼儿的生物钟，使幼儿一日作息时间与幼儿园的作息时间一致。平时，让幼儿参与整理自己的衣服、物品，学做一些简单的自我服务，如吃饭、盥洗、穿脱衣服、独立入睡等，适当地培养幼儿的生活自理能力，这样幼儿入园后不会有过多的难题。

（2）同伴交往与语言发展的准备。在幼儿园，为了幼儿间的和睦相处、共同发展，有一些规则需要家庭成员共同来准备，如与同伴交往时懂得谦让、遵守规则、学会分享等，而这些都需要借助语言来完成。家长在日常生活中不但要言传身教、以身作则，还要以朋友的身份帮助幼儿理解和运用一些简单的礼貌用语，这有助于幼儿成功地与同伴交往。

（3）心理准备。要使幼儿顺利地适应幼儿园的生活，入园前的心理准备是不可缺少的。信任感的发展是健全人格的首要任务。幼儿的信任感是在父母无微不至的关怀下逐渐发展起来的，和父母在一起有安全感的幼儿可以发展到与其他人在一起时也有安全感。因此，首先，家长可以在幼儿入园前几天进行陪护，让幼儿在安心的情况下对幼儿园进行探索考察，带幼儿到幼儿园看一看、玩一玩，直接体验幼儿园的生活，慢慢熟悉幼儿园环境。其次，家长还要事先了解幼儿园，要向幼儿讲述园中趣事，以引起幼儿的兴趣。

（4）与幼儿教师的沟通工作。幼儿入园前的人际交往范围仅限于父母等几个人，因而在情感上对身边亲人或看护人依赖性强，一旦离开这小小的人际圈，幼儿就紧张、害怕、无所适从，最常见的防御本能是以哭求救，这是正常的现象。根据印刻现象的原理，入园之初帮助幼儿与幼儿教师建立起良好的依恋关系，是消除分离焦虑的关键所在。家长要和幼儿教师交朋友，接受幼儿教师的家访，邀请幼儿教师来做客，给幼儿接触、亲近幼儿教师的机会，让幼儿从心理上接纳并崇敬幼儿教师，建立良好的情感关系，为其入园生活建立安全感和信任感。

2.幼儿园方面为幼儿做好入园引导与适应工作

（1）建立良好的师幼关系，帮助幼儿适应幼儿园生活。要使幼儿适应幼儿园，首先要使他们喜欢幼儿园、喜欢入园。熟悉幼儿园、熟悉幼儿教师是幼儿接纳幼儿园的第一步。幼儿教师以肢体语言亲近幼儿，经常拍拍幼儿的小脑袋，拉拉幼儿的小手，抱抱他们，和他们说几句悄悄话，幼儿很快就会对教师产生亲切感和依恋感，不知不觉喜欢上教师。幼儿园为幼儿提供适时周到的帮助与服务，使幼儿在园的生活更贴近家庭，有利于幼儿更快适应集体生活。对于刚入园的新幼儿不要急于建立整齐划一的常规纪律，应允许他们延续一些对健康无害的习惯，如午睡时抱着某件玩具、要成人拍着入睡等。然后再用潜移默化的教育方法帮助他们形成良好的习惯，使他们适应幼儿园、适应集体生活。

（2）帮助家长了解入园准备工作的内容。幼儿初入园，家长的工作至关重要。因此，幼儿教师要及早向家长介绍入园准备的常识和经验，甚至在幼儿入园前以家长会或师、幼、家长见面会的形式，提前为家长普及幼儿入园基本常识和经验。在幼儿入园初期，通过家园联系栏、电话联系、微信联系等多种形式，使家长了解幼儿在园的情况，也使幼儿教师了解家长的想法，促进家园之间的相互理解与支持。

（3）合理安排幼儿入园之初的活动。为了使幼儿在正式入园前对幼儿园有一个比较充分的认识，并获得较好的印象，促使他们对即将来到的幼儿园生活产生兴趣和期望心理，可以在正式开学前留出一周时间开展"准入园活动"。由家长带幼儿到幼儿园来，班级教师引导幼儿和家长有序地了解新环境及一些设施、区域的功能，直至放开让幼儿自主地进入各区域活动。家长和幼儿教师扮演引导者的角色。同时，视幼儿的适应情况，家长逐渐地淡出幼儿的视线范围，让他们在新环境中比较独立地进行自主的活动，从而使幼儿提前适应幼儿园的生活和活动。

三、幼儿园与家庭的合作

（一）家园合作的概念

家园合作是指幼儿园和家庭都把自己当作促进幼儿发展的主体，双方积极主动地相互了解、相互配合、相互支持，通过双向互动共同促进幼儿的身心发展。幼儿园是专门的教育机构，按《规程》要求，负有"主动与幼儿家庭沟通合作""建立幼儿园与家长联系的制度"的责任，"幼儿园同时面向幼儿家长提供科学育儿指导"。

正确理解家园合作的概念，需要把握以下几点。首先，家园合作是一种双向互动活动，是家庭教育和幼儿园教育的相互配合。一方面，幼儿园视家长为促进幼儿学习过程中的积极合作者，保证使家长了解幼儿在幼儿园生活的方方面面，认真考虑家长提出的意见和建议，邀请家长参与幼儿园的教育活动，发动家长为幼儿园教育提供教育资源，并对家长的教养方式和与幼儿园合作的方法进行指导；另一方面，家长要积极配合幼儿园教育，做幼儿园教育的积极参与者。其次，家园合作围绕的核心是幼儿，幼儿是幼儿园和家庭服务的共同对象，促进幼儿的全面发展是家园合作追求的最终目标。最后，家园合作需要双方有积极主动的态度。其中包括家长对幼儿园整个教育的信任与支持，也包括教师对家长的热情接纳和对家长参与的信心。

拓展资料

《中华人民共和国家庭教育促进法》
第四章　社会协同（节选）

第三十九条　中小学校、幼儿园应当将家庭教育指导服务纳入工作计划，作为教师业务培训的内容。

第四十条　中小学校、幼儿园可以采取建立家长学校等方式，针对不同年龄段未成年人的特点，定期组织公益性家庭教育指导服务和实践活动，并及时联系、督促未成年人的父母或者其他监护人参加。

第四十一条　中小学校、幼儿园应当根据家长的需求，邀请有关人员传授家庭教育理念、知识和方法，组织开展家庭教育指导服务和实践活动，促进家庭与学校共同教育。

第四十二条　具备条件的中小学校、幼儿园应当在教育行政部门的指导下，为家庭教育指导服务站点开展公益性家庭教育指导服务活动提供支持。

（二）家园合作的意义

幼儿园与家庭的合作，既有利于幼儿的成长和发展，也有利于幼儿园的教育工作。同时，对于幼儿的家庭与家庭教育也有积极的意义。

1.为幼儿身心健康发展创造良好的条件

幼儿园和家庭是幼儿生活、学习的两个重要环境。幼儿每天从家庭到幼儿园，又从幼儿园到家庭，这两个环境之间就自然发生了联系。这两个环境的合作与联系是否有利于幼儿身心健康发展，取决于这两个环境对幼儿施加的教育影响在方向上是否一致。家庭教育的随机性、亲情性等特点，使得家庭教育具有广泛性、潜移默化性、终身性等特点。因此，幼儿园只有有目的、有意识地建立和形成幼儿园与家庭之间的合作关系，才能更有效地促进幼儿身心的健康发展。

2.为幼儿园教育工作创造有利的条件

家庭作为支持幼儿园教育工作的重要外部环境，是幼儿园应当充分利用的宝贵的教育资源。良好的家园合作关系，可以使幼儿园从家长那里获得多种支持，包括人力、物力的支持。家长对幼儿园教育工作的支持，不仅仅限于配合幼儿教师做好对幼儿的教育工作，保持教育要求的一致性、一贯性，提高教育工作的效果上，还可以表现在直接参与幼儿园的教育活动，丰富幼儿园的教育内容等方面。从事不同职业的家长，可以成为幼儿园开展各种相关主题活动的重要教育资源。同时，各家庭中父母的文化水平、道德修养、教育理念和教育条件不同，给家庭教育增加了难度，这些问题可以通过家园合作来解决。另外，家园合作有利于家长了解幼儿园教育的目标和内容，理解幼儿园教育的原则与方法，他们也就会支持幼儿园的教育工作，从而使幼儿园教育能够更好地实施，而不受干扰和影响。

3. 为密切亲子关系及改进家庭教育创造条件

家园合作为促进亲子相互了解提供了新的途径。家长通过参与幼儿园的教育活动，能够有机会了解幼儿在幼儿园的生活和学习，更好地认识幼儿的特点、兴趣，也使幼儿有机会了解家长的特长与"本领"，对家长产生敬佩、尊敬的情感，在心中树立家长良好的形象。家长和幼儿一起为幼儿园的主题活动搜集资料、实地观察，帮助幼儿解决问题，都能促进亲子交往，密切亲子关系。通过家园合作，家长也可以从幼儿园获得科学育儿的专业知识与教育方法，提高与改善家庭教育的质量。

（三）家园合作的原则

为取得预期的幼儿教育效果，幼儿教师在家园合作中要遵循一定的原则。

1. 尊重家长

尊重家长是指尊重家长作为教育者的主体地位和人格尊严，不能居高临下地把家长当作教育对象和工作的助手。家长是幼儿的养育者，是幼儿的第一任老师，同时也是幼儿法定的监护人。他们有权了解幼儿园教育的情况，有权知道幼儿在园的生活与学习的情况。在幼儿园的教育工作计划与活动内容的安排上，要听取家长的意见，允许和欢迎家长进入幼儿园了解幼儿园教育工作，参与和评价幼儿园教育工作。要和家长共同探讨幼儿教育的方法。尊重家长是做好家长工作的前提。

2. 适度要求

幼儿园和家庭在幼儿的教育问题上负有共同的责任。幼儿在幼儿园发生的问题，虽然有来自家庭生活和教育的影响，但是幼儿园应该负主要责任。幼儿教师应当和家长交流情况，对家长提出的要求应当切合实际，应是家长能力和物力所能达到的，不能苛求；同时要体谅家长的困难，在解除后顾之忧方面尽力给予帮助。

3. 双向反馈

幼儿园在开展家长工作时，既要向家长输出科学育儿的信息，也要努力收集家长反映的信息。对于来自家长的反馈，无论是积极的还是消极的，都要认真分析处理。要让家长通过参与幼儿园的活动，实际体验到这种参与对幼儿、对家庭生活的好处，体验到幼儿园对自己的尊重。幼儿园不能仅仅把家长当作利用的对象，尤其是财力、物力、人力的利用对象。争取家长的合作与支持，要以家长自愿为前提，不能采取摊派、让幼儿传达幼儿园的要求等方式，来硬性要求家长的支持与合作。加强幼儿园教育与家庭教育的相互促进、相互制约，才能共同保证幼儿的身心健康发展。

（四）家园合作的方法

依据不同的标准，家园合作的方式有不同的划分：根据家长参与的程度可以划分为家长直接参与和家长间接参与两种方式；根据家长参与人数的多少，可以划分为家长集体参与和家长个别参与两种方式。这里以第二种标准的划分来简要介绍家园合作的方法。

1. 家长集体参与

（1）教育活动开放日。教育活动开放日，也叫家长开放日，是提高幼儿园工作透明度的一种方法，它可以是家长在幼儿入园前对幼儿园整体环境设施设备与师资力量等情况的参观、访问，也可以是幼儿入园后的一日或半日活动的参观与听课。对于教育活动开放日，幼儿园应做好各项准备工作，事先要向家长介绍一日活动的目的和完整的活动计划，让家长"知其然，也知其所以然"，并应指导家长在活动过程中如何观察。事后要充分发挥家长的积极参与精神，广泛听取家长对活动的意见和建议，秉持"有则改之，无则加勉"的态度，要避免形式主义的走过场，活动结束不了了之，达不到开放日的真正目的。

（2）家长会。家长会是将全园、全班或某一类型的家长召集在一起开会的家长工作形式。家长会可定期召开，家长会的内容相对集中于大家共同关心的问题。家长会的类型有家庭教育专题讲座、教育经验交流会、家庭教育专题讨论会等。专题讲座是邀请专家或由幼儿教师就某个问题做全面系统的讲解，既有理论上的阐述，又有实践操作上的指导。例如，对刚入园幼儿的家长开设"三岁幼儿的年龄特点及其教育要点"的讲座。教育经验交流会和家庭教育专题讨论会主要是在家长与家长之间进行，也可由幼儿教师主持。发言者发言要有针对性，避免泛泛而谈；主持者要注意因势利导，并适当地进行小结。会后要对活动效果进行评价，可以是幼儿教师的自我评价，也可以通过家长的意见反馈来进行。

（3）幼儿学习成果展览与汇报会。举办幼儿学习成果展览与汇报会的目的就在于向家长汇报幼儿在园的学习情况，让家长对幼儿园放心，并给他们以教育的信心和方法。幼儿教师在策划幼儿学习成果展览与汇报会时，首先应注意对每个幼儿各方面的进步要有充分的了解，要让每个幼儿都有机会展示自己的进步，并且这种展示应该是全方位的，既有知识的掌握，又有能力的表现，更有良好品德的展现，而不是只集中在音乐、舞蹈或绘画等方面。要让家长从幼儿的表现中，不仅仅看到幼儿的进步，更从中学习到一种新的教育理念，并将它运用到自身的家庭教育中。

（4）家长园地。"家长园地"或"家庭教育专刊"等是以文字的形式定期对家长进行指导的一种形式。其内容可包括家园合作的方方面面：家庭教育方面可以有幼儿身体与心理的发展、家庭营养知识、家庭教育方法，以及新的教育观念与实践等；幼儿园方面可以有幼儿园近期的教育活动或重大活动、幼儿的作品等；当然，也可以给家长留一点篇幅，以供讨论、谈心得体会、提意见或建议等。在科技发达的今天，"家长园地"或"家庭教育专刊"也可以以手机为平台采用先进的多媒体形式与家长进行沟通。另外，"家长园地"或"家庭教育专刊"要注意定期更新。

（5）现场指导活动。这是一种相互观摩、直接指导的方式，常由幼儿教师通过对幼儿出现的问题或家长目前普遍关心的问题进行专门的教育活动设计，家长通过现场观摩来学习。

（6）家长沙龙。家长沙龙主要是为家长提供宽松的畅所欲言的环境与机会，可以由幼儿园提供场所，也可以由家长自愿在自己家里组织；可以定期举办，自愿参加。组织者可以是幼儿教师，也可以是家长。但组织者需平等地共同参与问题的讨论，并予以适当的总结。

2. 家长个别参与

（1）家庭访问。家庭访问是幼儿教师到幼儿家里进行的调查访问，是加强家园合作的一种常用方式。通过家庭访问，幼儿教师可以深入了解幼儿家庭和其在家的具体情况，如个性、习惯、优缺点及其形成的原因。同时，也可以向家长汇报幼儿每天在幼儿园的表现，进而通过家园合作共同解决幼儿发展过程中存在的问题，或进一步巩固其良好的行为习惯。另外，通过家庭访问，幼儿教师可以向家长宣传正确的教育观念和方法，同时也能从家庭教育中汲取好的教育经验。

（2）个别谈话与家长咨询。个别谈话是幼儿园与家庭合作沟通的较为普遍的方式，一般是指幼儿教师利用家长到园接送幼儿的机会，与他们交谈有关幼儿的情况，吸取家长的经验，或向家长提出要求，征求家长的意见与建议，布置亲子作业，共同研究解决。或者是家长主动询问教师，了解幼儿在园的表现，以及与幼儿教师沟通有效的教育方法，等等。

（3）家园联系册。这是一种书面形式的个别交流方式，幼儿教师通过家园联系册，向家长报告幼儿的情况，以征求他们对于幼儿园教育工作的意见。除了家庭联系册，幼儿教师与个别家长合作沟通的形式还有便条、电话或网络联系、幼儿发展情况汇报单等。

情境回顾

真题再现

【单项选择题】教师与家长沟通的根本目的是（　　）。（2021年下半年国家教师资格考试"保教知识与能力"真题）

A.让家长了解幼儿在园的表现　　　B.了解幼儿在家的表现

C.家园合作，形成教育合力　　　D.完成园长交给的任务

参考答案：C　教师与家长沟通是为了更好地了解幼儿在园在家的情况，从而根据其特点形成教育合力，进行一致性的教育。

第二节   幼儿园与社区的合作

情境导入

走进社区

为了让家长能够更全面地了解幼儿园入园所需，为幼儿做好入园前的身心准备，更大范围地将幼儿早期教育的科学知识与方法普及到社区中，某市高新区实验幼儿园的老师们，利用课余时间走进社区，为社区内有适龄幼儿的家庭进行讲解、发放"幼儿入园早知道"卡片，为家长排忧解难。

思考：材料中幼儿园与社区合作采用的方法是什么？你还知道哪些方法？请举例说明。

知识梳理

一、社区和社区教育

（一）社区的概念

社区是指聚居在一定地域范围内的人们所组成的社会生活共同体；是具有某种互动关系和共同地缘文化的，有秩序、有感情的人群进行一定社会活动的地域空间；是具有共同利益的居民的结合，其关系的核心是人和人之间的互动。

目前我国城市社区的范围，一般是指经过社区体制改革后进行了规模调整的居民委员会辖区。农村社区的范围一般沿袭村民委员会辖区。

（二）社区教育的概念和特点

1. 社区教育的概念

社区教育是把教育置于一定区域的社会政治、经济、文化的大背景下，以社区为依托，组织和协调社会各方面的力量，发挥各自优势，共同办好教育的新形式。它是全员教育，即社区的每一个人都积极参与教育，每一个人既是教育者，又都是受教育者；它是全程教育，即一个人从出生到死亡，都受到社区的教育影响；它是全方位教育，即学校教育、家庭教育、社会教育都在社区汇聚，交互影响。

2. 社区教育的特点

（1）渗透性。社区并没有专门的教育机构对幼儿施教，它对生活于其中的幼儿产生影响采取的是非正式的渗透式教育途径，如社区宣传、社区舆论、社区活动等，其中最主要的是社区舆论。这种非正式的评价总是体现了社区居民对某些价值取向的赞赏态度和对另一些价值取向的排斥。例如，社区居民通常会议论谁家的孩子如何聪明会读书，谁家的孩子只会调皮捣蛋。这无形中就是以读书好坏作为评价孩子的重要尺度。无论这种观点正确与否，它都会对幼儿及其家庭产生影响，使他们不自觉地接受这种看法，并以此评判自己的行为。

（2）广泛性。由于社区主要因人们的生活需要而形成，通常有着各种便利的生活设施，在吃、穿、住、行、用等方面已形成较为完备的服务网络。幼儿在社区生活中很早就可以感知和接触不同行业的劳动者，体验人们之间相互依赖的关系，促使其社会认知、社会情感与社会行为全面发展。

（3）随机性。社区教育作为非正式的教育方式，没有专门的教育内容与教育者，对幼儿的影响虽说无处不在，但也是通过生活，即利用发生的事情作为教育契机来实现的。这也就是说社区教育是非系统的教育，具有随时可能发生的特性。

（4）复杂性。社区虽然有着其居民共同认可和遵守的基本的价值观、道德观与行为观，但这些观念并一定是其所有成员都认可的，即便认可，居民之间重视和遵守的程度也可能差异很大，更何况社区舆论并不总是正确的。也就是说，社区教育不是铁板一块，其对幼儿的影响有可能是积极的，也有可能是消极的。

（5）区域性。社区教育是在一定地域范围内进行的，具有明显的地域特征。本社区的教育资源条件、价值观念、文化习俗、道德风尚、知识储备等会对本区域包括幼儿在内的所有人员产生影响。

二、幼儿园与社区合作的意义

社区是社会大环境中与幼儿园关系最密切、影响最大的一部分。对于幼儿园来说，与社区的合作是与社会大环境结合的最主要、最核心的内容。《纲要》提出，幼儿园要"充分利用自然环境和社区的教育资源，扩展幼儿生活和学习的空间。幼儿园同时应为社区的早期教育提供服务"。幼儿园和社区都应该把自己当作促进幼儿发展的主体，双方要积极主动地相互了解、相互配合、相互支持，通过双向互动共同为幼儿的身心发展服务。具体来说，幼儿园与社区的合作具有如下重要意义。

（一）是幼儿教育事业发展的必然要求

幼儿教育是人的终身教育的初始阶段，也是与社会一体化教育的一个重要组成部分。充分开发和利用社区教育资源，丰富幼儿园教学活动内容，拓展教育空间；更新教育资源观、树立大教育观；让教育跨越幼儿园围墙、为幼儿创设更为开放的学习空间；让幼儿在自主、开放的氛围中，多方位、多渠道构建健全的人格、促进全面发展，已成为时代的需要和教育发展的需要。随着我国社会的飞速发展和幼教改革的深入，将幼儿园教育置于终身教育体系中，牢固树立家—园—社区三位一体的大教育观，已成为我国幼儿教育实践、改革和事业发展的指导思想。

（二）有助于发挥幼儿园的教育功能

幼儿园作为社会的专门教育机构，拥有丰富的教育资源，在全社会都在重视早期教育的今天，应该发挥自身优势，向社区辐射教育功能。幼儿园可以通过开办家长学校、在社区举行联欢活动、慰问社区孤寡老人，营造社区良好的精神风貌，在与社区主动合作的同时实现幼儿园自身对幼儿保育与教育，以及为家长服务的功能，为社区的精神文明建设服务，共创幼儿发展的良好社会环境。

（三）有助于实现家—园—社区三位一体

时代的发展促使幼儿园必须主动与社区密切合作，建立幼儿园与社区良好的关系，扩大幼儿园对社区、社会的影响，自觉树立主动服务家长、服务社区的思想。幼儿园与社区合作是幼儿园自身发展的必然，通过外部大环境和幼儿园小环境的结合，实现资源共享，建立幼儿园与社区的互动，才能构筑开放的社区幼儿教育基地，形成家—园—社区三位一体的促进幼儿发展的合力。

🐦 **真题再现**

【简答题】简述社区在幼儿园教育中的作用。（2020 年下半年国家教师资格考试"保教知识与能力"真题）

三、幼儿园与社区合作的内容

（一）充分挖掘社区资源服务于幼儿园

社区是幼儿的生活环境，也是幼儿的学习环境，社区中蕴藏着丰富的教育、教学资源，需要用心去发现、挖掘和利用。

1. 人力资源的利用

社区人力资源包括家长、社区工作人员和其他热心人士。幼儿园可以通过聘请园外辅导员等形式将社区中的人力资源"请进"幼儿园。例如，幼儿园可以聘请不同职业的家长，如医生、护士、警察、面点师等担任园外辅导员，逐步深化家园合作的内容与模式；可以邀请社区不同工种的工作者入园演示自己的特殊工作，如急救人员演示溺水抢救，消防队员展示灭火技艺等，充分利用社区中活的资源。

2. 物力资源的利用

幼儿园可充分利用得天独厚的社会资源，组织幼儿参观实践、交流表达、动手尝试。例如，可以带领幼儿到博物馆、图书馆、展览馆，甚至工厂、工地去参观，既能拓展幼儿园的主题课程，又能增加幼儿对文化、艺术、历史、社会生活等方面的感性认识。另外，可以带幼儿参观菜市场和超市，让幼儿通过自己购物，来认识货币，了解买卖，认识各类商品；通过和叔叔阿姨的交流，以及合作购物，为其日后掌握生活技能、学会人际交往打下良好的基础。

3. 本土文化资源的利用

每一个地区都蕴含着丰富的本土文化资源，幼儿园可以将本土文化资源根据幼儿的年龄特点进行精心选择、设计，并应用到活动中，如地域性的儿歌、童谣、民间戏曲、舞蹈等，通过欣赏本土特色艺术，让幼儿感受、热爱自己的家乡及家乡文化。

（二）积极拓展园本资源服务于社区

幼儿园作为社区的组成部分，既要依托社区而发展，又要承担起为所在社区服务的功能。因此，幼儿园需要向社区全方位开放，增强与社区的联系，了解并满足社区的多样化需求，扩大为社区服务的功能。

1. 幼儿园向社区开放

幼儿园是社区的公共教育资源，应该向社区开放，特别是在寒暑假、节假日或周末，以满足有需要的幼儿享受到教育资源。例如，幼儿园定期组织社区幼儿参加幼儿园的教育活动；幼儿园的玩具、图书等向社区内的幼儿开放；六一国际儿童节庆祝活动，邀请社区内相关人员参加等。特别是在流动儿童或留守儿童较集中的社区，教育资源丰富的幼儿园应充分发挥教育辐射作用。

2. 推动社区环境建设

幼儿园在社区物质环境和精神环境建设方面具有积极的作用。一方面，幼儿园通过园所建设，包括幼儿园外围环境建设，为社区创建优美的物质环境，还可以组织幼儿积极参与植树、种花等活动，为社区创建良好的环境。另一方面，幼儿园应成为社区精神文明的窗口，推进社区的精神文明建设。幼儿园的工作方式、教育理念、教师形象、幼儿的文明礼貌及其文明行为等或多或少地影响着整个社区的精神文明，因此幼儿园应尽可能发挥文明辐射功能，为社区成员做出示范。

3. 服务社区各类教育

幼儿园可以通过向社区成员宣传教育的价值、介绍正确的教育观念、传授科学的育儿知识、定期为社区家长举办卫生保健等免费咨询与讲座等方式帮助家长树立科学的育儿观，提高生活质量；通过各种各样的途径使家长、社区居民学会促进幼儿发展的基本知识和技能，使更多的人获得新的教育观念，整体改善学前教育的意识与环境。

四、幼儿园与社区合作的途径

（一）幼儿园与社区合作的途径

1. 参与社区教育委员会

社区教育是由街道办事处或区级政府牵头，把社区内各有关机构与各种社会力量联合起来，建立一个能协调社区内各种教育因素的组织或机构，即社区教育委员会。幼儿园可以通过参与社区教育委员会，在社区教育委员会的指导下，开展幼儿园与社区的合作。

2. 借助社区教育资源

社区内有各种社会组织与机构，如科技馆、博物馆、图书馆、医院、商店等，幼儿园可与这些组织、机构建立联系，组织幼儿参观访问，或聘请这些组织与机构的工作人员到幼儿园与幼儿一起开展活动，指导幼儿园的工作等。

3. 与家庭合作

家庭是社区的基本单位，幼儿园与家庭的合作，也是幼儿园与社区合作的一种形式或途径。幼儿园为家长提供各种服务和请家长参与幼儿园的教育活动，可以加强家长与家长之间的沟通交流，促进社区内居民之间的相互了解与沟通，有助于社区文化生活共同体的形成。

（二）在社区中开展幼儿教育的方法

1. 参观游览

幼儿园可以带领幼儿到文化活动中心、博物馆、图书馆、美术馆、展览馆、科学馆，甚至工地和农村的田野里去参观，增加幼儿对国家政治、历史、文化、艺术、社会生活等方面的感性知识。

2. 操作劳动

在社区开展幼儿教育的过程中，幼儿教师要注意让幼儿自己动手操作，尝试、探索自己感兴趣的事物，加深幼儿对周围世界的认识，如让幼儿在公园里给小花浇水，在农场摸摸小羊、喂喂小鸡等。

3. 走出去，请进来

幼儿教师要经常带领幼儿到街道、广场、小区散步，还可采用"请进来"的形式，利用社区人力资源的独特才能，提高教育的质量。例如，幼儿教师可以邀请社区工作者入园演示自己的特殊工作，如请消防员向幼儿展示灭火的技能等。另外，幼儿教师还可以充分发挥自己的优势，积极为社区服务，促进社区的发展。

总之，幼儿园与社区合作的途径和方法多种多样，视幼儿园所在社区的情况不同采取不同的方式方法。

情境回顾

社区是幼儿园教育的重要资源与支持力量。幼儿园应当主动寻求社区的支持，积极开展与社区的合作，促进幼儿园自身建设和社区建设。

◆ 笔记栏

第三节 幼儿园与小学的衔接

▶ 情境导入

参观小学

为了让幼儿上小学之后能很快地适应环境，大班的幼儿在魏老师的带领下到英才小学去参观，孩子们发现了许多小学和幼儿园不一样的地方。有的发现小学里有课间十分钟，哥哥姐姐们在跳绳，做一些简单的活动；有的说我们没有班长，小学里有班长；还有的说小学里有一节课上课前在放音乐……

思考：结合材料谈谈如何做好幼小衔接工作。

▶ 知识梳理

一、幼小衔接的概念及必要性

幼小衔接是指幼儿园与小学这两个教育阶段的衔接，它使幼儿能够为进入小学学习做好准备，顺利地完成角色转换，进而能够很好地适应小学生活的过程。

幼儿园与小学是两个互相连接又有着较大差别的教育机构，幼儿从幼儿园进入小学，往往会表现出明显的不适应。因此，做好幼儿园与小学的衔接，使幼儿能够较快、较好地适应小学的学习和生活，是一项重要的工作。

（一）教育环境变化的现实要求

幼儿从幼儿园进入小学，其学习、生活和发展的外部条件发生了突变。这种外部条件的突变主要表现在两个方面。

1. 教育要求提高

小学是国家义务教育的组成部分，有一套较为规范的制度规定。国家和地方规定了统一的教学计划、教学大纲，在知识技能的学习方面对小学生提出了较高的要求，具体表现在以下几个方面。

（1）学业学习成为小学生的义务和压力。幼儿园幼儿也要学习，但在知识技能的学习上没有严格的任务要求，进入小学，学业知识技能的学习是小学生必须承担的一项重要义务，同时也对他们构成了一定的身心压力。

（2）基本活动以上课为主。幼儿园幼儿的基本活动是游戏，幼儿可以自由地、轻松愉快地学习和活动。而小学基本的学习和活动形式是上课。这种形式所规定的一系列规定和纪律要求，是来自外部的一种强制，他们不大适应。

（3）学习要求加大和提高。在幼儿园，幼儿学习的量较少，也没有质的方面的硬性规定和要求。在小学，从一年级开始，主要是语文、数学这两门主课，小学生的学习量大幅度增加。学习的质的方面也有规定和要求，这种严格、硬性规定的量和质两方面的学习要求，对于初入小学的他们来说，难度提高较大，往往会不适应。

（4）教育教学方式方法变化。幼儿教师更多以游戏、谈话，以直观的、形象的、色彩鲜艳的材料进行教育教学，并常常让幼儿直接动手摆弄、操作材料，幼儿之间也有较多机会进行讨论、交流。在小学，由于强调较大难度和深度的、系统的知识技能教学，教师以讲授为主，直观的、形象的教学方式明显减少，小学生直接操作和互相交流讨论的机会也减少。入学初期的他们显得不大适应。

（5）评价方式的转变。幼儿园对于幼儿的表现和学习结果，并不主张用分数来进行评价。现阶段小学虽然不主张以分数评价学生，但现实中，分数还是主要的评价方式，容易造成学生较大的心理压力，分数较低的学生往往感到沮丧和自卑，或害怕教师、家长批评而感到紧张、焦虑和恐惧，甚至厌学、逃学。

2. 学习和生活环境有较大差异

（1）教室布局单调。幼儿园活动室布置得五彩缤纷，桌椅可移动，游戏材料丰富多样，有各种活动区、图书架、玩具柜，可供幼儿游戏、观察、娱乐，活动的空间也较大。在小学，教室布置得比较单调，桌椅整齐划一地朝向讲台，教室里密密麻麻地排满了桌椅，几乎没有活动的空间，显得单调、枯燥。

（2）纪律要求严格。幼儿园以游戏为基本活动，幼儿可以比较自由地活动。在小学，不仅在课堂上有一系列严格的课堂纪律，就是下课后，其行为和活动往往也受到一定的限制，诸多的限制对天性好动的他们来说是一种压抑。

（3）教师角色转变。幼儿教师对幼儿是保教并重，幼儿不仅对教师在生活上有较大的依赖性，而且在情感上也有较强的依恋。在小学，严格的教育要求使教师将主要精力放在课堂教学、批改作业和维持秩序上，很少有机会照顾学生的生活和与每个学生进行个别交流，多数教师给学生的感觉是严肃、严格、严厉，许多初入小学的学生甚至对教师感到害怕。

（4）同伴关系重建。初入小学时班里的同学大多数是陌生的，重新建立互相熟悉、融洽的同学关系需要较长的时间；同时，小学以分数或等次为主的评价方式，使同学之间不仅有合作关系，更是竞争的关系；再者，小学班级人数比幼儿园班级人数显著增加，班级人数过多也造成纪律不易维持，教师较少有机会与学生个别接触和交流，学生之间互相接触和交流的频率也大大降低。

（二）幼儿入学适应困难

在没有足够准备的情况下，初入小学的幼儿对小学新的教育要求和环境，普遍表现出明显的不适应。这种不适应的表现可以概括为以下两个方面。

1. 社会适应困难

（1）对完成学习任务的要求不适应。面对较多的功课与作业，有的学生不明白教师布置的学习任务是必须按时按质按量完成的；有的学生虽然明白教师布置的学习任务必须完成，却表现出无所谓；有的学生则因学习能力等不能按要求完成任务而感到明显的心理压力，表现出焦虑、紧张和恐惧等。

（2）对严格而又繁多的纪律约束不适应。有的学生缺乏规则意识，自我约束能力较差，处处触犯纪律而屡遭批评处罚；有的学生因无所适从而表现得紧张不安；有的学生虽然很小心地约束自己，但也会因不小心违反纪律而感到沮丧。

（3）对新的人际关系不适应。幼儿在幼儿园和家庭得到成人较多的关怀和照顾，初入学时，他们需要独立去建立自己的人际关系，这对幼儿来说是一个较大的挑战。有的学生胆小、内向而不善于与陌生的同学和老师进行交往，因而感到孤独；有的学生则由于交往方式不当常常与陌生同学发生矛盾和冲突。

2. 学习适应困难

（1）缺乏必要的学习习惯和学习品质。例如，注意力不集中，对学习无兴趣，上课不能认真听讲，缺乏坚持性和毅力，怕困难，对教师的言语指示理解能力差，反应慢，做作业不认真等。

（2）学习能力不足。表现为读写能力较差，如因书写能力差、写字速度慢而常常不能按时完成作业；学习拼音所需要的语音意识、辨音能力等准备不足而造成学习困难；幼儿入学后数学能力准备不足。

幼儿初入小学会普遍表现出对小学学习和生活的不适应。他们从学前末期到学龄初期，身心发展处在过渡期，是通过量变逐渐达到质变的。所谓幼儿园与小学的衔接，就是帮助幼儿较为顺利地实现这种过渡，缓解他们在过渡期中的种种不适应。

二、幼小衔接工作的基本原则

（一）长期性而非突击性

幼儿园教育是终身教育的一个重要组成部分，要为幼儿的终身发展打好基础。因此，不应当把幼小衔接工作仅仅视为两个教育阶段的过渡问题，而应把它置于终身教育的大背景下去考虑。幼儿能否在入小学时较为顺利地适应小学的学习和生活，不仅仅与大班下学期所进行的一些针对性的教育活动有关，更与三年幼儿园教育甚至与入学前的全部教育有关。所以，在时间上，要把幼小衔接工作贯穿于幼儿园教育的各个阶段，而不仅仅是大班后期；在内容上，要涉及幼儿发展的各个方面而不仅仅是知识准备；在人员上，要包括幼儿园全体人员、家长及有关成年人而不仅仅是大班老师。对小学来讲，也不能仅仅把衔接工作看成幼儿园的事情，而应当遵循素质教育的精神，改革不适合幼儿发展的教育形式、方法等。

（二）整体性而非单项性

幼小衔接是全面素质教育的重要组成部分，应当从幼儿德、智、体、美、劳各方面全面进行，不应仅偏重某一方面。因此，要避免那种重智育，忽视和轻视体育、德育、美育等工作的倾向；更要避免把入学准备工作等同于教幼儿认字、学拼音、教计算的做法。在衔接中仅偏重某一方面是错误的，而在某一方面中又偏重某些因素则更片面了。有的幼儿教师把智育理解为仅是让幼儿记忆知识、掌握技能，对智育的其他因素，如智育核心思维能力的培养则重视不够；幼儿学习的主动性、兴趣、习惯等与智力发展密切，也属于智育范畴的非智力因素的培养，但容易被忽视。这种片面的衔接教育对于幼儿入学后尽快适应小学的学习与生活是非常有害的。

（三）培养入学的适应性而非小学化

幼小衔接工作中的另一个误区就是小学化倾向严重。《规程》强调："幼儿园不得提前教授小学教育内容，不得开展任何违背幼儿身心发展规律的活动。"但现实中还是有些教师将幼小衔接理解为"提前学习"或者是"小学化教育"。这主要表现为两个方面：一方面，提前让幼儿学习小学的教材，如提前学习汉语拼音和书写汉字，提前学习小学的数学知识等。另一方面，用小学教育的组织形式与方法对待幼儿园的幼儿。例如，用小学式的上课取代幼儿的基本活动——游戏；幼儿教师长时间用言语讲授的方式进行知识灌输，追求立竿见影的短期学习效果等。这些做法严重违背了幼儿的身心发展特点，是造成幼儿怕学、厌学的重要原因。

三、幼小衔接工作的内容

幼小衔接工作对于幼儿园来说，就是为幼儿入小学做好准备工作。入学准备教育贯穿于幼儿园教育的全过程，也是幼儿园教育结果的最终体现。幼儿的入学准备教育包括全面的入学准备与专门的入学准备两个方面。

（一）全面的入学准备

全面的入学准备，是指幼儿在入学之前，需要达到应有的身心全面发展的水平，包括健康的身体、正常发展的智力和社会性、良好的行为习惯等。可以说，幼儿园三年的全部教育过程都有为入小学做准备的意义和作用。所以，整个幼儿期的教育，都是入学准备教育，全面的入学准备工作，是幼小衔接的基础，并贯穿于整个幼儿园教育的全过程。

（二）专门的入学准备

专门的入学准备，是指对大班幼儿进行适应小学一年级学习和生活的、有针对性的教育工作，主要是在幼儿入学之前，针对小学学习生活所做的有关准备工作。这主要包括以下几个方面。

1. 社会适应性的培养

社会适应性的培养主要指培养规则意识与执行规则的能力，培养任务意识与完成任务的能力，培养独立性与生活自理的能力，以及培养人际交往的能力，并且把培养幼儿的主动性作为教育的重点。

（1）培养规则意识与执行规则的能力。大班阶段要通过开展规则游戏或其他活动，让幼儿逐步懂得生活、学习、游戏等都是有规则的，要让他们体验不遵守规则的后果，有意识地发展他们的自我控制能力与执行规则的能力。同时，幼儿园可以在生活制度、作业课纪律等方面做出相应改变，让幼儿逐步养成遵守规则的习惯，以便缩短入学后适应小学规则的时间。

（2）培养任务意识与完成任务的能力。要通过活动作业任务的安排和要求及其检查评价，使幼儿认识到老师要求做的事情都是必须完成的任务，培养任务意识，养成认真专注做事的习惯，逐步学习一些执行任务的技能，并学会正确看待自己的能力，做事有信心、有毅力。

（3）培养独立性与生活自理的能力。大班阶段要有意识地让幼儿取放和管理自己的学习用具和生活用品，自己喝水、吃饭，自己独立地完成各项日常生活活动，培养其自己的事情自己做的习惯，学会自己照顾好自己，等等。

（4）培养人际交往的能力。通过幼儿文明礼貌活动，要求幼儿向同伴、老师、客人及所遇见的人问好等形式，逐步培养幼儿与人交往的意识和基本能力。大班阶段，有意识地设计让幼儿完成交往任务的活动，鼓励、激励幼儿大胆交往，培养人际交往的能力。

以上几方面的培养彼此相互联系，相互渗透，不可分割，一个目标的培养可指向多个活动，多个目标的培养也可在一个活动中体现。但在设计时应有侧重点，培养幼儿的主动性应为主线贯穿始终。幼儿教师应尽可能地创设条件，综合运用多种形式与方法，让幼儿实现自身的探索与选择，以促进幼儿入学前的社会适应能力的培养。

2.学习能力的培养

学习能力的培养是指着眼于幼儿终身学习的需要，为幼儿做好入学前的学习准备，发展他们基本的学习能力，并在此过程中，帮助他们打下今后学习的基础。

（1）培养良好的学习习惯，如爱看图书的习惯，做事认真的习惯，注意力集中地听老师讲话的习惯，保持文具、书本整洁的习惯等。

（2）培养良好的非智力品质，如兴趣爱好、学习积极性、意志品质、自觉性、自信心、良好的习惯等。

（3）发展思维能力和基础能力。入学前的数学教育，在让幼儿学习初步的简单数学知识的同时，重在发展幼儿的思维能力；入学前的读写教育，要让幼儿在游戏中愉快地发展基础性的能力，如学习拼音所需要的语音的辨别能力，正确写字所需要的幼儿小肌肉的灵活、手眼的协调，以及观察、识记、位置辨别等多方面的能力。

3.入学情感的培养

幼儿对小学生活的态度、看法、情绪状态等，与其入学后的适应关系很大。因此，幼儿园阶段应注意培养幼儿愿意上学，对小学的生活满怀兴趣和向往，为做一名小学生感到自豪的积极态度，并让幼儿有机会获得对小学生活的积极情感体验。

（1）通过图片、资料、多媒体等各种教育形式，帮助幼儿了解和认识入学后的学习与生活。这包括了解和熟悉小学的学习环境及学习活动，了解和熟悉小学生的生活作息制度，认识小学生的学习用具，知道它们的使用方法等，让幼儿接受并热爱小学及其学习活动。

（2）组织幼儿参观小学的校园，观摩小学生升旗、上课及课余活动。邀请小学生入园与小朋友一起举行活动。邀请小学的教师来幼儿园与幼儿教师、家长座谈，引导幼儿形成向往进入小学的情怀。

（3）进行毕业离园教育，激发幼儿向往小学、当小学生的愿望。举办毕业典礼和相关活动，祝贺毕业生进入小学，调动幼儿当小学生的积极性。

幼儿教师要针对过渡期幼儿的特点及实际情况，着重培养幼儿适应新环境的各种素质，帮助幼儿顺利完成幼小过渡，而不是把小学的一套简单地用到幼儿园。

真题再现

【材料分析题】在某幼儿园大班的家长座谈会上，家长们纷纷提出：孩子快上小学了，幼儿园应减少游戏时间，增加算术、识字等教学内容，以便于孩子适应小学的学习生活。

问题：（1）请根据上述说法，分析家长观念中存在的问题。

（2）请针对问题，提出解决办法。（2021年上半年国家教师资格考试"保教知识与能力"真题）

参考解析

四、幼小衔接工作的方法

幼小衔接问题不仅关系到幼儿入学的适应问题，还会对幼儿的终身发展产生深远影响。因此，幼儿园、小学、家庭等必须通力做好此项工作。

（一）幼儿园和小学要建立平等合作关系

幼小衔接，不是"谁向谁单方面靠拢"的问题，而应是双向衔接。幼儿园和小学应从促进幼儿身心持续发展的角度出发，围绕共同的教育目标，充分发挥各自的主动性，建立互相学习、互相支持的平等合作关系，共同做好幼小衔接工作。

（二）幼儿园和小学要合力采取措施

2021年3月30日，教育部印发了《教育部关于大力推进幼儿园与小学科学衔接的指导意见》。该文件指出："改变衔接意识薄弱，小学和幼儿园教育分离的状况，建立幼小协同合作机制，为儿童搭建从幼儿园到小学过渡的阶梯，推动双向衔接。"幼儿园和小学应利用各种资源，从多方位、多角度落实幼小衔接的措施。

笔记栏

1. 加强及时沟通

幼儿园和小学应定期、不定期地开展有关衔接的知识讲座或交流会，教育机构的领导应充分发挥组织管理作用，做好各种保障措施。幼儿园和小学可组织教师互相参观、观摩学习，深刻体会两个教育阶段的异同，将感性知识转化为实际操作，利用彼此的教育资源为幼儿实现过渡创设良好的物质和精神环境。既然幼儿是幼小衔接工作中的主体，幼儿园和小学应多促进幼儿和小学生之间的沟通，通过开展联谊会、运动会、游戏活动、牵手互助等活动，增进幼儿之间的了解，发挥同伴群体的影响作用，激发幼儿向往小学的积极心理。

2. 协调幼小课程衔接

现实中许多幼小教师在幼小课程目标的理解、课程内容的选择、课程的实施等方面仍有较多误区，出现了幼小课程断层的现象。幼儿的认知发展是一个螺旋上升的过程，幼小课程的设计应遵循这一规律，让幼儿利用先前经验积极主动地建构知识。为此，幼儿园和小学应将幼小课程结构进行整合，找到两者的契合点，注重课程的综合性，使小学教育成为幼儿园教育的进一步延伸、发展和深化。在课程的实施和评价方面，幼小之间应打破各自为政的局面，根据幼儿需要有选择性地综合两个教育阶段中的教学方法和评价方法，如游戏法、发现法、观察法、讨论法、多媒体教学、档案袋评价法、自我评价法、作品展示评价法等都具有很强的灵活性和适应性，也便于师生间的互动和幼儿主体性的发挥，应将这些方法有机地贯穿在幼小课程衔接中。

3. 优化教师专业素养

我们有必要从教师专业素养入手，架起幼小教师衔接的桥梁。尤其是幼小教师要以积极的态度不断更新完善幼小两个阶段的教育教学知识和相应的专业能力。另外，幼小教师的职前教育要注意幼小两阶段教师素质的综合培养，职后教育则可以通过交流学习、互换岗位、共同开展教育活动等方式加强双方对彼此教育情境、教学安排等方面的学习，在实践中完善个人素质。

（三）加强对家长的指导

教师指导家长做好幼儿的衔接工作具体如下。

1. 指导家长激发幼儿对小学生活的热情

一般说来，幼儿到了六七岁的年龄，心理和身体各个方面都基本上具备了接受小学教育的条件。首先，家长应该细心体察幼儿的情绪和心态，和幼儿一道，以满腔热情来迎接他们的新生活。其次，要让幼儿熟悉校园，减少距离感。利用节假日或散步的机会，家长应带着幼儿到校园转一转，熟悉环境，在给幼儿介绍校园时，多用一些鼓励的积极话语，让幼儿觉得能够上小学是一件非常自豪而高兴的事情。再次，树立榜样，增强入学愿望。家长可以让幼儿结识几个正在读小学的大哥哥大姐姐，让他们多接触、交流，让幼儿更多地了解小学生活，增强入学愿望。

2.指导家长培养幼儿最基本的生活自理能力

培养幼儿的生活自理能力，首先要培养幼儿的独立意识，要让幼儿知道，自己长大了，即将成为一名小学生了，生活、学习不能完全依靠父母和教师，要慢慢地学会自理生活、学习和劳动，遇到问题和困难要自己想办法解决。其次，要逐渐减少父母或其他成年人对幼儿的照顾，让他们学会自己睡觉起床、脱穿衣服鞋袜、铺床叠被；学会洗脸、漱口、刷牙、洗手、洗脚、自己大小便；学会摆放和洗刷碗筷、端菜盛饭、收拾饭桌；学会洗简单的衣物，如小手绢、袜子等。

作为教师，要指导家长做到：幼儿能做和应该做的事情，应让幼儿自己去做。家长要帮助他们在实际行动中克服困难，而不要代替他们克服困难。当幼儿遇到困难时，要不断给予鼓舞，使其具有较强的信心和决心。此外，还要在克服困难的方法和技术上给予适当的指导，让幼儿掌握克服困难的技巧，少走弯路。

3.指导家长培养幼儿的良好习惯

良好的学习习惯和生活习惯能让幼儿更好地适应新生活。家长在幼小衔接教育工作中，必须做好幼儿的习惯养成工作。教师要特别提醒家长关注幼儿坐姿、握笔姿势、读书习惯、人际交往习惯等。

4.提醒家长在幼儿入学后用心沟通，关注幼儿情绪的变化

在幼儿进入小学的初期，家长要密切关注幼儿的情绪波动，经常与幼儿交流，及时了解他们的内心世界，分享他们的快乐，消除他们的忧虑，解决幼儿的实际问题；对于一些因为不适应而造成的问题与错误，不要责备幼儿，多给幼儿一点时间；面对幼儿时，学会倾听，哪怕幼儿讲的是一些听起来毫不重要的琐事，也要耐心听。家长只有学会与幼儿进行有效沟通并及时发现幼儿的适应问题，才能帮助幼儿做好幼小过渡，减少问题的发生。

（四）加强与社区的沟通与协作

在整个衔接工作中，全社会对教育的支持，和对幼儿的关心也是不可缺少的。幼儿园和小学应加强与社区的沟通及协作，大力宣传做好衔接工作的重大意义，使全社会对此都达成共识，共同配合，做好衔接工作。

幼儿进入小学阶段后的发展是建立在幼儿园阶段发展的基础之上的。整个幼儿园教育如何使幼儿在德、智、体、美、劳各方面都得到充分发展，与幼儿适应小学的学习和生活直接相关。让幼儿顺利地过渡到小学生活，是幼教工作者和全社会都应该广泛、持久关注的问题。

情境回顾

真题再现

【论述题】论述如何做好幼小衔接工作。（2016年下半年国家教师资格考试"保教知识与能力"真题）

复习强化

一、单项选择题

1.幼儿入园初期常见的各种哭闹、拒食、拒睡等不良情绪是幼儿入园适应过程中的（　　）问题。

A.生活自理　　　　B.同伴交往　　　　C.依恋环境　　　　D.分离焦虑

2.家园合作时幼儿园和家庭都把自己当作（　　）的主体。

A.促进幼儿发展　　B.管理幼儿　　　　C.协同办园　　　　D.教育

3.下列不属于家园合作原则的是（　　）。

A.各负其责　　　　B.尊重家长　　　　C.适度要求　　　　D.双向反馈

4.下面不属于社区教育特点的是（　　）。

A.广泛性　　　　　B.正式性　　　　　C.区域性　　　　　D.复杂性

5.下列不属于幼儿园与社区合作时在社区中开展幼儿教育的途径的是（　　）。

A.参观游览　　　　B.操作劳动　　　　C.走出去和请进来　D.访问

6.社会适应性把培养幼儿的（　　）作为教育的重点。

A.人际交往　　　　B.沟通　　　　　　C.合作　　　　　　D.主动性

7.幼小衔接中幼儿入学适应困难的表现主要有（　　）。

A.交往适应困难、规则适应困难　　　　B.社会适应困难、学习适应困难

C.规则适应困难、学习适应困难　　　　D.交往适应困难、学习适应困难

8.幼小衔接必须坚持的原则是（　　）。

A.小学化　　　　　B.突击化　　　　　C.单向性　　　　　D.整体性

二、简答题

1.简述幼儿入园适应的常见问题，以及幼儿园与家庭衔接的方法。

2.简述家园合作的原则。

3.简述幼儿园与社区合作的内容。

4.简述幼儿园与社区合作的途径和方式。

三、论述题

1.分析家园合作的意义。

2.结合实际问题，论述幼小衔接工作的必要性。

参考答案

第十章
幼儿园教育评价

是故学然后知不足，教然后知困。知不足，然后能自反也；知困，然后能自强也。故曰：教学相长也。

—— 〔战国〕《礼记·学记》

学习目标

本章导入

▶ **知识目标**

1. 了解幼儿园教育评价的内容、功能及类型。

2. 理解幼儿园教育评价的原则及步骤。

3. 掌握幼儿园教育评价的方法。

▶ **能力目标**

能区分幼儿园教育评价的类型与方法。

▶ **素质目标**

具备正确的幼儿园教育质量观、幼儿园教育评价观。

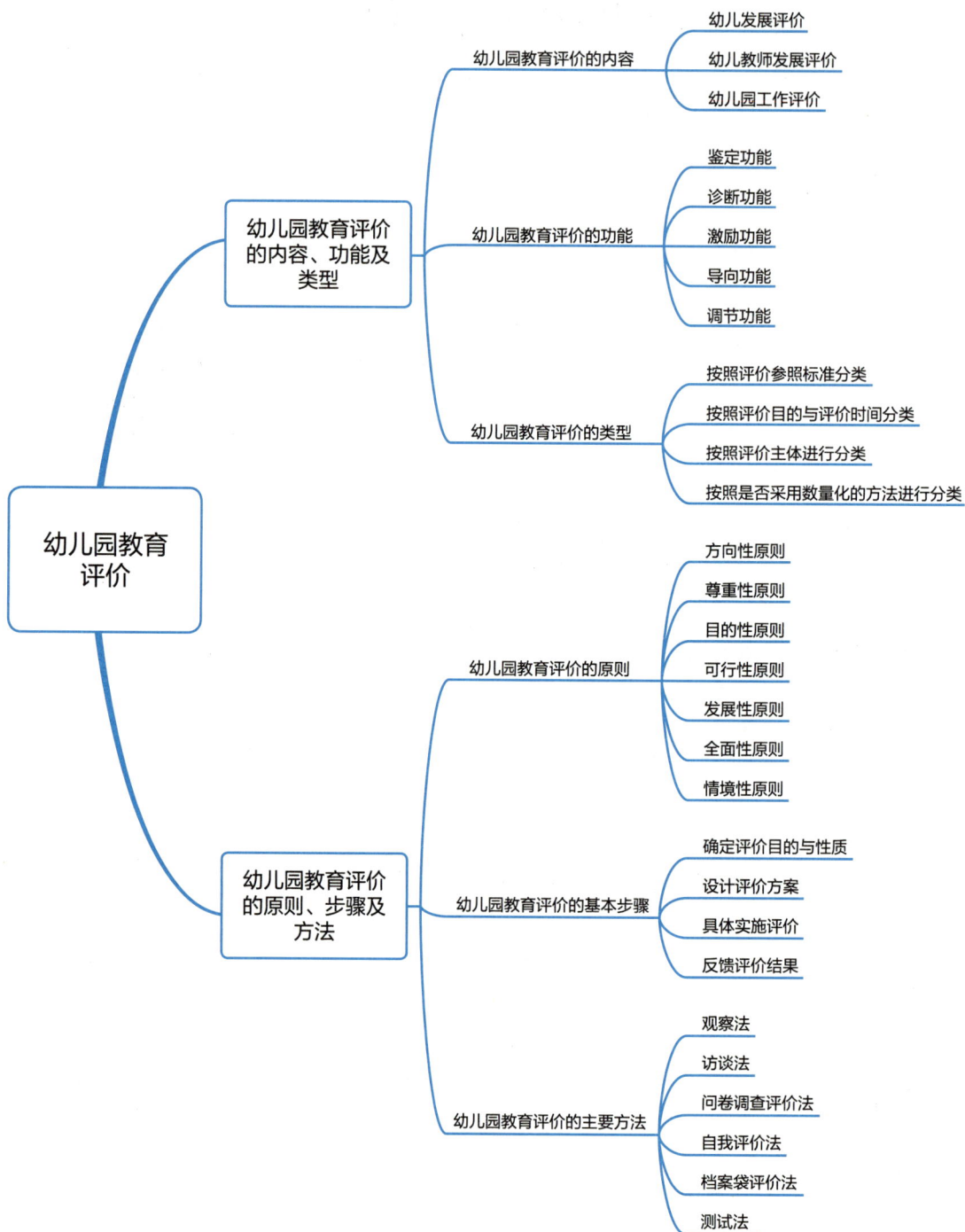

知识导图

```
幼儿园教育评价
├── 幼儿园教育评价的内容、功能及类型
│   ├── 幼儿园教育评价的内容
│   │   ├── 幼儿发展评价
│   │   ├── 幼儿教师发展评价
│   │   └── 幼儿园工作评价
│   ├── 幼儿园教育评价的功能
│   │   ├── 鉴定功能
│   │   ├── 诊断功能
│   │   ├── 激励功能
│   │   ├── 导向功能
│   │   └── 调节功能
│   └── 幼儿园教育评价的类型
│       ├── 按照评价参照标准分类
│       ├── 按照评价目的与评价时间分类
│       ├── 按照评价主体进行分类
│       └── 按照是否采用数量化的方法进行分类
└── 幼儿园教育评价的原则、步骤及方法
    ├── 幼儿园教育评价的原则
    │   ├── 方向性原则
    │   ├── 尊重性原则
    │   ├── 目的性原则
    │   ├── 可行性原则
    │   ├── 发展性原则
    │   ├── 全面性原则
    │   └── 情境性原则
    ├── 幼儿园教育评价的基本步骤
    │   ├── 确定评价目的与性质
    │   ├── 设计评价方案
    │   ├── 具体实施评价
    │   └── 反馈评价结果
    └── 幼儿园教育评价的主要方法
        ├── 观察法
        ├── 访谈法
        ├── 问卷调查评价法
        ├── 自我评价法
        ├── 档案袋评价法
        └── 测试法
```

第一节 幼儿园教育评价的内容、功能及类型

▶ 情境导入

新时代的教育评价

2020年10月，中共中央、国务院印发了《深化新时代教育评价改革总体方案》。该方案指出："教育评价事关教育发展方向，有什么样的评价指挥棒，就有什么样的办学导向。"其中提出"到2035年，基本形成富有时代特征、彰显中国特色、体现世界水平的教育评价体系"的改革目标。

思考：查找方案内容，说说该方案制定的意义。谈一谈幼儿园作为学校的重要组成部分，其教育评价主要有哪些功能。

▶ 知识梳理

一、幼儿园教育评价的内容

幼儿园教育评价是评价者以幼儿园教育目标为评价标准，在系统测量的基础上，收集幼儿园教育过程中的相关信息，对幼儿园教育及其相关要素进行客观衡量和科学判断，以促进幼儿全面发展的过程。幼儿园教育评价的内容主要包括幼儿发展评价、幼儿教师发展评价及幼儿园工作评价三个方面。

（一）幼儿发展评价

幼儿发展评价是指对幼儿身心发展状态（如身体发展、认知发展和社会性发展）进行评价。幼儿发展评价是面向幼儿真实世界和真实生活，关注幼儿发展的动态过程，此类评价又有正式评价和非正式评价之分。正式评价，即一般意义上的幼儿发展评价，是对幼儿发展的各方面进行系统的评价。非正式评价一般是在具体的教育活动情景中，以发展的眼光来看待和处理幼儿成长中所遇到的问题，对幼儿发展的某个方面或某种行为表现进行评价。

《指南》详细规定了幼儿发展评价的健康、语言、社会、科学和艺术五个领域的内容。《纲要》在第四部分"教育评价"方面指出，对幼儿发展状况的评估，要注意如下几个方面。

（1）明确评价的目的是了解幼儿的发展需要，以便提供更加适宜的帮助和指导。

（2）全面了解幼儿的发展状况，防止片面性，尤其要避免只重知识和技能，忽

略情感、社会性和实际能力的倾向。

（3）在日常活动与教育教学过程中采用自然的方法进行。平时观察所获得的具有典型意义的幼儿行为表现和所积累的各种作品等，是评价的重要依据。

（4）承认和关注幼儿的个体差异，避免用划一的标准评价不同的幼儿，在幼儿面前慎用横向的比较。

（5）以发展的眼光看待幼儿，既要了解现有水平，更要关注其发展的速度、特点和倾向等。

真题再现

【单项选择题】教育过程中，教师评价幼儿的适宜做法是（　　）。（2018年下半年国家教师资格考试"保教知识与能力"真题）

A.用统一的标准评价幼儿　　　　B.根据一次测评结果评价幼儿

C.用标准化的工具测评评价幼儿　D.根据日常观察所获信息评价幼儿

参考答案：D 《纲要》指出，承认和关注幼儿的个体差异，避免用划一的标准评价不同的幼儿，在幼儿面前慎用横向的比较；以发展的眼光看待幼儿，既要了解现有水平，更要关注其发展的速度、特点和倾向等。A、B、C项的做法不符合要求。

（二）幼儿教师发展评价

幼儿教师工作评价分为行政性评价和发展性评价。行政性评价通常是在目标分析的基础上制定出一套量化的评价标准体系，在工作结束时由管理者据此评定教师的工作，多采用他人评价、定量评价的方法。发展性评价是用多种评价方法（如形成性评价、自我评价等）对教师的工作进行评价。《专业标准》对幼儿教师的专业要求做出了详细规定，也是幼儿教师发展评价的主要内容，包括专业理念与师德、专业知识、专业能力三个维度。

（三）幼儿园工作评价

它是依据一定的程序和标准，通过收集、整理、处理相关信息，有目的、有计划、有组织地对特定园所的各有关方面的工作状况进行科学调查，并做出价值判断的过程。幼儿园工作评价的内容包括幼儿园入园与编班、幼儿园卫生保健、幼儿园教育活动、幼儿园课程、幼儿园园舍与设施、幼儿园工作人员、幼儿园经费、幼儿园与家庭及社区的合作、幼儿园管理等。

二、幼儿园教育评价的功能

教育评价是幼儿园教育工作中最为普遍的一种评价活动，它是诊断教育活动中存在的问题、检查改进教育教学工作、提高教育质量的重要手段。

（一）鉴定功能

教育评价的鉴定功能是指教育评价者认定、判断评价对象合格与否、优劣程度、水平高低等实际状态，它与评价活动同时出现并伴随始终地存在。鉴定功能是教育评价的基本功能。通过评价可以区分教育质量的优劣，也可以为建立合理的奖惩制度提供客观依据。例如，通过评价可以判定某个幼儿园是否达到了省级或市级示范幼儿园的标准，并根据幼儿园的实际情况进行等级评定。

（二）诊断功能

评价是发现和诊断存在问题的重要且有效的手段。科学的教育评价是评价者通过观察、问卷、测验等手段，收集与评价对象相关的资料，运用特定的技术进行科学分析，并做出相应的价值判断，从而确定评价对象的优势与缺陷、矛盾和问题，以及解决问题的策略和方法等。这对于幼儿在德、智、体、美、劳各方面的能力也具有诊断意义，有助于一般化教育教学计划的制订，又便于个别化教育和辅导。

（三）激励功能

激励功能是指评价工作能激励和维持评价对象的内在动力，调动评价对象的内在潜力，提高其积极性和创造性，从而达到教育管理的目的。幼儿教育事业发展和保教工作质量的提高，很大程度上依赖于这种内在潜力的发掘。

（四）导向功能

鉴于评价可能产生的激励作用，它会使被评价对象追求肯定的评价结果，从而有意识地时常对照标准和目标，把教育工作引向正确的方向。因此，教育评价还具有导向功能。导向功能是指幼儿园教育评价的目标体系、内容体系、操作体系和评价结果对幼儿园的各项工作具有引导和指向作用。

（五）调节功能

教育评价的调节功能是指教育评价者对评价对象的教育教学或幼儿的学习发展等活动进行调节的功效和能力。这种功能表现在两个方面：一是评价者为被评价者调节目标及进程；二是被评价者通过评价了解自己的长短、功过，明确努力方向及改进措施，以实现自我调节。

三、幼儿园教育评价的类型

幼儿园教育评价的类型，是指按照一定标准划分的幼儿园教育评价的种类。明确幼儿园教育评价的类型，可以根据幼儿园教育的不同情境选择和使用不同类型的教育评价，使其功能和作用发挥到最大限度。

（一）按照评价参照标准分类

1.相对评价

相对评价是指通过个体的成绩与同一团体的平均成绩相互比较，从而确定评价结果的方法。相对评价反映的是某一集合内各个对象所处的位置，重视区分个体在团体中的相对位置和名次，对集合外的对象未必有意义。例如，彤彤所在班幼儿平均身高为 91 厘米，而彤彤身高只有 80 厘米，可以说彤彤在班上属于较矮的幼儿。

2.绝对评价

绝对评价是指在集合之外，依照一定的目标和原则确定一个标准，然后将评价对象与这个标准相比较而做出的评价。例如，参照《规程》对幼儿园进行分级分类就是绝对评价。《规程》是根据党的教育方针和我国的教育总目标制定的，这个标准是一个客观标准，不考虑个别幼儿园的特殊情况。

3.个体内差异评价

个体内差异评价是指对被评价对象现在和过去的情况或自身不同的侧面进行比较而确定的评价，意义在于找到评价对象自身的变化或不同。例如，在幼儿园教育评价中，对 3 岁半的萌萌与他 2 岁时的说话表现进行比较，幼儿教师可以发现他的词汇量增加了不少，说话的句子也完整多了，这说明萌萌的语言有了较大的发展。

（二）按照评价目的与评价时间分类

1.诊断性评价

诊断性评价是指在某项学前教育活动开始之前所进行的评价，目的是了解评价对象的现状或存在的问题，制订符合评价对象实际情况的工作方案或计划，是一种"事前评价"。例如，在幼儿刚入园时，幼儿园要对所有幼儿的身心发展情况进行评价，在以后的工作中能结合幼儿的发展情况进行教学。

2.形成性评价

形成性评价是指在某项教育活动过程中进行的评价，目的是了解教育活动过程中的状况，以便及时调整原来的工作方案或者状态，是一种"事中评价"。例如，幼儿教师在一日活动中对幼儿的即时评价就属于形成性评价。

🐦 真题再现

【单项选择题】在教学过程中，王老师随时观察和评价幼儿的行为表现，并以此为依据调整指导策略。该教师采用的评价方式是（　　）。（2019 年下半年国家教师资格考试"保教知识与能力"真题）

A.诊断性评价　　B.标准化评价　　C.终结性评价　　D.形成性评价

参考答案：D　形成性评价是在教育活动过程中做出的比较经常和及时的测评和反馈，题干描述的正是形成性评价。

3.终结性评价

终结性评价是指在某项教育活动到一定阶段或完全结束之后进行的评价，目的是全面了解该阶段的教育成果，是一种"事后评价"。例如，全国普遍实行的幼儿园分类验收就可以被看作一种终结性评价。

以上三类评价的目的有不同之处，也有相同之处。例如，诊断性评价能为形成性评价提供非常重要的比较信息，而终结性评价也可能考虑到诊断性评价和形成性评价中的一些信息。另外，诊断性评价和形成性评价的结果通常是给内部人员参考的，而终结性评价通常是给上级部门和社会看的。

（三）按照评价主体进行分类

1.自我评价

自我评价是指评价者根据一定的评价准则对自身的表现进行评价，它是一种自己对自己的评价。这种评价方式容易开展，可以成为幼儿园的常规性工作。自我评价的主体也是客体，评价者与被评价者合而为一，强调评价者的自我反思。例如，评议示范性幼儿园之前，都要求幼儿园对照"示范性幼儿园评价标准"进行自评，看是否符合示范性幼儿园的条件；每年年终考核，幼儿园要求教师对自己一年的工作进行自评等，这些都属于自我评价。自我评价往往缺乏外在的参照标准，不便进行横向比较，主观性较强，全面性不够，容易出现评价过高过低的现象。

🐦 **真题再现**

【单项选择题】下列选项中不符合幼儿自我评价特点的是（   ）。（2021年下半年国家教师资格考试"保教知识与能力"真题）

A.依从性　　　　B.表面性　　　　C.主观情绪性　　　　D.全面性

参考答案： D。

2.他人评价

他人评价是指评价对象自身以外的其他人或组织对该评价对象所进行的评价，也叫外部评价。如各级教育行政领导的视导评价，督导系统的督导评价，专家、同行的评价，社会评价，还有幼儿园园长对教师的评价，教师对幼儿的评价，家长对教师的评价等。在幼儿园中，绝大多数的评价采用的都是他人评价这种类型，这种评价相对来说客观性较强，但被评价者常居于被动地位。

与自我评价相比，他人评价相对比较客观、规范，但一般来讲，他人评价的组织工作比较麻烦，花费的人力、物力也较多。在具体的幼儿园教育评价工作中，可以将自我评价和他人评价相结合，充分发挥两种评价方式的优势。

（四）按照是否采用数量化的方法进行分类

1.定量评价

定量评价是指对评价对象进行数量化的计算和分析，从而确定评价结果的过程。例如，在幼儿发展评价中，对幼儿的身高、体重进行测量，获得一定的数据信息，然后对这些数据进行分析，获得评价结论，属于定量评价。

笔记栏

2.定性评价

定性评价是指对评价对象一般不采用数学方法，而是根据评价对象的性质和程度直接得出评价结论。定性评价注重具体记录评价对象的状态和变化过程的信息，如对幼儿园的卫生状况评出等级、对幼儿做出评定或写出评语等。

情境回顾

第二节 幼儿园教育评价的原则、步骤及方法

情境导入

某班幼儿语言发展评价

某幼儿教师在学期末通过一日各种活动对本班幼儿在语言方面进行的整体评价如下：本班幼儿和上学期相比，在语言方面的进步比较明显。当然从个体来看，幼儿之间还存在着一定的差异。80%的幼儿基本达到评估标准，能理解简单单词，听懂教师的意图，能清楚地表达自己的意思；10%的幼儿在语言方面的发展不是很好，主要原因是有些幼儿比较胆小，说话声音有点轻，需要老师不断地鼓励；10%的幼儿受方言的影响，普通话还不是很熟练。为此，在以后的活动中，一方面，教师要注意与幼儿多交流谈话，在讲话的过程中注意纠正幼儿的发音；另一方面，教师要不断地给予表扬和鼓励，增强幼儿的自信心，使幼儿能讲得越来越好。

思考：材料中幼儿教师对幼儿的评价遵循了哪些原则？

知识梳理

一、幼儿园教育评价的原则

幼儿园教育评价的原则是在幼儿园教育评价活动中必须遵循的基本要求和准则，是根据《纲要》精神和评价活动规律制定的，也是教育评价工作实践经验的总结和概括。在进行幼儿园教育评价时应该遵循以下基本原则。

（一）方向性原则

方向性原则是指教育评价活动必须坚持引导幼儿园教育工作更好地贯彻国家的教育方针、满足社会和幼儿个体发展的需要，保证幼儿、幼儿教师、幼儿园的各项工作能够朝着良性、健康的方向发展。

（二）尊重性原则

尊重性原则是指在教育评价的实施过程中，评价者应充分尊重被评价者。无论是对幼儿发展的评价还是对幼儿教师的评价，都应当坚持客观、公正，坚持以激励与正面肯定为主，以帮助幼儿教师或幼儿发现和发扬长处，弥补不足。尤其是行政管理者对教育活动中幼儿教师行为的评估和鉴定，更要体现尊重和鼓励的原则。

（三）目的性原则

目的性原则是指在进行幼儿园教育评价时必须有明确的目的，不能为评价而评价。这是由幼儿园教育评价本身的性质决定的，只有明确的目的才能确定合适的评价标准、评价方法、评价工具等。因此，评价目的要明确，不能含糊其词；要根据目的制定评价标准，选择评价方法等。

（四）可行性原则

可行性原则是指评价指标和标准符合实际、具体可行，并能被评价者理解和接受，评价方案能够在评价者的能力范围之内顺利实施。该原则要求评价者在评价的实施中不能单凭主观经验或直观感觉来评定和判断教学质量或幼儿发展能力与水平，而必须采用科学合理的评价方法、手段和工具来展开评价。幼儿园教育评价者要在幼儿园教育评价理论指导下和调查研究评价客体的基础上进行评价，评价内容要简洁明了，评价方式要符合实际，评价结果要科学合理。

（五）发展性原则

发展性原则是指教育评价要促进评价者和被评价者的成长和发展，并贯穿于评价的全过程。贯彻落实发展性原则必须充分尊重和信任评价对象，充分发挥评价的激励和教育作用，使评价成为上进的动力。幼儿园教育评价要以促进幼儿身心发展、幼儿教师专业发展、幼儿园教育事业发展为目标。

（六）全面性原则

这主要包括两个方面：第一，要全面评价幼儿的发展水平，即评价的内容应反映幼儿的整体发展水平，而不仅仅是在认知发展层面上的能力水平，还应当包括幼儿的自我意识、群体意识、环境意识及基本素质和能力的发展，要防止评价内容只关注教学或课程的片面化倾向。第二，评价的渠道应全面而多样，评价者既要通过日常活动中观察、记录、交流等多种方式在幼儿教师和幼儿层面上进行评价，也要把来自家庭、社区等多种渠道的信息作为一种评价参考。

（七）情境性原则

由于幼儿园教育活动是在特定环境和背景下由不同的个体参与而发生的活动过程，对教育活动的评价不能脱离其特定的活动情境，否则往往多是标签式的、等级式的，会失之偏颇。作为评价者，应当跟踪幼儿的真实生活和学习情境，观察与记录他们在实际情境问题中的参与、操作、实验、交流、合作、态度等方面的状况并

● 笔记栏

做出分析和评价。

幼儿园教育评价是幼儿教师、幼儿、家长及管理部门共同参与和合作的一个过程，要注意多种评价方法的结合，单项评价与综合评价相结合。

二、幼儿园教育评价的基本步骤

幼儿园教育评价一般按照以下步骤进行。

（一）确定评价目的与性质

要使评价工作达到预期效果，实施评价之前必须明确评价的目的与性质，其中主要涉及以下三个方面。

1. 明确评价目的

评价目的不同，评价的具体内容、组织方式、搜集资料的方法也会有较大差别。例如，对幼儿园工作实施的评价，是为了鉴定幼儿园的保教质量，判断它是否达到某些标准，还是为了帮助该园领导找出当前工作中存在的问题与不足，改进保教工作。这是评价之前必须考虑清楚的问题。

2. 明确评价主体

评价时必须明确评价主体，明确评价的主要组织者。评价主体主要有行政管理部门、社会专家、本园管理者、幼儿教师、家长及幼儿等。如果评价是为了改进本园的工作，则本园内部领导和幼儿教师的自我评价或相互评价就要发挥主要作用；如果评价的目的是鉴定园所的工作水平和质量，则主要由教育管理部门执行评价，评价者可能是幼儿园以外的专门人员。

3. 明确评价内容和对象

确定评价的内容与对象也是实施评价之前必须考虑清楚的。例如，在实施幼儿教师工作评价之前，必须明确是对幼儿教师的工作进行全面评价，还是针对其某一方面（如教育活动设计方案、环境创设或游戏组织等）进行评价；在幼儿发展评价中，是对幼儿身心全面发展进行评价，还是针对某一方面进行评价。

（二）设计评价方案

评价方案是根据一定的评价目标，对评价的各个方面列出计划的书面文件，是整个评价工作的指南，指导着评价工作的全过程。幼儿园教育评价方案的编制，一般可细分为以下几个步骤。

1. 分解目标，形成指标体系

幼儿园教育评价就是评价者把幼儿园教育活动的开展状况与评价者所设定的目标或幼儿教师所预设的教育目标进行比较，做出评价。幼儿园教育目标分为几个层次：幼儿园教育总目标—年龄目标—学期目标—月目标—周目标—活动目标。对总目标进行层层分解后，就构成了一个目标体系，由此构成了非常具体的评价指标。教育评价所涉及的各个方面的评价指标是对所要达成的总目标进行分解，选择其中最重要的和有代表性的项目，组成评价的指标体系。因此，评价指标就是最具有可操作性和可测评性的目标。

2. 界定标准，形成标准体系

要使评价做到科学化、标准化，还要科学编制评价标准。在形成教育评价指标体系后，一般还要对评价对象进行评价，看其是否达到评价目标，达到的程度如何。为此，还需要进一步划分出评价标准，对幼儿园教育目标细分到可以测评的指标，提出数量或质量上的要求。幼儿园教育评价标准或标准体系是对评价对象的各项指标达到要求的程度在数量与质量方面进行价值判断的准则和尺度。

3. 形成计量体系

幼儿园教育评价的计量过程通常由以下两个基本要素构成：一是加权，即根据指标体系中各项指标的重要程度，赋予一定的权数（或权重）。例如，对幼儿园某教师开展的教育活动进行评价，在教育活动公开课这项上共10分，其中园领导评价占30%、幼儿教师自评占40%、其他幼儿教师代表评价占30%。二是计分，即各评价主体评分乘以评价占比之后的和。例如，根据园领导所评8分，幼儿教师自评所评9分，其他幼儿教师代表评价7分，该班教师的公开课评分为 $8 \times 30\%+9 \times 40\%+7 \times 30\%=8.1$ 分。在幼儿园教育评价中，有时简单评价就没有权重，这个时候计量就简单，有计分的项目直接求和即可。如果涉及幼儿园教育整体评价，或者比较复杂、详细的教育评价，大多要有权数。这就要把权数和计分两个要素相互联系、互为补充，形成一个有机的整体，这个整体就是幼儿园教育活动评价的计量体系。

（三）具体实施评价

评价实施是否具有科学性将极大地影响评价结果的可靠性和有效性，从而影响评价质量的优劣。具体评价的实施过程涉及许多具体工作和步骤。

1. 准备阶段

在准备阶段要做的主要工作如下。

（1）组织准备。根据评价的目的、评价内容等，成立与之相适应的组织机构，人员可以合理搭配，如由管理人员、科研人员、幼教专家组成的评价小组，由园长、幼儿教师、幼儿、家长成立的评价小组等。在实施评价前，要对参与评价的人员进行培训，将有关评价要求、指标、分工等进行具体说明。这样，评价时就各尽其责、各司其职。

（2）文件、工具准备。准备与评价相关的评价方案、评价登记表、资料汇总表，根据实际情况，部分评价还需用到测量工具、设备等，以及实施所需的笔、纸等记录工具。

（3）宣传发动。统一评价者和被评价者的思想，正确对待评价，理解评价，配合评价，尊重评价者的评价工作，防止被评价者产生消极甚至抵触情绪，影响评价工作的进行。

2. 收集评价资料阶段

收集资料是评价实施的基础工作。通常这个阶段的工作比较烦琐，任务也相对艰巨。评价者要认真对待，实事求是，尽可能想方设法运用多种方法收集真实、客观的数据资料，为科学评价幼儿园教育打好基础。定性评价信息的采集方法一般采用观察法、调查法、作品分析法等。定量评价信息的采集方法主要采用测验法、实验法。当然，这两种评价的信息采集方法不是绝对的。

3. 处理评价资料阶段

在掌握大量评价资料的基础上，评价者或相关人员就可以对每个具体项目进行评分、汇总和初步进行统计分析，也可以利用现代化的信息处理手段和技术，如用专业的软件进行统计分析。对一些文字资料，如访谈记录、作品、工作总结等，要分门别类地进行整理，进而做出科学的分析。评价人员应在采用适当的量化方法或质化方法，全面分析评价资料之后，形成对评价对象的综合判断，从而做出评价结论。

（四）反馈评价结果

幼儿园教育评价的结论是建立在对评价资料的分析基础上的，结合有关幼儿教育与幼儿发展的理论依据，以及相关的政策依据，做出综合的价值判断，进而由评价者根据评价实施过程与结果撰写评价报告，形成评价反馈意见。例如，在对某幼儿园工作质量进行全面评估以后，可向幼儿园提供评价报告，为改进该园的保育和教育质量，深化幼儿园改革工作提供决策依据。

拓展资料

幼儿园保育教育质量评估指南

《幼儿园保育教育质量评估指南》关于幼儿园保育教育质量评估的方式主要如下。

（1）注重过程评估。重点关注保育教育过程质量，关注幼儿园提升保教水平的努力程度和改进过程，严禁用直接测查幼儿能力和发展水平的方式评估幼儿园保育教育质量。

（2）强化自我评估。幼儿园应建立常态化的自我评估机制，促进教职工主动参与，通过集体诊断，反思自身教育行为，提出改进措施。同时，有效发挥外部评估的导向、激励作用，有针对性地引导幼儿园不断完善自我评估，改进保育教育工作。

（3）聚焦班级观察。通过不少于半日的连续自然观察，了解教师与幼儿互动情况，准确判断教师对促进幼儿学习与发展所做的努力与支持，全面、客观、真实地了解幼儿园保育教育过程和质量。外部评估的班级观察采取随机抽取的方式，覆盖面不少于各年龄班级总数的三分之一。

三、幼儿园教育评价的主要方法

教育评价方法包括收集信息的方法和处理信息的方法，根据幼儿园教育评价的实际情况，考虑到操作性和可行性，一般有以下几种评价方法。

（一）观察法

观察法就是在自然状态下或实验室条件下，运用感官或仪器设备对评价对象的行为进行考察和探究，然后根据观察结果进行分析、做出评定的一种方法。观察法是一种有效的、比较容易掌握的评价方法，通过观察，评价者可以获取大量的信息，能够及时了解教育活动的状况，随时调整教育活动的内容、方法和组织形式，使评价的诊断与改进功能得到充分体现。常用的观察法有行为核查、情景观察和事件详录等。

1. 行为核查

行为核查是评价者将要观察的行为预先列出表格，然后检查行为是否出现，或行为表现的等级如何，并在所选的等级上做标记。这种方法的好处是简便易行，如要评价幼儿的日常生活卫生习惯，只要对照幼儿的日常生活卫生行为如实标记就可以了。它也有不足之处：一是制定检查表要求较高；二是将被观察者具有代表性的行为确定为核查表中条目，对于一般的教育工作者有一定的难度。

2. 情景观察

情景观察是由评价者事先创设一个与现实生活中相类似的情景，由评价者观察该情景中幼儿的行为，获取信息资料，从而达到评价观察对象的目的。情景观察法是一种评价者对情景加以控制的观察，可以排除无关因素的干扰，具有观察效果好的优点，但这种办法花费的时间和精力比较多，要克服评价者的主观性等缺点。

3. 事件详录

事件详录是指评价者通过对某种特定行为或事件的完整过程的观察和详细记录，获取评价资料，做出判断的一种方法。用这种方法，评价者可以随时随地在日常活动中观察、记录，并及时做出评价，使评价更加现实、可行。

（二）访谈法

访谈法是通过与被评价者或与评价对象的相关人员面对面交谈的方式获取评价所需的有关信息的方法。访谈法在幼儿园教育评价中运用较多，通过访问幼儿教师和家长，可以获取有关幼儿身心发展和行为表现的信息；通过与家长、幼儿教师本人、幼儿教师同行和管理人员谈话，可以获取幼儿教师工作的有关情况；通过与家长、幼儿、行政管理人员及社区相关人员访谈，可以获取幼儿园等教育机构各方面的信息。这些信息的获得，有助于初步了解评价对象的水平，为进一步评价提供参考依据。

在幼儿园教育评价中，访谈的方式一般有三种：第一种是有备选答案的问答式访谈；第二种是没有备选答案的问答式访谈；第三种是没有具体问题，只有预定的谈话范围的聊天式访谈。访谈的类型有个别访谈与团体访谈、临床访谈、标准访谈与自由访谈等。

运用谈话法时，评价者应注意以下几点：一是要有明确的目的，围绕一定的主题进行；二是应选择适当的时间和地点；三是要在自然状态下进行，对谈话对象不能暗示或启发，不能有偏见，记录要客观；四是应选择适合谈话对象的语言。

（三）问卷调查评价法

问卷调查评价法也称"书面调查法"，或称"填表法"，是指通过向调查者发出各种简明扼要的调查问卷（表），请其填写来间接获得相关信息，回收整理后进行评价的方法。问卷法简单易行，可以在同一时间对众多对象进行调查，能在短时间内获得较为丰富而广泛的评价资料，对这些资料既可以进行量化处理，也可以进行定性分析。与访谈法相比，问卷法获得的结果更可靠。在幼儿园教育评价中，问卷调查法的评价对象主要是幼儿教师和家长，也可以用"提问—回答—记录"的方式对幼儿进行调查。

在问卷调查法中，影响调查结果质量的关键因素是问卷的设计与编制。

问卷一般由指导语、基本情况、问题和结束语四个部分组成。指导语是解释调查的意图和用途，说明如何填写问卷，以避免误解带来的误差；基本情况是为了解作答者相关的背景而设置的，如年龄、性别、班级、文化程度等；问题是问卷的主体，是具体化了的调查指标；问卷调查一般把致谢的话写在问卷之后作为结束语。

如果是想让作答者自由发挥的开放式调查，可以选用问答题和填充题等题型；如果是想了解作答者在某个问题上的态度或者意愿的封闭式调查，可以选用选择题、连线题和排序题等题型。

问题的语言要适合调查对象，清楚明白，易于理解。不要使用复杂难懂的语句，不包含有提示性的语言。

在调查问卷回收之后，必须对问卷进行整理、归类、统计、分析或推理、论证，才能做出评价结论。

（四）自我评价法

自我评价又叫个人内部差异评价，是在个人内部进行的，是源于个体自主的评价。

幼儿园教育评价中，通常强调幼儿和幼儿教师进行自我评价，让幼儿或幼儿教师参与评价是幼儿园教育评价主体多元化的最好表现。

幼儿自我评价的价值在于，尊重幼儿的话语权，了解幼儿的感受，提醒幼儿进行学习的自我监控，激发他们的任务意识，可以使他们更自主地学习，反思自己在教育活动中的表现，有助于他们形成积极的求学态度和良好的行为习惯。

对幼儿教师的评价，要充分发挥其本人的作用，突出幼儿教师在整个评价过程中的主体地位。幼儿教师自我评价实质是幼儿教师通过自我认识，进行自我分析，从而达到自我提高的过程。教师的自我评价应该是幼儿教师评价方法的重要组成部分。

（五）档案袋评价法

档案袋评价法又称"成长记录袋"评价法，是指幼儿教师或家长有目的地收集幼儿的各种有关表现材料，并进行合理的分析与解释，以反映幼儿在学习与发展过程中的努力、进步状况或成就的一种方法。这一方法就是为每一位幼儿准备一个"档案袋"，把幼儿有代表性的作品或表现不断地放进去，内容可以涵盖幼儿生活自理能力、知识技能、社会交往等方方面面。过一段时间后，幼儿教师或家长对这些作品或表现进行分析，评定幼儿成长和变化的情况。档案袋评价法主要有逸事描述记录和作品收集两种方法。

（六）测试法

测试法又称测验法、测查法，就是运用教育测量的理论和方法编制或选择测试量表，并实施于评价对象，以获取评价信息的一种方法。它可以对大量的对象进行标准化的测试，能在较短的时间内获得大量的信息，而且便于量化统计分析。例如，我们可用比纳幼儿智力测量表来测量幼儿智力的发展情况。测试法的实施一般要做好以下几点：一是编制或选择测试量表。测试者根据评价目的，拟订或选择测试的量表。如果是自己编制测试的内容、题目，还要拟订相应的指导语。在编制时要注意题量适宜，语言简练、通俗易懂，还要注意测试的信度、效度、难度和区分度这几个指标。二是准备测试材料。三是设计记录表格。测试过程中出现的言语或行为表现，是测试统计分析的原始资料，一般要设计相应的表格进行记录。设计表格时，应对被试者可能出现的回答或行为表现，事先加以归类，在测试过程中，只要在相应的表格中做标记就可以了。

情境回顾

🔖 复习强化

一、单项选择题

1.（　　）是对幼儿发展的各方面进行系统的评价。

A.正式评价 　　　　　　　　　B.非正式评价

C.幼儿身体发展评价 　　　　　D.幼儿社会性发展评价

2.幼儿园优秀教师的评定可以激发全园教师的工作热情，说明教育评价具有（　　）。

A.鉴定作用　　B.激励功能　　C.诊断功能　　D.教育功能

3."矮子里找高个"是一种（　　）。

A.相对评价　　B.绝对评价　　C.定性评价　　D.定量评价

4.按照是否采用数量化的方法来分类，幼儿园教育评价的类型可分为（　　）。

A.自我评价和他人评价　　　　　　B.定量评价和定性评价

C.相对评价和绝对评价　　　　　　D.形成性评价和终结性评价

5.关于幼儿园教育评价的可行性原则，描述不正确的一项是（　　）。

A.评价指标和标准符合实际、具体可行

B.评价指标和标准能被评价者理解和接受

C.评价方案能够在评价者的能力范围之内顺利实施

D.要求评价者凭主观经验或直观感觉进行评价

6.（　　）就是在自然状态下或实验室条件下，运用感官或仪器设备对评价对象的行为进行考察和探究，然后根据观察结果进行分析、做出评定的一种方法。

A.访谈法　　　　B.观察法　　　　C.自我评价法　　　　D.测试法

7.幼儿教师或家长有目的地收集幼儿的各种有关表现材料，并进行合理的分析与解释，以反映幼儿在学习与发展过程中的努力、进步状况或成就的评价方法为（　　）。

A.问卷法　　　　B.自我评价法　　　　C.档案袋评价法　　　　D.行为核查法

8.测试法可以对（　　）对象进行标准化的测试，能在较短的时间内获得信息，而且便于量化统计分析。

A.一个　　　　B.两个　　　　C.十个　　　　D.大量

二、简答题

1.简述幼儿园教育评价的功能。

2.幼儿园教育评价的原则有哪些？

3.简述幼儿园教育评价的步骤。

三、论述题

1.结合实例，论述幼儿园教育评价的类型。

2.结合实例，论述幼儿园教育评价的主要方法。

参考答案

参考文献

傅建明，虞伟庚. 学前教育原理 [M]. 上海：复旦大学出版社，2013.

何孔潮，王其红. 学前教育学 [M]. 重庆：西南师范大学出版社，2018.

李芒. 教育学：小学 [M]. 4 版. 北京：中国经济出版社，2013.

刘光仁，游涛. 学前教育学 [M]. 4 版. 长沙：湖南大学出版社，2016.

刘曲，卢玲. 幼儿园班级管理 [M]. 长春：东北师范大学出版社，2020.

柳阳辉. 学前教育学教程 [M]. 上海：复旦大学出版社，2015.

陆明玉，孙霞. 现代教育学 [M]. 北京：北京邮电大学出版社，2014.

洛克. 教育漫话 [M]. 2 版. 傅任敢，译. 北京：教育科学出版社，2014.

亓树林. 学前教育学 [M]. 长春：东北师范大学出版社，2014.

任仕君，等. 教育学基础 [M]. 北京：北京师范大学出版社，2013.

施玉洁，吕姝. 幼儿教育学 [M]. 北京：北京理工大学出版社，2018.

陶行知. 中国教育改造 [M]. 合肥：安徽人民出版社，2019.

王善安，郭光亮. 学前教育课程基础 [M]. 重庆：西南师范大学出版社，2018.

王维，林丰勋. 教育学 教育心理学 [M]. 济南：山东大学出版社，2007.

肖全民，周香. 幼儿教育概论 [M]. 北京：北京师范大学出版社，2012.

赵春龙，王国昌. 幼儿园班级管理 [M]. 5 版. 长沙：湖南大学出版社，2018.

郑三元，张建国. 学前教育学 [M]. 长沙：湖南大学出版社，2015.

中国陶行知研究会. 陶行知教育思想理论和实践 [M]. 合肥：安徽教育出版社，
　　1991.

中央教育科学研究所. 徐特立教育文集 [M]. 2 版. 北京：人民教育出版社，
　　1986.

朱宗顺，陈文华. 学前教育学 [M]. 北京：北京师范大学出版社，2012.

幼儿园教育主
要政策与法律
法规

幼儿园教师资格
考试笔试大纲

全国职业院校
大赛赛项——
幼儿教育技能